Michael Schultz / **Amtswalterunterlassen**

Strafrechtliche Abhandlungen · Neue Folge

Herausgegeben von Dr. Eberhard Schmidhäuser
ord. Professor der Rechte an der Universität Hamburg

in Zusammenarbeit mit den Strafrechtslehrern der deutschen Universitäten

Band 52

Amtswalterunterlassen

Von

Dr. Michael Schultz

DUNCKER & HUMBLOT / BERLIN

Zur Aufname in die Reihe empfohlen von
Prof. Dr. Heinz Wagner, Kiel

CIP-Kurztitelaufnahme der Deutschen Bibliothek

Schultz, Michael:
Amtswalterunterlassen / von Michael Schultz. —
Berlin: Duncker und Humblot, 1984.
(Strafrechtliche Abhandlungen; N.F., Bd. 52)
ISBN 3-428-05597-7

NE: GT

Gedruckt 1984 bei Buchdruckerei Bruno Luck, Berlin 65
Printed in Germany
ISBN 3-428-05597-7

Meinen Eltern

Vorwort

Die Arbeit wurde im Sommersemester 1983 von der Rechtswissenschaftlichen Fakultät der Christian-Albrechts-Universität Kiel als Dissertation angenommen. Maßgeblichen Anteil an ihrem Zustandekommen hat Herr Professor Dr. Wagner, der mein Interesse für das Strafrecht verständnisvoll förderte und mir dann die Untersuchung der Problematik anvertraute. Die Studienstiftung des Deutschen Volkes gab mir durch ein Stipendium die Möglichkeit, mich bis zum Beginn des Referendariats allein auf die Bearbeitung des Themas konzentrieren zu können. Danken möchte ich auch Herrn Professor Dr. Schmidhäuser für die Aufnahme der Schrift in die Strafrechtlichen Abhandlungen.

Kronshagen, Dezember 1983

Michael Schultz

Inhaltsverzeichnis

Zweiter Teil

Abkürzungsverzeichnis

Es werden nur die Abkürzungen aufgeführt, die bei *Kirchner*, Abkürzungsverzeichnis der Rechtssprache, 3. Aufl., 1983, nicht genannt sind oder von den dort genannten abweichen.

BSeuchenG	Bundesseuchengesetz
Einl.	Einleitung
FernmeldeG	Fernmeldegesetz
gem.	gemäß
GS	Der Gerichtssaal
heVGH	hessischer Verwaltungsgerichtshof
JZ GD	Juristenzeitung-Gesetzgebungsdienst
LK	Leipziger Kommentar
l. Sp.	linke Spalte
m. a. W.	mit anderen Worten
m. E.	meines Erachtens
Rdnr.	Randnummer
r. Sp.	rechte Spalte
SeemannsG	Seemannsgesetz
shLVwG	schleswig-holsteinisches Landesverwaltungsgesetz
SK	Systematischer Kommentar
StrafVollzG	Strafvollzugsgesetz
VwR	Verwaltungsrecht
WStG	Wehrstrafgesetz
ZStW	Zeitschrift für die gesamte Strafrechtswissenschaft

§§ ohne Gesetzesangabe sind solche des StGB.

Einleitung

Die Arbeit beschäftigt sich mit den Unterlassungen von Amtswaltern. Diese sind insbesondere mit der steigenden Bedeutung der Umweltkriminalität in den Blick getreten. Das Amtswalterunterlassen spielt jedoch nicht nur dort eine Rolle. So stellt sich auch jedem Polizisten die Frage, ob er strafrechtlich zur Verantwortung zu ziehen ist, wenn er fremde Straftaten nicht hindert. Die Problematik des Amtswalterunterlassens ist so umfassend wie die Gesamtheit der Bereiche, in denen Amtswalter tätig sind. In all diesen Bereichen besteht die Gefahr, daß existente Normen nicht vollzogen werden, solange die strafrechtlichen Folgen nicht geklärt sind. Eine Antwort auf die strafrechtlichen Fragen dürfte auch dazu beitragen, den Ruf nach immer neuen Normen sowohl des Strafrechts als auch des öffentlichen Rechts leiser werden zu lassen. Die Frage lautet daher, wann der unterlassende Amtswalter und wie er zu bestrafen ist. Angesprochen sind damit die beiden wesentlichen Probleme der Begründung von Garantenstellungen und der Lösung der Beteiligungsfrage. Wenn die allgemeine Unterlassungsdogmatik auch bis in den Anfang der siebziger Jahre wesentliche Fortschritte gemacht hat, ohne die diese Arbeit nicht in Angriff genommen werden könnte, so ist doch die Garanten- und die Beteiligungsproblematik weder allgemein noch bezogen auf Amtswalter hinreichend gelöst.

Die Thematik des Amtswalterunterlassens befindet sich im Schnittpunkt von Allgemeinem und Besonderem. In der allgemeinen Unterlassungsdogmatik steht nach wie vor das Merkmal der Garantenstellung im Mittelpunkt. Unklar ist allerdings schon ganz generell der Ursprung der Garantenpflicht. Bei Amtswaltern muß nun das öffentliche Recht als Ursprung von besonderen Garantenpflichten in Betracht gezogen werden. Daher hat sich die Arbeit zunächst allgemein mit dem Verhältnis des Strafrechts zum öffentlichen Recht auseinanderzusetzen. Es wird sich zeigen, daß beide Rechtsgebiete für die Pflicht zum Handeln von Bedeutung sind und so zur Bestimmung der Garantenstellung beitragen. Schon mit Hilfe des öffentlichen Rechts ist es möglich, den Bereich straflosen Unterlassens einzugrenzen. Das so erzielte Ergebnis kann allein nur ein unvollständiges und grobes Raster sein, das aber wegen der Bedeutung des öffentlichen Rechts auch im Bereich des Strafrechts für die weitere Arbeit unverzichtbar ist.

Der allgemeinen Unterlassungsdogmatik verbleibt die Aufgabe, die Grundstruktur der Garantenstellung zu beschreiben. Die Lösung dieser Aufgabe ist naturgemäß eine weitere Voraussetzung für die Bestimmung der Grenzen strafbaren Unterlassens. Im übrigen ist sie aber auch für die Beteiligungsfrage beim Unterlassen von Gewicht, mit der sich die Arbeit in ihrem letzten Teil befaßt.

Im Rahmen der Aufgabe, die Garantenstellung zu bestimmen, wird der Versuch unternommen, den Gedanken der Verwirklichung von Gefahren, der auch sonst zunehmend Gefolgschaft findet, fruchtbar zu machen. Dieser Gedanke gibt nicht nur Antwort auf die Frage nach dem Zusammenhang zwischen einem Verhalten und einem Erfolg, womit sich die sogenannte Lehre von der objektiven Zurechnung auseinandersetzt, sondern ist auch geeignet, die Struktur der Garantenstellung selbst klären zu helfen.

Erster Teil

Ursprung der Handlungspflicht

Vorrangig ist die Frage nach der Handlungspflicht bzw. Erfolgsabwendungs- oder Garantenpflicht. Deshalb ist schon jetzt nach dem Ursprung dieser Pflicht zu suchen[1]. Auf diese Weise wird schon zu Beginn der Bereich abgesteckt, in dem die Suche und die Systematisierung später fortgesetzt werden muß. Insbesondere interessiert hier, inwieweit das öffentliche Recht ausgewertet werden muß[2]. Zwei mögliche Standpunkte kommen als These und Antithese zum Ansatz.

Die erste, den unbefangenen Leser wohl sehr unwahrscheinlich anmutende These ist: die Handlungspflicht stammt nur aus dem geschriebenen Strafrecht, also dem Strafgesetz. Nach Setzen des negativen Vorzeichens lautet die Antithese: die Handlungspflicht stammt nicht aus dem Strafrecht, sondern allein aus anderen Regelungsbereichen.

These und Antithese werden im neueren Schrifttum von Herzberg[3] und eingeschränkt von Schünemann[4] für den Bereich der Unterlassungsdelikte und hier vor allem konzentriert auf das Verhältnis zum Zivilrecht vertreten.

Ausschließlich auf die dort geführte Diskussion des Themas einzugehen, wäre jedoch für die vorliegende Untersuchung zu eng. Zum einen interessiert hier auch und gerade das Verhältnis zum öffentlichen Recht, aus dem sich die Rechtspflicht zum Handeln für Amtswalter ergeben könnte. Zum anderen besteht folgende Beziehung. Wenn es richtig ist, daß das Unterlassungsdelikt die Verletzung einer Handlungspflicht voraussetzt, müßte es ebenso richtig sein, daß das Begehungsdelikt die Verletzung einer Unterlassungspflicht voraussetzt[5].

Dann wäre aber auch der Bereich der Begehungsdelikte in den Blick zu nehmen, da bei solch struktureller Gemeinsamkeit Einsichten aus dem anderen Bereich für die Unterlassungen fruchtbar gemacht werden

---

1 Vgl. *Vogt*, ZStW 63, 396, der diese Frage ebenfalls an den Anfang stellt.

2 *Wagner*, Amtsverbrechen, S. 249, fordert dies.

3 Unterlassung, S. 215 ff.

4 Grund und Grenzen, S. 221 ff.

5 So ausdrücklich *Rudolphi*, Gleichstellungsproblematik, S. 93; vgl. auch *Nagler*, GS 111, 59 f.

könnten. So selbstverständlich das Ergebnis auch sein mag, ist dennoch in Kürze zu überprüfen, ob der Schluß von der Verletzung der Handlungspflicht beim Unterlassungsdelikt auf die Unterlassungspflicht beim Begehungsdelikt richtig ist. Zumindest soweit er auf der Umkehrung seiner Voraussetzungen und Folgen beruht, ist er unproblematisch. Gleichgültig, ob man Handlung und Unterlassung im Verhältnis von non a zu a sieht[6], erkennt man, daß das Verhältnis von Handlung und Unterlassung dasselbe ist wie das von Handlungspflicht zur Unterlassungspflicht[7].

Wenn auch die Frage, ob alle Delikte überhaupt eine Pflichtverletzung voraussetzen, von vornherein im Ergebnis unproblematisch zu sein scheint[8], so gilt dies doch nicht in gleichem Maße für die Begründung. Zum Begriff des Verbrechens im materiellen Sinn[9] gehört seit Birnbaum[10] eine Rechtsgutsverletzung oder -gefährdung, die aber um die Pflichtverletzung ergänzt wurde[11]. Schon Schaffstein als Vertreter der sog. Kieler Schule hatte das Verbrechen dann aber zumindest auch als Pflichtverletzung gekennzeichnet[12]. Seine Begründung wird von zwei Argumenten getragen. Zum einen hatte das geänderte Staatsverständnis, weg vom liberalen, hin zum totalitären Staat, mit seiner Ausrichtung am Gemeinschaftsdenken zur Folge, daß die Pflicht des Bürgers zu einem entsprechenden Verhalten stärker in das Blickfeld geriet. Die sog. völkische Sittenordnung schaffe die Pflicht, deren Verletzung Ver-

---

[6] So *Radbruch*, Handlungsbegriff, S. 131 ff., insbes. S. 141 f.; vgl. auch das Umkehrprinzip bei *Kaufmann*, Dogmatik, S. 87; vgl. hierzu die Kritik von *Androulakis*, Unterlassungsdelikte, S. 75 f., und *Haffke*, ZStW 87, 44 ff., der die Reichweite des Umkehrprinzips untersucht, ohne indessen die grundsätzliche ontologische Gegensätzlichkeit (vgl. S. 72) leugnen zu wollen.

[7] Dies muß auch *Herzberg* anerkennen, auch wenn er eine Gemeinsamkeit von Tun und Unterlassen in seinem negativen Handlungsbegriff des vermeidbaren Nichtvermeidens findet, vgl. Unterlassung, S. 170. *Herzberg*, Unterlassung, S. 289, erkennt den Unterschied zwischen Gebot und Verbot zwar an, hält ihn aber wegen der einheitlichen Vermeidepflicht nicht für sinnvoll.

[8] Vgl. *Nagler*, GA 111, 18: Daß beide Verbrechensformen Pflichtverletzungen sind, ist sicherlich eine Binsenwahrheit.

[9] Vgl. zum Sinn dieses Begriffes nur *Maurach / Zipf*, AT 1, S. 173 ff.

[10] Archiv des Criminalrechts 1834, S. 149 ff.

[11] Vgl. nur *Schönke / Schröder / Lenckner*, vor § 13, Rdnr. 9; *Jescheck* in LK, vor § 13, Rdnr. 9; auch *Schmidhäuser*, AT 7/14; *Mayer*, AT, 1953, S. 55: Unbotmäßigkeit gegen die Norm; *Langer*, Sonderverbrechen, S. 286 f.

Wer hier an die Trennung *Roxins*, Täterschaft, S. 352 ff., Kriminalpolitik, S. 16 ff., in Pflichtdelikte und Herrschaftsdelikte denkt, könnte dem Mißverständnis erliegen, die Herrschaftsdelikte bestünden nicht auch aus einer Pflichtverletzung. *Roxins* Pflichtdelikte sind jedoch speziell im Hinblick auf Täterschaftsprobleme für Delikte mit seiner Ansicht nach unterschiedlichen Strukturen entwickelt worden. Daß jede Straftat auch Pflichtverletzung ist, sagt *Roxin* sogar ausdrücklich, Täterschaft, S. 354.

[12] *Schaffstein*, Verbrechen, besonders S. 7; vgl. auch *Schaffstein*, Gleispach-Festschrift, S. 84, 95, und *Gallas*, Gleispach-Festschrift, S. 50 ff.

brechen sein könne. Dieses Argument kann heute schon wegen des negativ besetzten Begriffs nicht mehr überzeugen, wie wohl hier keiner weiteren Begründung bedarf[13]. Indessen erschöpft sich damit die Beweisführung Schaffsteins nicht. So schließt Schaffstein aus der Pflichtverletzung bei den unechten Unterlassungsdelikten darauf, daß dies bei allen Delikten so sein müsse[14]. Allerdings geht es hier ja darum, von Erkenntnissen des materiellen Verbrechensbegriffs für die Unterlassungsdogmatik zu profitieren. Der circulus vitiosus läge auf der Hand. Die Beschreibung des Verbrechens auch als Pflichtverletzung bedeutet allerdings zunächst nichts anderes, als daß jeder Rechtsgüterschutz notwendig voraussetzt, daß Pflichten zur Beachtung der Rechtsgüter bestehen. In der Kennzeichnung des Verbrechens als Rechtsgutsverletzung ist schon die Kennzeichnung als Pflichtverletzung eingeschlossen[15]. Dies zeigt sich besonders deutlich, wenn das Rechtsgut als der vom Gut ausgehende Achtungsanspruch definiert wird[16], dem ja eine Pflicht notwendig entsprechen muß[17]. Rechtsgutsverletzung und Pflichtverletzung kennzeichnen das Verbrechen nur von verschiedenen Seiten[18]; ihr Inhalt ist gleich[19]. Dies ist auch unabhängig davon richtig, ob und inwieweit die Pflichtverletzung einen Handlungsunwert und Gesinnungsunwert begründet bzw. mit ihnen gleichzusetzen ist[20].

Also setzen sowohl Begehungs- als auch Unterlassungsdelikte die Verletzung von Pflichten voraus. Ob allerdings das Begehungsdelikt die Verletzung einer Unterlassungspflicht und das Unterlassungsdelikt die Verletzung einer Handlungspflicht voraussetzt, ist nicht von vornherein ganz eindeutig. Zumindest das unechte Unterlassungsdelikt könnte einem Verbot widersprechen. Da ein Verbot eine Unterlassungspflicht statuiert, wäre zu folgern, daß das unechte Unterlassungsdelikt auch die Verletzung einer Unterlassungspflicht voraussetzt. Doch kann demgegenüber mit Kaufmann darauf verwiesen werden, daß es bei den unechten Unterlassungsdelikten nicht um Begehungsdelikte geht[21], da zusätzliche Merkmale wie die Garantenstellung erfüllt sein müssen, ehe

---

13 Vgl. zur Kritik an der Verwendung dieser Begriffe auch schon *Nagler*, GS 111, 91 ff., und aus neuerer Zeit *Rudolphi*, Gleichstellungsproblematik, S. 90 f.

14 *Schaffstein*, Verbrechen, S. 36 f.

15 *Schmidhäuser*, AT 2/36.

16 *Schmidhäuser*, AT 2/34.

17 Vgl. auch *Schmidhäuser*, Engisch-Festschrift, S. 445.

18 *Langer*, Sonderdelikt, S. 307 f.

19 *Wagner*, Amtsverbrechen, S. 163.

20 Vgl. dazu *Jescheck* in LK, vor § 13, Rdnr. 9 ff., und *Schönke / Schröder / Lenckner*, vor § 13, Rdnr. 11; dazu, daß die Entwicklung der Handlungslehre ein Wegbereiter der personalen Unrechtslehre war, vgl. nur *Maurach / Zipf*, AT 1, S. 213.

21 Vgl. *Armin Kaufmann*, Dogmatik, S. 272 ff.

die Rechtsfolgestrafe eintreten kann. Daraus wird dann deutlich, daß das unechte Unterlassungsdelikt ebenso wie das echte Unterlassungsdelikt Zuwiderhandlung gegen ein Gebot[22] ist und damit Verletzung einer Handlungspflicht.

Also bedingt schon deshalb das Begehungsdelikt die Verletzung einer Unterlassungspflicht und das Unterlassungsdelikt die Verletzung einer Handlungspflicht. Der Ursprung beider Pflichten müßte in Anbetracht dessen, daß es immer um Rechtsgüterschutz geht[23], identisch sein. Dann muß aber weiter ausgeholt werden, um auch den Bereich der Begehungsdelikte bzw. die zur Unterlassungspflicht gewonnenen Erkenntnisse für das zu lösende Problem fruchtbar machen zu können. So wird sich der Ursprung der Handlungspflicht erschließen.

A. Normentheorie als Ansatz

Ein tauglicher Ansatz könnte die für den Bereich aller Delikte diskutierte normentheoretische Frage sein, ob der Ursprung der Pflicht und damit der Norm selbst im Strafgesetz liegt oder in anderen Bereichen.

I. Überblick über den Meinungsstand

Das Thema des Ursprungs der strafrechtlich erheblichen Pflicht klingt an mehreren Stellen an.

1. Stellungnahmen zur Normentheorie selbst

Zum einen wird es als normentheoretisches Problem auch ausdrücklich angesprochen. Seine Darstellung ist nicht in erster Linie nach inhaltlichen Gesichtspunkten geordnet, da auch die historische Entwicklung selbst schon manchen Einblick verschaffen kann.

Nach der Normentheorie Bindings übertritt der Verbrecher nicht das Strafgesetz, er erfüllt vielmehr gerade den Straftatbestand[24]. An den Verbrecher müßte daher eine andere Norm gerichtet sein, die er mit der Tat übertrete[25]. Auch M. E. Mayer stimmt Binding in dem Punkt zu, daß neben den Strafgesetzen andere Vorschriften fundamentale Bedeu-

---

[22] So auch *Arzt*, JA 80, S. 556 in Fn. 18; *Grünwald*, Unterlassungsdelikt, S. 45 f.; *Rudolphi*, Gleichstellungsproblematik, S. 52; vgl. auch *Dedes*, GA 77, 233: § 13 wurde geschaffen, um erforderliche Gebote zu normieren; *Welzel*, Lb., S. 210, und wohl auch *Herzberg*, Unterlassung, vgl. oben Fn. 7.

[23] Vgl. oben Fn. 15, 16, 17, 18, 19.

[24] *Binding*, Normen, Band I, S. 4.

[25] *Binding*, Normen, Band I, S. 4; zu *Bindings* Theorie auch die Darstellung bei *Wegner*, AT, S. 54.

tung für die Theorie und Praxis des Strafrechts haben[26]. Ein sachlicher Unterschied scheint jedoch darin zu bestehen, daß nach M. E. Mayer diese anderen Vorschriften keine Rechtssätze wie Bindings Normen, sondern „nur Kulturnormen" sind[27]. Daraus ergibt sich dann die Frage, wie diese Kulturnormen, die M. E. Mayer als Sammelnamen für die Gesamtheit derjenigen Gebote und Verbote benutzt, die als religiöse, moralische, konventionelle, als Forderung des Verkehrs und des Berufs an das Individuum herantreten[28], rechtlich verpflichtende Kraft haben können. Dieser Widerspruch ist aber nur ein unwesentlicher[29]. Auch M. E. Mayer erklärt nämlich, daß rechtlich verpflichtende Kraft nur diejenige Kulturnorm habe, die staatlich anerkannt sei[30]. Also muß die Kulturnorm eine bestimmte Eigenschaft haben, um pflichtbegründend zu wirken. Die für die erste Teilfrage wesentliche Übereinstimmung besteht jedenfalls darin, daß die Pflichten in anderen als strafgesetzlichen Vorschriften ihren Ursprung finden sollen. Auch Kaufmann selbst, der Bindings Normentheorie auf ihre zeitliche Resistenz überprüft, unterscheidet ein Normen- und ein Sanktionsrecht, wobei das letztere durch die Strafgesetze gebildet wird[31]. Allerdings nennt er beide Gebiete zusammenfassend Strafrecht, also auch das Normenrecht. Indessen ist dies nur für die Terminologie von Bedeutung und läßt keinen inhaltlichen Unterschied entstehen, da damit ja keinesfalls gesagt wird, das das Sanktionsrecht das Normenrecht enthält.

Die ältere, oft sehr grundsätzlich angelegte Lehrbuchliteratur bezieht im Gegensatz zur neueren Literatur häufiger und ausführlicher Stellung zu den Thesen Bindings und M. E. Mayers.

So beschäftigt sich insbesondere von Hippel[32] mit diesen Thesen und verwirft beide gänzlich. Seiner Meinung nach verletzt der Verbrecher durch die Tat das Strafgesetz, d. h. die in ihm enthaltene Norm[33]. Entgegen dieser Stellungnahme befindet Mezger[34] sich im Einklang mit den Thesen Bindings, weist allerdings noch darauf hin, daß Norm- und Strafgesetz uno actu geschaffen werden können.

---

[26] *M. E. Mayer*, Kulturnormen, S. 130.

[27] *M. E. Mayer*, Kulturnormen, S. 131.

[28] *M. E. Mayer*, Kulturnormen, S. 17.

[29] *Armin Kaufmann*, Normentheorie, S. 236.

[30] *M. E. Mayer*, AT, S. 37. Vgl. auch zu dem letztlich auf Mißverständnissen beruhenden Streit zwischen *M. E. Mayer* und *Binding: M. E. Mayer*, AT, S. 47, Fn. 10, S. 50, Fn. 17; *Binding*, Normen, Band II 1, S. 370.

[31] *Armin Kaufmann*, Normentheorie, S. 238, vgl. auch S. 280 und die inhaltlich ähnlichen Ausführungen von *Kissin*, Rechtspflicht, S. 59.

[32] *v. Hippel*, Strafrecht, erster Band, S. 16 ff., vgl. hier S. 19 Fn. 2 auch die Sammlung des älteren Schrifttums.

[33] *v. Hippel*, Strafrecht, erster Band, S. 19.

[34] *Mezger*, Strafrecht, S. 185.

Den Übergang zur neueren Literatur vollzieht Hellmuth Mayer. 1953 hatte er die sekundäre Natur des Strafrechts bestritten[35], aber gefordert, daß die Norm aus ihrem metajuristischen Sinn abzuleiten sei[36]. Dagegen berief er sich 1967 auf die „ziemlich allgemeine Ansicht", die aber nicht belegt wird, daß dem Tatbestand des Strafgesetzes selbst der Imperativ zu entnehmen sei, der sich an die Allgemeinheit richte[37].

Jedenfalls für die heutige Zeit kann dieser Kennzeichnung des Meinungsstandes nicht zugestimmt werden. Während manche Autoren sich diese grundsätzliche Frage strafrechtlich erheblicher Pflichten gar nicht stellen[38], befinden die wenigen Stellungnahmen sich grundsätzlich im Einklang mit der Auffassung Bindings. So meinen Maurach / Zipf[39], daß die Anerkennung eines die Straftatbestände tragenden Normensystems rechtslogisch wie strafrechtsdogmatisch geboten sei. Vollends stimmt auch Schmidhäuser mit der Auffassung Bindings und sogar bis in einzelne Formulierungen mit M. E. Mayer überein. Die staatliche Rechtsordnung weise die Staatsorgane an, auf gewisse Vorgänge in der gesellschaftlichen Rechtsordnung zu reagieren[40]. Die gesellschaftliche Rechtsordnung enthalte Normen im Sinne von Binding, die staatliche Rechtsordnung seien (auch) die Strafgesetze.

Jescheck hingegen beschränkt sich in seiner Ablehnung der Normentheorie Bindings auf die Fußnote, daß zwischen Norm und Sanktion ein „wechselseitiges Korrelationsverhältnis" bestehe und somit eine typische Einheit[41]. Nach Stratenwerth schließlich werden Ge- und Verbote im Strafrecht indirekt formuliert[42].

2. Stellungnahmen innerhalb der Schuldlehre

Auch innerhalb der Schuldlehre könnten sich Stellungnahmen finden. In § 17 S. 1 ist von der Einsicht des Täters, Unrecht zu tun, die Rede[43].

---

35 *Mayer*, AT, 1953, S. 52.

36 *Mayer*, AT, 1953, S. 59, Fn. 25; vgl. auch die Inhaltsangabe der Normentheorie *Bindings*, S. 32.

37 *Mayer*, AT, 1967, S. 41, Fn. 1, als einzige Gegenstimme wird *Maurach* zitiert, wobei unzutreffend ein Widerspruch in dessen Aussagen behauptet wird.

38 Z. B. *Blei*, AT, und *Bockelmann*, AT.

39 *Maurach / Zipf*, AT 1, S. 286 und S. 188; vgl. auch *Maurach*, AT 4, S. 219 ff.

40 *Schmidhäuser*, AT, 1/7; *Schmidhäuser*, zwei Rechtsordnungen, S. 12 ff.; vgl. auch *Bärwinkel*, Garantieverhältnisse, S. 27.

41 *Jescheck*, AT, S. 185, Fn. 2, vgl. auch S. 188 f.

42 *Stratenwerth*, AT, Rdnr. 172.

43 Auf den Streit zwischen (eingeschränkter und strenger) Schuldtheorie und heute noch vertretener Vorsatztheorie (*Schmidhäuser*, AT 10/64; *Langer*, GA 76, 214 ff.), ob beim Fehlen des Unrechtsbewußtseins der Vorsatz oder erst die Schuld entfällt, braucht hier nicht eingegangen zu werden.

In den Stellungnahmen zum Inhalt des Unrechtsbewußtseins müßten sich die Auffassungen zum normentheoretischen Problem widerspiegeln. Die Frage, wessen sich der Täter bewußt sein muß, um Unrechtsbewußtsein zu haben, wird nicht einheitlich beantwortet.

Die Ansicht der h. M. wird meist zunächst an Gegenpositionen entwickelt[44]: Es genüge nicht das Bewußtsein sittlicher Verwerflichkeit, das Bewußtsein der Strafbarkeit sei andererseits aber auch nicht erforderlich. Die Wahrheit liege dazwischen, erforderlich, aber auch genügend sei das Bewußtsein des Widerspruchs zur Rechtsordnung. Es gilt nun festzustellen, welche Auffassung zum normentheoretischen Problem sich dahinter verbirgt.

Wenn die h. M. das Strafgesetz selbst für die maßgebliche Rechtsordnung hielte, dann müßte sie unter Bewußtsein des Widerspruchs zur Rechtsordnung das Bewußtsein des Widerspruchs zu den Anforderungen des Strafgesetzes verstehen. Wenn weiter der Täter damit bereits die Strafbarkeit kennen würde, würde die h. M. inhaltlich übereinstimmen mit der Forderung, es sei das Bewußtsein der Strafbarkeit erforderlich. Da die h. M. sich gegen eine solche Forderung aber gerade ausdrücklich wendet, wäre zu folgern, daß sie das Strafgesetz nicht als für den Täter maßgebliche Rechtsordnung, d. h. als Ursprung seiner Verhaltenspflichten, ansieht.

Indessen ist dieser Schluß nicht mit letzter Sicherheit durchzuführen. Die Kenntnis des Widerspruchs zum Strafgesetz kann nämlich zweierlei bedeuten. Zum einen könnte die Kenntnis des Verbotenseins einschließlich der Kenntnis der strafrechtlichen Bewehrung („bei Strafe verboten") gemeint sein. Es könnte aber auch allein die Kenntnis des Verbots als ausreichend angesehen werden[45]. D. h., selbst wenn man das Strafgesetz als maßgebliche (pflichtbegründende) Rechtsordnung ansieht, muß man noch nicht zwingend die Kenntnis des Täters fordern, das Verhalten sei bei Strafe verboten, wenngleich diese Ansicht mit der normentheoretischen Auffassung, das Strafgesetz begründe Pflichten, nur mit zusätzlichen Begründungen vereinbar wäre. Eine sol-

---

[44] *Rudolphi* in SK, § 17, Rdnr. 3; *Schönke / Schröder / Cramer*, § 17, Rdnr. 5; *Lackner*, § 17, Anm. 2a; *Jescheck*, AT, S. 366; *Baumann*, AT, S. 439 ff.; *Welzel*, Lb., S. 171; *Stratenwerth*, AT, Rdnrn. 559 ff.; besonders klar: *Maurach /Zipf*, AT 1, S. 564 f.. Ob *Schmidhäusers* Bemerkung im AT 10/72 als von der h. M. abweichend zu verstehen ist, so *Stratenwerth*, AT, Rdnr. 560, ist m. E. zweifelhaft, weil Gemeinschafts- bzw. Sozialleben nach *Schmidhäuser* durchaus rechtliche Regelungen schaffen können (vgl. AT 1/7). Aus der Rspr.: BGHSt 2, 194 (202); 10, 35 (41); 15, 377 (382 f.); zum zusätzlichen Erfordernis der Kenntnis des Unrechtsquantums vgl. *Horn*, Verbotsirrtum, S. 30.

[45] Vgl. als Indiz auch die unterschiedlichen Auffassungen bei *Grünhut*, Feuerbach, S. 204, und *Gössel*, Bedeutung, S. 251 ff. Die Unterscheidung im Text entspricht der Unterscheidung bei *Gössel*, Bedeutung, S. 199, zwischen Rechtswidrigkeitsbewußtsein und dem der Strafgesetzwidrigkeit.

che Begründung müßte etwa darauf hinauslaufen, daß kaum jemand über die Kenntnis des Strafgesetzes verfüge, so daß nur Juristen schuldhaft handeln könnten[46].

Schon diese Ausführungen legen es nahe, daß die Vertreter der h. M. unter der maßgeblichen Rechtsordnung wohl doch die außerstrafrechtliche Rechtsordnung verstehen. Dies wird gestützt, wenn Rudolphi sagt, es sei unbeachtlich, ob der Täter die maßgebliche Norm als strafrechtliche, zivilrechtliche oder verwaltungsrechtliche qualifiziert[47]. Das bedeutet nämlich, daß z. B. derjenige, der den Widerspruch zur zivilrechtlichen Rechtsordnung kennt, aber nicht die Strafbarkeit seines Verhaltens, sich nicht im Verbotsirrtum befindet[48]. Also kann dem Täter sein Verhalten nicht erst durch das Strafgesetz verboten sein.

Interessant im Hinblick auf die dahinter stehende Auffassung zum normentheoretischen Problem sind aber auch gerade die der h. M. entgegengesetzten Positionen.

Arthur Kaufmann erklärt, es genüge das Bewußtsein sittlicher Verwerflichkeit[49]. Für ihn folgt dies daraus, daß es Rechtspflichten nur als sittliche Pflichten geben kann[50]. Daraus ergibt sich dann für die Auffassung Kaufmanns, daß er erst recht, d. h. mehr noch als die h. M., als Ursprung der Pflichten nicht das Strafgesetz ansehen kann.

Nun wird neuerdings wieder die Meinung vertreten, Unrechtsbewußtsein erfordere die Kenntnis der Strafbarkeit[51]. Früher hatte diese These schon Feuerbach aufgestellt. Für ihn folgte dies aus seiner (generalpräventiven) Theorie des psychologischen Zwangs. Ein solcher Zwang konnte nur auf den wirken, dem die Strafbarkeit seines Verhaltens bekannt war[52]. Auch Schroeder greift zurück auf die Strafzwecklehre, wenn er heute Feuerbachs These vertritt, ohne sich allerdings direkt auf ihn zu beziehen. Eine Strafe für denjenigen, der sich im Irrtum über die Strafbarkeit befinde, sei nach jeder relativen Straftheorie sinnlos. Es fragt sich nun erneut, was für eine Auffassung zum normen-

---

[46] Vgl. *Binding*, Normen III, S. 109; s. auch *Gössel*, Bedeutung, S. 203 f.

[47] *Rudolphi*, Unrechtsbewußtsein, S. 63; *Rudolphi* in SK, § 17, Rdnr. 5; *Schönke / Schröder / Cramer*, § 17, Rdnr. 6.

[48] Zu diesem auch von *Rudolphi*, Unrechtsbewußtsein, S. 63 Fn. 21 angeführten Fall, OLG Celle, JZ 67, S. 503 f.

[49] *Arthur Kaufmann*, Schuldprinzip, S. 129 f.

[50] Inwieweit eine solche Auffassung heute noch mit dem Grundgesetz zu vereinbaren ist, mag hier auf sich beruhen. Angedeutet sei nur, daß es in der Konsequenz von *Arthur Kaufmanns* Auffassung liegt, daß der Gesetzgeber die Kompetenz hätte, das Sittengesetz strafrechtlich zu bewehren; vgl. dazu *Rudolphi*, Honig-Festschrift, S. 159; *ders.*, Welzel-Festschrift, S. 617 ff.; *Amelung*, Rechtsgüterschutz, S. 315 ff.

[51] *Schroeder* in LK, § 17, Rdnr. 7.

[52] *Feuerbach*, Revision II, S. 43 f.

theoretischen Problem daraus folgt. Da Schroeder sich bei der Schuldlehre im Gegensatz zur h. M. befindet, liegt es nahe, daß dies bei der Normentheorie ebenso ist. Dieser Schluß ist jedoch unzulässig. Zwar mag der Inhalt des Unrechtsbewußtseins in bestimmter Weise von der Strafzwecklehre abhängen[53], es besteht aber keine Abhängigkeit der Normentheorie von der Strafzwecklehre. M. a. W. wer aus Gesichtspunkten der Strafzwecklehre das Bewußtsein fordert, das Verhalten sei bei Strafe verboten, sagt damit noch nicht, daß die Pflicht, sich in einer bestimmten Weise zu verhalten, auch im Strafgesetz zu Hause sei.

Von einem anderen Ansatz her begründet Otto[54] seine Ansicht, für das Unrechtsbewußtsein sei das Bewußtsein der Rechtswidrigkeit im engsten Sinne erforderlich, worunter er die Strafgesetzwidrigkeit im Sinne von Gössel[55] versteht. Auch hinter dieser Ansicht könnte sich wieder eine Aussage zur Normentheorie verbergen. Zwar sagt Otto ausdrücklich, erforderlich sei die Kenntnis von der Strafnorm, die der Täter verletzt. Doch ist damit keineswegs gesagt, daß diese Norm im Strafgesetz ihren Ursprung findet[56]. Dies ergibt sich auch aus der Argumentation Ottos. Er folgert aus dem Charakter des Delikts als personalem Unrecht, daß auch der Vorsatz nicht völlig wertfrei sein könne. Gleichsam nach Durchführung eines Subtraktionsverfahrens bleibt dann für das Unrechtsbewußtsein des § 17 nur noch das Bewußtsein der Strafgesetzwidrigkeit übrig. Auch hier gilt aber wieder, daß es zwar eine Abhängigkeit der Schuldlehre von der personalen Unrechtslehre geben mag, umgekehrt eine Abhängigkeit der Normentheorie von der personalen Unrechtslehre eben jedoch fehlt.

Damit ergibt sich, daß die h. M. zur Frage des Inhalts des Unrechtsbewußtseins, wenn auch unausgesprochen, auf der Grundlage der ebenfalls herrschenden Normentheorie steht. Den abweichenden Meinungen innerhalb der Schuldlehre lassen sich aber keine der herrschenden Normentheorie entgegengesetzten Aussagen entnehmen.

3. Stellungnahmen innerhalb der Unterlassungsdogmatik

Endlich fragt sich, was sich den Stellungnahmen entnehmen läßt, die sich spezieller mit der Handlungspflicht bei den Unterlassungsdelikten beschäftigen. Hierbei denkt man an die formelle Rechtsquellenlehre

---

[53] Vgl. *Roxin*, Kriminalpolitik, S. 33. Mit diesem Verhältnis befaßt sich ausführlich *Gössel*, Bedeutung.

[54] ZStW 87, 595.

[55] Vgl. oben Fn. 45.

[56] So sagt *Armin Kaufmann*, Normentheorie, S. 238, daß Normenrecht und Sanktionsrecht das Strafrecht bilden; vgl. oben Fn. 31.

und insbesondere auch an die ihr in neuerer Zeit gegenübergestellte materielle Betrachtungsweise.

Die formelle Rechtsquellenlehre erklärt, die Rechtspflicht sei dem außerstrafrechtlichen Bereich zu entnehmen[57]. Mögliche Rechtsquellen seien Gesetz, Vertrag, Ingerenz oder eine enge Lebensbeziehung[58]. Die gerade für das gegenwärtige Meinungsbild interessante Frage ist aber, inwieweit die heute überwiegend vertretene materielle Unterscheidung[59] sich mit der Existenz einer außerstrafrechtlichen Pflicht vereinbaren läßt.

Die sich immer mehr durchsetzende materielle Einteilung beruht auf dem Gedanken, daß auch der Inhalt der Garantenpflicht für die strafrechtliche Bewertung von Interesse sei. Dem Unterlassenden dürfe nicht nur gesagt werden, daß er tätig werden soll, sondern es müsse ihm auch gesagt werden, welche Handlung von ihm erwartet wird und welche nicht. Folgerichtig wird dann die Einteilung danach vorgenommen, ob jemand alle Gefahren von einem bestimmten Rechtsgut abwehren muß oder ob jemand eine Gefahrenquelle beherrschen muß[60].

Innerhalb der Vertreter dieser Einteilung lassen sich nun aber wiederum zwei Gruppen bilden. Die eine Gruppe meint, vollständig auf formelle Erwägungen, d. h. auf außerstrafrechtliche Entstehungsgründe, verzichten zu können[61].

So verneint Herzberg die Bedeutung von Rechtspflichten für das unechte Unterlassen schlechthin und fordert die völlige Verselbständigung des Garantenprinzips[62].

Die andere Gruppe meint, daß sie die Frage nach dem „Wie" der erwarteten Handlung nicht stellen kann, ohne die nach dem „Ob" beantwortet zu haben. Die materielle Einteilung gebe also nur ein zusätz-

---

57 RGSt 58, 130 (131 f.); 63, 392 (394); BGHSt 4, 20 (22); 11, 353 (355); vgl. auch *Blei*, AT, S. 286 ff.; *Maurach*, AT, S. 605 ff.; mit Einschränkungen auch *Baumann*, AT, S. 253 ff.

58 Vgl. hierzu besonders RGSt 69, 321 (323) und im Gegensatz dazu BGHSt 19, 167 (169) und *Geilen*, FamRZ 64, 385 ff.

59 *Schönke / Schröder / Stree*, § 13, Rdnrn. 8, 9; *Dreher / Tröndle*, § 13, Rdnr. 5; *Rudolphi* in SK, § 13, Rdnrn. 24, 25; *Heimann-Trosien / Wolff* in LK, Einl., Rdnr. 166; *Jescheck*, AT, S. 504 ff.; *Schmidhäuser*, AT 16/39; *Maurach / Gössel / Zipf*, AT 2, S. 147 ff.; etwas skeptischer *Stratenwerth*, AT, Rdnr. 990; grundlegend *Armin Kaufmann*, Dogmatik, S. 283 ff.; vgl. auch *Rudolphi*, Gleichstellungsproblematik, S. 101 ff.; *Androulakis*, Unterlassungsdelikte, S. 209 f.; *Schünemann*, Grund und Grenzen, S. 241 ff.; Ansatz schon bei *Traeger*, Enneccerus-Festgabe, S. 75.

60 Vgl. oben Fn. 59.

61 So früher schon *Schaffstein*, Gleispach-Festschrift, S. 70 ff.; später *Grünwald*, Unterlassungsdelikt, S. 52; *Welp*, Vorangegangenes Tun, S. 65; *Herzberg*, Unterlassung, S. 215 ff.

62 *Herzberg*, Unterlassung, S. 215.

liches Kriterium an. So wird formuliert, die Entstehungsgründe der Garantenstellung seien nicht ohne jede Bedeutung für ihren Inhalt und Umfang[63], oder es könne von einer Verbindung der formellen mit der materiellen Betrachtungsweise gesprochen werden[64]. Hier kommt es zunächst nur darauf an festzustellen, daß ganz überwiegend die Auffassung vertreten wird, die Handlungspflicht ergebe sich nicht allein aus strafgesetzlichen Regelungen.

Aber auch soweit etwa die völlige Verselbständigung des Garantenprinzips gefordert wird[65], muß angegeben werden, welcher Maßstab für dieses Prinzip gilt. Nach Herzberg ist dies die soziale Sonderverantwortlichkeit, die einem Menschen zum Zwecke der Schadensverhütung auferlegt worden ist[66]. Dann darf aber spätestens an dieser Stelle nicht außer acht gelassen werden, daß die sozialen Verhältnisse durch das Recht zumindest mitbestimmt werden[67], so daß die nichtstrafgesetzlichen Regelungen wenigstens Indizfunktion hätten.

II. Kritik der Argumente

Münzberg[68] erklärt die Frage nach dem Ursprung der Norm bzw. der für den potentiellen Täter maßgeblichen Pflicht entweder zu einer solchen der Geschichte und Soziologie oder zur reinen Spekulation. Die Untersuchung scheint indessen um diese sehr grundsätzliche Frage nicht herumzukommen. Jedenfalls, wenn die These richtig wäre, Pflichten seien nur dem Strafgesetz zu entnehmen, würde eine Auswertung des öffentlichen Rechts[69] sich erübrigen. Deshalb muß zumindest eine kurze Kritik der wesentlichen möglichen Einwände und der tatsächlich vorgetragenen Argumente stattfinden.

---

63 *Rudolphi* in SK, § 13, Rdnr. 25.

64 *Schönke / Schröder / Stree*, § 13, Rdnr. 8; *Heimann-Trosien / Wolff* in LK 9, Einl., Rdnr. 166; *Jescheck*, AT, S. 504 ff.; *Welzel*, Lb., S. 213; *Maurach / Gössel / Zipf*, AT 2, S. 147 ff.; *Stree*, Mayer-Festschrift, S. 146 f.; *Geilen*, FamRZ 64, 390 f.; *Rudolphi*, Gleichstellungsproblematik, S. 54; vgl. auch *Arzt*, JA 80, 648; ähnlich auch *Bärwinkel*, Garantieverhältnisse, S. 132 f.; vgl. auch *Armin Kaufmann*, Dogmatik, S. 285 f.

65 Siehe oben Fn. 62.

66 *Herzberg*, Unterlassung, S. 215.

67 Insoweit übereinstimmend: *Herzberg*, Unterlassung, S. 215: Der Rechtspflicht gegenüber verhält sich dieses (ergänze: Garantenprinzip) wie ein Kreis, der den anderen schneidet. Vgl. auch Unterlassung, S. 50.

68 Verhalten und Erfolg, S. 52.

69 *Wagner*, Amtsverbrechen, S. 249, fordert dies.

1. Einheitlicher Ursprung

Möglich ist es, von der Forderung auszugehen, daß Handlungs- und Unterlassungspflicht einen einheitlichen Ursprung haben müßten. Wenn nun im Gesetz nur Handlungen unter Strafe gestellt werden, könnte dort schon deswegen nur eine Unterlassungspflicht ihren Ursprung finden. Als einheitlicher Ursprung bliebe dann nur der außerstrafrechtliche Bereich.

Dieses mögliche Argument vermag allerdings wegen § 13 schon nicht mehr zu überzeugen, soweit man § 13 für verfassungsmäßig hält[70]. Gleichgültig, ob die Regelung der Unterlassungen im Besonderen Teil mitenthalten ist, so daß § 13 nur deklaratorisch wäre, oder ob § 13 insoweit konstitutiv ist, steht jedenfalls fest, daß das Strafgesetz sowohl die Strafbarkeit von Handlungen als auch die von Unterlassungen regelt. Dann bliebe aber sowohl Strafgesetz als auch außerstrafrechtlicher Bereich als einheitlicher Ursprung der Pflicht denkbar.

Fraglich ist, ob dies auch gilt, wenn man die Verfassungsmäßigkeit des § 13 verneint.

Wäre § 13 nicht verfassungsmäßig, käme es darauf an, ob in den Tatbeständen des Besonderen Teils Unterlassungen geregelt sind. Bejaht man dies, wäre ein einheitlicher Ursprung der Pflichten auch im Strafgesetz denkbar.

Aber auch wenn man dies verneint, etwa weil ein Gebot sich grundsätzlich von einem Verbot unterscheide und somit nicht in ein solches umformuliert werden dürfe[71], könnte der Tatbestand trotzdem noch Ge- und Verbot poenalisieren, ohne diese selbst zu enthalten[72]. Dieser Standpunkt wäre mit der Begründung möglich, daß die Tatbestände nur die Verbotsmaterie regeln, nicht aber selbst die an den Bürger gerichteten Ge- und Verbote enthalten[73]. In diesem Fall würde das Ergebnis voraussetzen, was es erst herauszufinden gilt.

Unabhängig von der Verfassungsmäßigkeit des § 13 ergibt also die Forderung nach einem einheitlichen Ursprung keine überzeugenden Argumente.

---

[70] So *Schönke / Schröder / Stree*, § 13, Rdnr. 5; *Baumann*, AT, S. 250; vgl. aber auch *Schöne*, Erfolgsabwendung, S. 277 ff.; *Busch*, v. Weber-Festschrift, S. 199; *Stratenwerth*, AT, Rdnr. 988.

[71] So *Armin Kaufmann*, Dogmatik, S. 256 ff., vgl. oben Fn. 21, 22.

[72] Vgl. auch *Busch*, v. Weber-Festschrift, S. 196: über Entstehungsgrund ... vermag sie (die „Theorie“ *Kaufmanns*) nichts auszusagen.

[73] So *Bärwinkel*, Garantieverhältnisse, S. 27 f.

2. Keine Strafe ohne Gesetz

Gewichtiger erscheint da zunächst schon die folgende Beweisführung, die schon einmal kurz aufgetaucht ist. Ausgegangen wird vom Satz „keine Strafe ohne Gesetz", Art. 103 II GG. Weiterhin wird der faktische Befund eingeführt, daß der Bürger das Strafgesetz nicht kenne. Dann könne aber eine Bestrafung nicht erfolgen, wenn es das Strafgesetz wäre, das die für den Bürger maßgeblichen Pflichten schüfe, weil sonst der Satz „keine Strafe ohne Gesetz" verletzt wäre. Also könne die Pflicht nur im außerstrafgesetzlichen Raum ihren Ursprung haben[74].

Allerdings ist schon dieser Schluß nicht zwingend. Ebenso gut könnte gefolgert werden, daß trotz der verpflichtenden Kraft des Strafgesetzes die Kenntnis der Strafgesetzwidrigkeit nicht erforderlich sei[75]. Der Fehler liegt darin, daß in den Satz „keine Strafe ohne Gesetz" hineingelesen wird „keine Strafe ohne Gesetzeskenntnis". Der zweite Satz hängt aber allenfalls zusammen mit dem Schuldgrundsatz „keine Strafe ohne Schuld"[76].

Dieses Gegenargument ergreift allerdings nicht die These, die ebenfalls auf den Befund zurückgreift, daß der Bürger das Gesetz nicht kenne, und daraus folgert, daß dann die Vorstellung eines vom Gesetzgeber erteilten Befehls der Wirklichkeit nicht entspreche[77].

Allerdings läßt sich beiden vorgetragenen Beweisführungen entgegenhalten, daß sich die Frage nach dem Inhalt des Täterbewußtseins erst nach der Beantwortung der Frage nach dem Ursprung der Pflicht stellt. Zumindest erscheint es nicht ausreichend, vom tatsächlichen Täterbewußtsein auf den Ursprung der verletzten Pflicht und damit des Unrechts zu schließen. Auch das zweite Argument gegen das Strafgesetz als Ursprung der Pflicht führt also nicht weiter.

3. Formulierung der Tatbestände

Gleiches gilt für Bindings Argument aus dem Wortlaut der gesetzlichen Tatbestände, der Verbrecher erfülle ja gerade den Tatbestand, also könne er eine etwa im ersten Teil des Tatbestandes verankerte Pflicht nicht verletzen[78]. Wenn überhaupt im Strafgesetz eine an den potentiellen Täter gerichtete Pflicht enthalten sei, könne diese sich nur

---

74 So besonders deutlich *M. E. Mayer*, Kulturnormen, S. 2, 7 ff.

75 Siehe oben I 2.

76 Vgl. dazu nur BVerfGE 6, 389 (439); 20, 323 (331).

77 *Schmidhäuser*, zwei Rechtsordnungen, S. 7.

78 *Binding*, Normen I, S. 4, vgl. auch S. 45.

aus dem zweiten Teil ergeben und lauten, die verdiente Strafe auf sich zu nehmen[79].

Binding bleibt allerdings die Antwort schuldig, warum der Wortlaut der gesetzlichen Tatbestände nicht nur das Ergebnis einer technischen Formulierung sein könnte. Genau dieses behauptet von Hippel[80], wenn er sagt, daß der Verbrecher gerade durch sein tatbestandsmäßiges Verhalten das Strafgesetz verletzt, was natürlich ebensowenig überzeugend ist. Hingewiesen sei darauf, daß das Argument Bindings auch nicht durch die große Bedeutung der grammatischen Auslegung an Kraft gewinnt. Dies liegt daran, daß die Umformulierung lediglich in der Verneinung des ersten Teils des gesetzlichen Tatbestandes besteht, die ohne jede Schwierigkeit zu vollziehen ist.

4. „Rechtslogik“

Sehr grundsätzlich meinen Maurach / Zipf[81] ihre Ansicht, die Normen seien nur außerhalb des Strafgesetzes zu finden, auf Rechtslogik stützen zu können. Die Strafdrohung baue nicht allein auf der Unantastbarkeit des Rechtsguts auf, das Strafrecht poenalisiere in der großen Mehrzahl nur bestimmte Handlungen. So richtig dies auch sein mag, so folgt daraus lediglich, daß ein Normensystem existieren muß, nicht aber folgt „rechtslogisch“ daraus, daß das zugrundeliegende Normensystem nicht im Strafgesetz vorhanden sein kann.

5. Geschichte

Durchschlagen könnte aber das historische Argument, das Strafrecht sei die geschichtlich älteste Rechtsordnung, daher müsse auch das Strafgesetz selbst Verhaltenspflichten enthalten[82]. Schon gegenüber dem Ansatz als solchem hat Schünemann zu Recht darauf hingewiesen, daß es nicht auf die geschichtliche Entwicklung, sondern allein auf das bestehende Verhältnis ankomme[83]. Selbst wenn man aber den Ansatz billigen würde, hieße das noch nicht, daß das Strafgesetz die Pflicht enthielte, weil es in frühesten Zeiten noch kein Gesetz gab[84]. Unabhängig davon könnte eine Pflicht auch uno actu mit dem Strafgesetz entstanden sein, ohne darin enthalten gewesen zu sein[85].

---

[79] *Binding*, Normen I, S. 13.

[80] *von Hippel*, Strafrecht I, S. 19.

[81] AT 1, S. 286 ff.

[82] So *Jescheck*, AT, S. 40; *Mayer*, AT, 1953, S. 52.

[83] *Schünemann*, Grund und Grenzen, S. 223, Fn. 54; vgl. auch *Maurach / Zipf*, AT 1, S. 287: Auf zeitliche Priorität kommt es nicht an.

[84] Vgl. dazu *Jescheck*, AT, S. 72, selbst.

[85] Vgl. *Mezger*, Strafrecht, S. 185.

6. Gesetzesvorbehalt

Gerade Bindings These von den ungeschriebenen Normen, als „Gehorsamsrecht dem öffentlichen Recht zugehörig“[86], könnte heute mit dem Prinzip des Gesetzesvorbehalts unvereinbar sein. Selbst wenn dies der Fall wäre, wäre damit noch nicht die Existenz jeder außerstrafrechtlichen Pflicht widerlegt, weil nur das Verhältnis vom Sanktionsrecht zum Normenrecht betroffen wäre, nämlich ob für beides die einheitliche Rechtsquelle des Strafgesetzes besteht.

Sollte man also wie Binding die Pflichten des Täters als nicht im Gesetz geregelt ansehen, so ist dem Schutz der Eigentums- und Freiheitssphäre des Bürgers Genüge getan, wenn die Voraussetzungen im Gesetz beschrieben sind, unter denen der Staat, also hier der Richter, tätig werden darf, zumal aus diesen Gesetzen diese Pflichten zumindest abgeleitet werden können[87].

Also schlagen die Bedenken aus dem Gesetzesvorbehalt und auch gegen die Thesen Bindings nicht durch.

7. Ergebnis

Die bisherigen Argumente haben weder eine bestimmte Normentheorie stützen noch eine andere widerlegen können. Die These, nach der nur das Strafgesetz die für den Täter wesentlichen Pflichten enthält, konnte bisher weder verifiziert noch falsifiziert werden — insoweit behält Münzberg[88] recht, der die Suche nach dem Ursprung der Pflicht für Spekulation hält. Letztendlich liegt dies daran, daß die Normentheorie immer als die Grundlage angesehen werden kann, von der aus zu deduzieren ist. Daher sind alle Versuche, die diese Grundlage weiter hinterfragen, zum Scheitern verurteilt.

B. Rechtsgüterschutz und Einheit der Rechtsordnung als Ansatz

Möglicherweise lassen sich tragfähige Argumente für oder wider die These, nur das Strafgesetz enthalte die maßgeblichen Pflichten, von einem anderen Ansatz aus gewinnen. Dieser Ansatz muß möglichst von Dogmen ausgehen, die jedermann akzeptiert, um eine geeignete Grundlage zu sein.

---

[86] So auch schon *Binding*, Normen I, S. 97.

[87] Vgl. auch *Binding*, Normen I, S. 35 ff.

[88] Vgl. oben Fn. 68.

Akzeptiert wird, daß das Strafrecht Rechtsgüter schützt, indem es Pflichtverletzungen sanktioniert[1]. Von da aus ist es nur ein kleiner Schritt zu der den Ursprung der Pflichten betreffenden Konsequenz, daß an der gleichen Stelle, an der Rechtsgüter geschützt werden, auch Pflichten entstehen. Ob dabei das für das Strafrecht maßgebliche Normenrecht nur im Strafrecht selbst wurzelt, wird nicht weiter untersucht, da sich die Aussichtslosigkeit dieser Fragestellung gezeigt hat[2].

Güter werden aber auch auf anderen Rechtsgebieten geschützt. Also müßten schon deswegen auch auf diesen Gebieten Pflichten entstehen können. Unabhängig von dieser Herleitung bestätigt sich dies Ergebnis für das öffentliche Recht schon durch dessen Definition. Nach der modifizierten Subjektstheorie ist dies nämlich die Gesamtheit der Rechtssätze, durch die allein der Staat oder eine seiner Untergliederungen berechtigt, verpflichtet oder organisiert werden[3].

I. Priorität eines Rechtsgebietes und damit auch seiner Pflichten

Wenn also zwar feststeht, daß mehrere Rechtsgebiete für Amtsträger als potentielle Täter Pflichten enthalten, so ist damit immer noch nicht gesagt, daß für Fragen des Strafrechts alle diese maßgeblich sind und positiv wirksam werden. Einem Rechtsgebiet könnte nämlich eine irgendwie geartete Priorität zukommen.

1. Zeitliche Priorität

Daß eine zeitliche Priorität, gekoppelt mit dem Satz, daß eine einmal entstandene Pflicht nicht noch einmal entstehen könne, hier nicht von Bedeutung ist, wurde schon gesagt[4]. Ergänzend sei darauf verwiesen, wieviel Rechtsunsicherheit entstehen würde, müßte jedesmal nach dem maßgeblichen Zeitpunkt geforscht werden.

2. Priorität des öffentlichen Rechts

Unsere Rechtsordnung kennt aber die Priorität des Grundgesetzes, das schon Pflichten zur Beachtung von Rechtsgütern[5] enthalten könnte.

---

[1] Vgl dazu oben vor A.

[2] Deswegen muß jetzt auch zwischen Strafgesetz und Strafrecht als Oberbegriff für Normenrecht und Sanktionsrecht nicht mehr so streng unterschieden werden, wie es bisher notwendig war.

[3] Grundlegend *Wolff*, AöR 76, 205 ff.; zum heutigen Meinungsstand vgl. nur *Kopp*, § 40 VwGO, und *v. Münch* in *Erichsen / Martens*, § 2 II 1.

[4] Siehe oben A II 5.

[5] Darüber, daß das Grundgesetz dem Strafgesetzgeber für seinen Rechts-

Diese Ansicht setzte sich aber in so undifferenzierter Form in Widerspruch zu einer Sicht der Grundrechte, die hier weder in Frage gestellt werden kann noch soll. Den Grundrechten kommt nämlich grundsätzlich keine unmittelbare Drittwirkung zu[6]. Also können die Bürger als potentielle Täter durch sie auch nicht verpflichtet werden.

Anders ist es für Amtsträger, soweit ihr Verhalten dem Staat zugerechnet werden kann. Sie werden dann durch die Grundrechte unmittelbar verpflichtet. Das ändert allerdings nichts daran, daß das übrige öffentliche Recht diese Pflichten ergänzt oder konkretisiert oder auch beschränkt.

Neben diesen Pflichten bringt auch das Strafrecht durch seinen Rechtsgüterschutz u. U. die gleichen Pflichten zur Entstehung. Es kann sogar so sein, daß das Strafrecht diese Pflichten zuerst entstehen läßt[7]. Dieser Ausnahmefall könnte auftreten, wenn die Schutzwürdigkeit eines bestimmten Guts erst dann erkannt wird, wenn geringere Mittel als das Strafrecht keinen Erfolg mehr versprechen, wobei allerdings jeweils die Kompetenz des Strafgesetzgebers zu prüfen wäre, der ja dann zugleich auch in andere Kompetenzbereiche eingreifen könnte.

Eine Priorität könnte dem öffentlichen Recht aber wegen der Geltung des Gesetzesvorbehalts zukommen. Es könnte gerade für Amtsträger argumentiert werden, daß diese sehr häufig eine gesetzliche Ermächtigungsgrundlage benötigen werden. Eine solche könnten sie aber im Strafgesetz nicht finden, weil dieses sich nur an den Richter und an den Bürger als möglichen Täter wende. Wenn das Strafgesetz die Amtsträger nicht berechtigen könne, könne es sie aber auch nicht verpflichten. in diesen Formulierungen wird man den Zirkelschluß schnell entdecken: Es geht ja gerade erst darum herauszufinden, ob das Strafgesetz nicht doch auch für Amtsträger pflichtbegründend wirkt.

Dafür spricht entscheidend, daß das Strafrecht die Rechtsgüter auch vor Amtsträgern — sogar in manchen Tatbeständen nur vor ihnen — schützt, sie also, denkt man wieder an die Verbindung von Rechtsgut und Pflicht, wie jeden Bürger auch zur Beachtung dieser Güter verpflichtet kann, zumal der Strafgesetzgeber derselbe Gesetzgeber ist, der auch (sonstiges) öffentliches Recht setzt.

---

güterschutz Grenzen setzt, vgl. *Rudolphi*, Honig-Festschrift, S. 158; Welzel-Festschrift, S. 617 f.; *Amelung*, Rechtsgüterschutz, S. 315 ff.

[6] Fast einhellige Auffassung, vgl. nur *v. Münch* in Grundgesetzkommentar, Art. 1—19, Vorb., Rdnrn. 30 ff.; vgl. auch BVerfGE 7, 198 (204 ff.), (Lüth); anders allerdings: BAGE 1, 185 (191 ff.); *Enneccerus / Nipperdey*, AT 1, S. 93 ff.

[7] Vgl. *Schünemann*, Grund und Grenzen, S. 221: Strafrecht kann vorpreschen.

3. Priorität des Strafrechts

Umgekehrt könnte aber auch eine Priorität des Strafrechts bestehen. Dafür könnte ein Argument sprechen, das im Streit um das Verhältnis zu zivilrechtlichen Pflichten[8] gebraucht wird, wenngleich eine Übertragung auf das Verhältnis zum öffentlichen Recht mit aller Vorsicht zu geschehen hätte. Kennzeichnenderweise hat nämlich noch niemand etwa eine Befreiung des Strafrechts vom öffentlich-rechtlichen Denken gefordert — wohl aber die vom zivilistischen Denken[9]. Vor der Prüfung der Übertragbarkeit muß aber eine Überprüfung des ursprünglichen Arguments stattfinden.

Ausgangspunkt ist die Bestrafung in den Fällen, in denen angeblich eine zivilrechtliche Pflicht fehlt und deshalb gar nicht verletzt sein kann[10]. Wenn aber die Annahme richtig wäre, daß zivilrechtliche Pflichten für das Strafrecht relevant sind, dann dürften diese Fälle nicht existieren. Sonst müsse auch die erste Annahme falsch sein (argumentum ad absurdum). In ähnlicher Weise spricht Horn[11] — wenngleich das Verhältnis zum öffentlichen Recht betreffend — davon, das „tatbestandsmäßige Gebotensein" einer Handlung sei allein der betreffenden Strafrechtsnorm zu entnehmen, eine verwaltungsrechtliche Verpflichtung sei unerheblich. Allerdings ist dies eine Anmerkung, die sich in erster Linie auf den Fall bezieht, in dem ein „verwaltungsrechtliches Defizit" besteht. Eine generelle Aussage auch für den Fall der Existenz einer verwaltungsrechtlichen Verpflichtung wird sich dem deshalb nicht entnehmen lassen[12].

Das obengenannte argumentum ad absurdum ist ohnehin dann nicht sehr überzeugend, wenn mit der Existenz der Ausnahme die der Regel geleugnet werden soll. Außerdem verliert das Argument um so mehr an Kraft, je geringer die Zahl der Ausnahmen ist, in denen also keine zivilrechtlichen Pflichten bestehen.

So soll es allerdings liegen in den Fällen der Ingerenz, der tatsächlichen Übernahme (beim nichtigen Vertrag) und der engen Lebensgemeinschaft[13]. Gerade für die neuere Zivilrechtsdogmatik ist es durchaus

---

[8] Vgl. schon oben vor A Fn. 3, 4.

[9] *Bruns*, S. 265 ff.

[10] *Grünwald*, Unterlassungsdelikt, S. 53; *Herzberg*, Unterlassung, S. 216, 220; *Welp*, Vorangegangenes Tun, S. 65, 28, Fn. 19 m. w. N. aus der älteren Literatur; vgl. auch *Rudolphi*, Gleichstellungsproblematik, S. 29.

[11] NJW 81, 6 rechte Spalte.

[12] Vgl. *Horn*, NJW 81, 6 rechte Spalte, nach dem existente verwaltungsrechtliche Normen zu beachten sind.

[13] Vgl. die Beispiele bei *Grünwald*, Unterlassungsdelikt, S. 53, Fn. 1, 2, und *Herzberg*, Unterlassung, S. 220, der sich auf das Beispiel von *Schünemann*, Grund und Grenzen, S. 226 bezieht. Vgl. auch *Horn*, NJW 81, 6: familienrechtliches Defizit.

zweifelhaft geworden, ob nicht doch in den ersten beiden Fällen zivilrechtliche Pflichten bestehen. Zu denken ist hier an die Verkehrssicherungspflichten[14] und an die Schutzpflichten aus einem gesetzlichen Schuldverhältnis (Vertrauenshaftung)[15]. Hingewiesen sei schon hier darauf, daß sich die Verkehrspflichten als Herrschaft über eine potentielle Gefahrenquelle begreifen lassen[16]. Auch die Vertrauenshaftung enthält den Gedanken der Gefahr. Wer sich in den Bereich eines anderen begibt, setzt sich damit einer gewissen Gefahr aus und soll darauf vertrauen dürfen, daß daraus kein Schaden entsteht, kein Rechtsgut verletzt wird.

Zur Verkehrssicherungspflicht ein Beispiel: Wenn jemand auf einem Weg Bauarbeiten vornimmt, ohne die Stelle abzusichern, auch nachdem ihm die Notwendigkeit bewußt geworden ist, sich deshalb ein Passant verletzt, kann die Handlungspflicht nicht nur auf ein vorangegangenes gefährdendes Tun gestützt werden[17], sondern auch als Verkehrssicherungspflicht begriffen werden.

Im Fall der tatsächlichen Übernahme des Schutzes für ein bestimmtes Rechtsgut könnte trotz des nichtigen Vertrages ein gesetzliches Schutzpflichtverhältnis zustande gekommen sein, weil auf die Übernahme des Rechtsgüterschutzes vertraut wurde. Auf einen Vertrauenstatbestand wird im Zivilrecht zunehmend abgestellt, wobei gleichzeitig eine immer größere Entfernung vom Vertrag erfolgt[18]. Auch im Strafrecht wird der Vertrauensgedanke teilweise als entscheidend angesehen[19]. Zwar sind auf diesem Wege die Fälle der tatsächlichen Übernahme schwieriger zu

---

14 Zur Entwicklung der Verkehrssicherungspflichten, die gerade zum Ausbau der Haftung für Unterlassen geschaffen wurden, vgl. *v. Bar*, JZ 79, 332 ff.; *Medicus*, Bürgerliches Recht, Rdnrn. 642 ff.; vgl. für das Strafrecht *Welp*, Vorangegangenes Tun, S. 241 ff.

15 Zur Anlehnung an die faktischen Vertragsverhältnisse des Zivilrechts vgl. auch *Arzt*, JA 80, 652.

16 *Schünemann*, Grund und Grenzen, S. 282.

17 Die strafrechtliche Einordnung eines Teils dieser Fälle, in denen die Vorhandlung rechtmäßig ist, unter die der Ingerenz oder einfach der Schaffung einer Gefahrenquelle ist strittig. Für Ingerenz: *Welp*, Vorangegangenes Tun, S. 209 ff.; dagegen: *Schönke / Schröder / Stree*, § 13, Rdnr. 33.

18 Im Zivilrecht geht es hierbei vorwiegend um zwei miteinander zusammenhängende Themenkreise:

1. Haftung innerhalb von Gefälligkeitsverhältnissen, am weitesten gehend insoweit *Flume*, Rechtsgeschäfte, S. 90 ff.; *Blomeyer*, Schuldrecht, S. 114 f.; *Fikentscher*, Schuldrecht, S. 24 ff.; *Schwerdtner*, NJW 71, 1673 ff., insbes. 1676.

2. Begründung von Schutzpflichten im Bereich von cic und pVV, vgl. nur *Canaris*, JZ 65, 475 ff.; *Thiele*, JZ 67, 649 ff.; *Gerhard*, JZ 70, 535 ff.; *Müller*, NJW 69, 2169 ff.

19 *Blei*, H. Mayer-Festschrift, S. 140 f.; anders *Schünemann*, Grund und Grenzen, S. 341, der meint, entscheidend sei der Herrschaftsgedanke; es sei allerdings auch möglich, daß durch einen Vertrauensakt Herrschaft übertragen wird, vgl. S. 344 ff.

lösen, in denen die Beherrschung einer Gefahrenquelle durch nichtigen Vertrag übernommen wird, weil man zivilrechtlich verlangen könnte, der Vertrauenstatbestand müsse gerade gegenüber dem Verletzten geschaffen worden sein. Dann ist aber auch hier wieder an eine Verkehrssicherungspflicht desjenigen zu denken, der den Verkehr dadurch erneut der Gefahr aussetzt, daß er die Gefahrenquelle eben nicht beherrscht.

Diese Andeutungen sollen hier genügen. Sie zeigen, daß auch hier in weiten Bereichen Gesichtspunkte des Strafrechts und des Zivilrechts zusammenwachsen. Dies schwächt das vorgetragene Argument erheblich. Hinzu kommt folgendes: Wenn im Strafrecht Fälle auftauchen, in denen die Zivilrechtsdogmatik noch keine Pflicht festgestellt hat, so heißt das noch nicht, daß keine zivilrechtliche Pflicht besteht. Die außerstrafrechtliche Pflicht muß nämlich nicht ausdrücklich kodifiziert sein — wie gerade Verkehrssicherungspflicht und Schutzpflicht zeigen[20]. Natürlich darf man allein von den außerstrafrechtlichen Rechtspflichten noch keine fertigen Ergebnisse verlangen. Sie von vornherein außer acht zu lassen, hieße jedoch, einen Erkenntnisverlust zu riskieren[21].

Für den Fall der engen Lebensbeziehung gilt ebenfalls, daß die Herleitung einer Garantenstellung und damit einer Handlungspflicht auch vom kodifizierten Familienrecht ausgehen muß, aber dabei nicht stehen bleiben darf[22]. Deswegen können auch Handlungspflichten innerhalb der engen Lebensgemeinschaft Pflichten des Zivilrechts sein, ohne daß diese dort schon kodifiziert oder hergeleitet worden sein müßten.

Das entkräftet zugleich den Hinweis Herzbergs, der die §§ 823 ff. BGB als vergröbertes Kriminalrecht bezeichnet, so daß auch dort nach einer metadeliktsrechtlichen Rechtspflicht gesucht werden müsse[23]. Auch diese Pflicht muß nämlich nicht kodifiziert sein[24].

---

[20] Vgl. dazu *Maurach*, AT, S. 602: Der Streit um die Möglichkeit der Einbeziehung außerrechtlicher Pflichten konnte nur auf dem Boden des Positivismus erwachsen.

[21] *Stree*, H. Mayer-Festschrift, S. 146 f.

[22] Vgl. *Geilen*, FamRZ 61, 151 und FamRZ 64, 391, wonach maßgebend der von den positivrechtlichen Regelungen (ergänze: des Familienrechts) punktförmig durchzogene, dadurch aber auch gesetzlich verankerte Pflichtenkreis sei.

[23] *Herzberg*, Unterlassung, S. 220.

[24] Vgl. auch *v. Bar*, JuS 82, 644, der meint, schützenwertes Vertrauen sei ebenso ein Entstehungsgrund für das Deliktsrecht wie für die Vertrauenshaftung.

Nur kurz, weil ausschließlich das Verhältnis zum Zivilrecht betreffend, sei noch angemerkt, daß auch § 823 II BGB nicht die Priorität des Strafrechts erweist (so aber *Herzberg*, Unterlassung, S. 218), sondern lediglich als ökonomische Gesetzgebung im Interesse gleichlautender Entscheidungen in verschiedenen Rechtsgebieten verstanden werden kann.

Wenn aber zivilrechtliche Pflichten nicht wegen des argumentum ad absurdum aus der strafrechtlichen Betrachtung ausscheiden müssen, so gilt das auch für Pflichten des öffentlichen Rechts. Verhaltenspflichten ergeben sich für Amtsträger sowohl aus dem öffentlichen Recht als auch aus dem Strafrecht. Es steht dabei negativ fest, daß von vornherein keine Priorität einer Pflicht aus dem öffentlichen Recht gegenüber einer aus dem Strafrecht noch umgekehrt besteht.

II. Verhältnis der Pflichten zueinander

Dennoch ist bisher das Verhältnis der Pflichten zueinander noch nicht positiv geklärt, d. h. in welcher Weise beide unterschiedlich entstandenen Pflichten gerade für die Frage der Strafbarkeit anzuwenden sind. Die Lösung dieses Problems wird ein Dogma zu beachten haben, das wohl niemand zu opfern bereit sein dürfte. Gemeint ist das Dogma von der Einheit der Rechtsordnung[25].

Auf diesem beruht auch die bekannte Möglichkeit bzw. Notwendigkeit, die Rechtfertigungsgründe für das Strafrecht heranzuziehen, die nicht im Strafgesetz geregelt sind[26]. Sonst könnte z. B. eine strafbare Handlung als Befehlserfüllung erlaubt sein, als Verletzung eines Dritten aber verboten[27]. Diese Lösung nennt Engisch mit Recht diabolisch. Zu vermeiden ist sie aber nur bei Anerkennung des Prinzips der Einheit der Rechtsordnung.

Was wie in diesem Beispiel so offenbar für das Verhältnis von „Pflichtnorm" zur „Erlaubnisnorm" gilt, muß aber auch für das Verhältnis verschiedener Pflichten zueinander gelten: Auch hier muß eine Einheit hergestellt werden[28].

Dabei ist weiter die Selbstverständlichkeit zu beachten, daß Normen des öffentlichen Rechts für seine Fragen und Normen des Strafrechts für seine Fragen Anwendung finden müssen. Sollen nun keine unterschiedlichen Entscheidungen auf beiden Rechtsgebieten auftauchen, entfällt die Radikallösung der Nichtanwendung eines der beiden Rechtsgebiete und bleibt nur eine Kombination bei der Anwendung beider Rechtsgebiete.

---

[25] Grundlegend *Engisch*, Einheit. Auch *Lenckner*, JZ 67, 107, fordert einheitlichen Rechtsgüterschutz durch die gesamte Rechtsordnung.

[26] Hierüber besteht heute Einigkeit: RGSt 61, 242 (247); BGHSt 11, 241 (244); *Samson* in SK vor § 32, Rdnr. 19; *Schönke / Schröder / Lenckner*, vor § 32, Rdnr. 28; *Lackner*, vor § 32, Anm. II; *Jescheck*, AT, S. 262; *Maurach / Zipf*, AT 1, S. 364 f.

[27] Das Beispiel stammt von *Engisch*, Einheit, S. 53.

[28] Daß es von der Forderung nach der Einheit der Rechtsordnung abhängt, ob für unechte Unterlassungsdelikte die Pflicht jedem beliebigen Rechtsteil entnommen werden kann, hat *Engisch*, Einheit, S. 57, selbst angesprochen.

Auf eine solche Kombination deuten auch der Begriff vom fragmentarischen Charakter des Strafrechts[29] und die Forderung hin, das Strafrecht dürfe nur ultima ratio sein[30]. Hierüber besteht auch noch Einigkeit, der Streit entbrennt[31] an der Behauptung, das Strafrecht sei sekundärer Natur. Mit der Formulierung von der sekundären Natur soll zum Ausdruck gebracht werden, daß das Strafgesetz sich bereits auf anderen Rechtsgebieten entstandene Rechtspflichten herausgreife. Die Gegenmeinung behauptet, das Strafrecht sei gänzlich autonom.

III. Ergebnis

Wie die bisherigen Ausführungen gezeigt haben, sind beide Standpunkte jedoch zu extrem.

Zwar wird es in der Regel so sein, daß das Strafrecht die Verletzung von Rechtspflichten poenalisiert, die bereits auf anderen Rechtsgebieten entstanden sind. Insoweit ist das Strafrecht sekundärer Natur.

Allerdings gelten zwei Einschränkungen. Zum einen erkennt das Strafrecht durch jeden Tatbestand die Pflicht noch einmal ausdrücklich an; die Pflicht hat jetzt zwei Entstehungsgründe[32]. Zum anderen ist das Strafrecht bzw. der Strafgesetzgeber so souverän, auch Verletzungen von Pflichten zu sanktionieren, die noch nicht an anderer Stelle entstanden sind[33].

Also sind weder die zu Anfang genannte These, nur das Strafgesetz enthalte die für potentielle Täter wesentlichen Pflichten, noch die dazu gehörigen Antithese richtig. Das Ergebnis ist eine Synthese. Sowohl für die hier interessierenden Unterlassungsdelikte als auch für die Begehungsdelikte gilt, daß die Pflichten des Strafrechts und auch des öffentlichen Rechts maßgeblich sind. Es sei angemerkt, daß insoweit dieses Ergebnis eine Bestätigung der Verbindung von formellen und materiellen Gesichtspunkten in der Garantenlehre ist[34], wie sie heute überwiegend vertreten wird. Fest steht jedenfalls, daß das öffentliche Recht ausgewertet werden muß.

---

[29] Diese Bezeichnung geht zurück auf *Binding*, BT 1, S. 20 ff.; vgl. auch *Arthur Kaufmann*, Henkel-Festschrift, S. 89 ff., mit Ausführungen zur Geschichte.

[30] *Baumann*, AT, S. 27. Das folgt heute auch schon aus dem Grundgesetz, vgl. oben Fn. 5.

[31] Vgl. dazu nur *Herzberg*, Unterlassung, S. 217 ff., und *Mayer*, AT, 1953, S. 52, einerseits; *Schünemann*, Grund und Grenzen, S. 221 ff., und *Vogt*, ZStW 63, 399 („engere soziale Ordnungen") andererseits.

[32] Hierin besteht wohl im Ergebnis der Unterschied zur Auffassung *Schünemans*, der sich praktisch aber nicht auswirken dürfte, da *Schünemann* die zweite Einschränkung auch macht.

[33] Siehe oben I 2.

[34] Siehe oben A I 3.

Zweiter Teil

Induktiver Ansatz zur Ermittlung der Garantenstellung von Amtswaltern

Steht somit fest, daß dem öffentlichen Recht eine Bedeutung zukommt, so legt ein induktiver Ansatz es nahe, die besonderen Amtswalterpflichten durchzumustern. Dabei könnte sich nämlich herausstellen, daß diese bereits in einer Weise unterschiedlich strukturiert sind, der auch für das Strafrecht mit seiner Unterlassungsdogmatik Bedeutung zukommt. Dazu ist zunächst die These von der unterschiedlichen Struktur der Amtswalterpflichten zu präzisieren, um diese danach gezielt überprüfen zu können.

Schon oben wurde gesagt, daß es dem Strafrecht um Rechtsgüterschutz geht. Daraus ergibt sich ein erster Orientierungspunkt, der offenbar auf den ersten Blick einleuchtet, daß nämlich nur solche Pflichten als Handlungspflicht für den jeweiligen Tatbestand relevant sind, die dem Schutz des Rechtsguts dienen, das auch der Tatbestand schützen will. Diese These ist nun keineswegs neu[1]. Sie ergibt sich auch schon, wenn man auf das Gemeinsame beider Gruppen von Garantenstellungen blickt, die von der materiellen Rechtsquellenlehre[2] herausgearbeitet worden sind.

Für die Garanten der einen Gruppe geht es darum, alle Gefahren von einem bestimmten Rechtsgut abzuwehren, für die der anderen Gruppe darum, alle Rechtsgüter vor einer Gefahr zu schützen. So vereinfacht, wird noch klarer, daß es beiden Gruppen um den Schutz von Rechtsgütern geht — und zwar jeweils des Rechtsguts, das auch vom Tatbestand geschützt wird. Ganz ähnlich wird ja auch bei Problemen der objektiven Zurechnung heute zunehmend so gefragt, ob sich die geschaffene oder aufrechterhaltene Gefahr im tatbestandsmäßigen Erfolg realisiert hat (Rechts- oder besser: Pflichtwidrigkeitszusammenhang) und ob gerade dieser Erfolg verhindert werden sollte (Schutzzweck der Norm). So kann es also vorkommen, daß zwar ein Verhalten (Schaffung oder

---

[1] Vgl. *Rudolphi*, Gleichstellungsproblematik, S. 94, 98, und auch *Schöne*, Erfolgsabwendung, S. 333; *Bärwinkel*, Garantieverhältnisse, S. 115; *Schönke / Schröder / Stree*, § 13, Rdnr. 14: Inhalt und Zielrichtung beachten; auch schon *Nagler*, GS 111, 65: „Verpflichtung auf Abwendung gerade des konkreten, rechtswidrigen Erfolges".

[2] Vgl. oben 1. Teil A, Fn. 59.

Aufrechterhaltung einer Gefahr) nicht erlaubt war, eine Bestrafung aber auszubleiben hat, weil das Verbot nicht aufgestellt worden ist, damit dieser Erfolgseintritt verhindert werden sollte[3].

Wenn also öffentlich-rechtliche Pflichten und gesetzlicher Tatbestand dem Schutz desselben Rechtsguts dienen müssen, d. h. in ihrem Schutzzweck übereinstimmen müssen, so ergibt sich daraus der Gang der Untersuchung. Zu untersuchen ist nämlich, in welcher Weise die Pflichten den Rechtsgütern zugeordnet sind. Die Verletzung von Pflichten, die im Schutzzweck nicht mit dem des betreffenden Tatbestandes übereinstimmen, kann nicht strafbar sein. Deshalb muß zunächst eine gegenseitige Zuordnung von öffentlich-rechtlichen Pflichtenstellungen zu Straftatbeständen stattfinden.

Diese geht zweckmäßig von einer groben Einteilung aus, zu der die folgende Vermutung führt. Im Interesse der vom Amtswalter wahrgenommenen Aufgabe wird die Notwendigkeit, den Amtswalter zu verpflichten, um so mehr steigen, je enger sein Bezug zur wahrgenommenen Aufgabe ist. Damit lassen sich vermutlich solche Pflichten unterscheiden, die einen Bezug zur Aufgabe haben, und solche, bei denen dieser Bezug fehlt. Sollten sich öffentlich-rechtliche Pflichten im Hinblick auf ihre mehr oder weniger enge Beziehung zur Aufgabe unterscheiden lassen, stellt sich die weitere Frage, ob diese Einteilung gleichzeitig einen Hinweis für die strafrechtliche Garantenpflicht gibt. Es bietet sich für die folgende Untersuchung an, vom öffentlich-rechtlichen Begriff des Amtes auszugehen. Gemeint ist der zugegebenermaßen vielgesichtige und auch schon beiläufig verwendete Begriff des Amtes. Schon aus dem Zusammenhang dürfte sich ergeben, daß hier der Begriff des Amtes in funktionellem Sinn interessiert. Er ist gleichzusetzen mit der Amtstelle, d. h. dem institutionell bestimmten konkreten Aufgaben- und Pflichtenkreis eines Menschen[4].

Damit läßt sich folgende Einteilung denken, nach der sich die Reihenfolge der Untersuchung richten wird: Es gibt Pflichten ohne Amtsbezug

---

[3] *Rudolphi* in SK, vor § 1, Rdnr. 64; *Rudolphi*, JuS 69, S. 552; *Samson* in SK Anh., § 16, Rdnr. 28; *Bockelmann*, Verkehrsstrafrechtliche Aufsätze, S. 205; *Schünemann*, JA 75, S. 715; *Gimbernat-Ordeig*, ZStW 80, S. 923, Fn. 20: Sorgfaltsnormen sind nicht da, um den Erfolg schlechthin, sondern um bestimmte Art von Verursachung des Erfolges zu verhindern. Allgemein zum Schutzzweck: *Roxin*, Gallas-Festschrift, S. 241 ff., und aus dem Zivilrecht *Stoll*, Kausalzusammenhang, S. 18 ff.

[4] *Wolff / Bachof*, VwR II, § 73 I c); vgl. auch *Merk*, VwR I, S. 423; *Krüger*, Allgemeine Staatslehre, S. 256 ff.; *W. Jellinek*, VwR, S. 359: Einen solchen Kreis von Aufgaben, die kraft öffentlicher Dienstpflicht zu verrichten sind, nennt man Amt; ebenso *Rudolf* in *Erichsen / Martens*, § 56 III 1; *Forsthoff*, VwR, S. 442: Man versteht darunter (unter Amt) das institutionelle Gefüge selbst und den ihm zugewiesenen Wirkungskreis; vgl. auch BVerfG ZBR 68, S. 218.

(Gruppe 1). Daneben existieren Pflichten, die mit jedem Amt — welcher Art auch immer — verbunden sind (Gruppe 2). Schließlich gibt es Pflichten, die nur jeweils bei einem bestimmten Amt im funktionellen Sinn existieren (Gruppe 3).

A. Einteilung der Pflichten der Beamten am Beispiel des Bundesbeamtengesetzes

Es gilt also zunächst, Pflichten mit und ohne Amtsbezug voneinander abzuheben. Dies soll zuerst anhand der Pflichten der Beamten untersucht werden. Als Beispiel für die Beamtengesetze mag das BBG dienen. Danach kann erst beurteilt werden, inwieweit die Einteilung der Pflichten überhaupt vorgenommen werden kann und ob sie im Hinblick auf die geforderte Übereinstimmung des Schutzzwecks von öffentlichrechtlicher Pflicht und gesetzlichem Straftatbestand hilfreich ist.

I. Untersuchung im Hinblick auf den Amtsbezug

Eine Pflicht ist dann ohne Amtsbezug, wenn sie qualitativ unverändert weiterbesteht, auch wenn man das Amt wegdenkt. Pflichten mit dieser Eigenschaft wären solche der Gruppe 1.

1. Allgemeine Treuepflicht

Überdenkt man die Möglichkeiten, wann eine Pflicht auch ohne ein Amt bestehen kann, so fällt zunächst die allgemeine Treuepflicht des Beamten ins Auge. Diese bildet das Gegenstück zur Fürsorgepflicht des Dienstherrn und ist allgemein normativ verankert in Art. 33 IV GG (öffentliches Dienst- und Treueverhältnis) und Art. 33 V GG, nicht aber in den Beamtengesetzen. Von der Existenz einer allgemeinen Treuepflicht des Beamten wird hier trotz einiger abweichender Meinungen[5] ausgegangen[6]. Sie wurde auch schon im geschichtlichen Rückblick[7] nie ernstlich in Zweifel gezogen. Art. 33 IV, V GG sind hier normative Stütze genug. Die allgemeine Treuepflicht dient zunächst als Auslegungshilfe der in §§ 52 ff. BGB festgelegten Pflichten. Ihre hier wesentliche Bedeutung besteht jedoch vor allem darin, daß sich aus ihr unge-

---

5 *Wiese*, Staatsdienst, S. 73, 77; kritisch auch *Menzel*, DÖV 69, S. 619.

6 So die ganz h. M., vgl. *Mühl* in GKÖD, Bd. 1, vor § 52 BBG, Rdnr. 3; *Battis*, § 52 BBG, Anm. 1. b) und § 2 BBG, Anm. 2. b); *Ebert* 260, Rdnr. 1; *Scheerbarth / Höffken*, S. 347; *Porr*, Pflichten, S. 102.

7 *Laubinger*, Ule-Festschrift, S. 108.

schriebene Nebenpflichten ergeben können[8]. Insoweit keine speziellen Vorschriften bestehen, bildet die Treuepflicht also einen allgemeinen Auffangtatbestand[9]. Dabei geht es vor allem darum, daß der Beamte bei seinem Verhalten in jeder Weise auf die Belange seines Dienstherrn Rücksicht nehmen muß, insbesondere also das Ansehen der Verwaltung nicht durch bloßstellende Angriffe, Beschuldigungen und Verdächtigungen untergraben darf[10]. Die Notwendigkeit einer solchen Verpflichtung des Beamten besteht auch dann, wenn dieser keine bestimmte Funktion hat. Damit scheint es sich um eine amtsunabhängige Pflicht zu handeln. Wolff / Bachof erklären allerdings, daß die allgemeine Treuepflicht für manche Ämter gesteigert sein könne[11].

Eine nur quantitative Steigerung der Pflicht könnte aber nichts an der prinzipiellen Amtsunabhängigkeit ändern. Dann ist die Innehabung eines Amtes nämlich nur ein Faktor, der die Treuepflicht verstärkt. Als Ergebnis folgt daraus auch ohne diesen Faktor als Produkt eine wenn auch u. U. schwächere allgemeine Treuepflicht. Die Existenz einer unabhängig vom Amt bestehenden allgemeinen Treuepflicht ist damit anzunehmen.

2. Besondere Treuepflicht

Zu den nicht amtsbezogenen Pflichten können auch besondere Treuepflichten zählen.

a) Politische Treuepflicht

Eine besondere Treuepflicht ist die des § 52 II BBG. Dort ist das gesamte Verhalten des Beamten angesprochen, also das Verhalten innerhalb wie auch außerhalb des Dienstes.

Ebenso wie es widersprüchlich wäre, die politische Treuepflicht auf die Dienststunden zu beschränken[12], muß eine solche Pflicht auch für den Beamten ohne Amt bestehen. Die Pflicht aus § 52 II BBG soll allerdings um so stärker sein, je höher die Dienststellung des Beamten ist[13]. Es wurde jedoch schon gesagt, daß eine quantitative Steigerung der Pflicht nichts an der Amtsunabhängigkeit ändert. Eine solche läge hier aber nur vor, da die politische Treuepflicht eben für jeden Beamten besteht. Weiterhin betrifft die Dienststellung auch nicht unmittelbar das

---

[8] *Mühl* in GKÖD, Bd. 1 vor § 52 BBG, Rdnr. 3.

[9] *Laubinger*, Ule-Festschrift, S. 109.

[10] Vgl. *Porr*, Pflichten, S. 103.

[11] *Wolff / Bachof*, VwR II, § 73 III b 3.

[12] *Mühl* in GKÖD, Bd. 1, § 53 BBG, Rdnr. 20.

[13] *Mühl* in GKÖD, Bd. 1, § 53 BBG, Rdnr. 3 u. § 52 BBG, Rdnr. 25.

Amt, sondern ist davon zu trennen, wenngleich der Beamte mit höherer Dienststellung i. d. R. auch eine andere Funktion haben wird. Auch die Pflicht aus § 52 II BBG ist also eine solche ohne Amtsbezug.

Prinzipiell unabhängig vom Amt ist auch die Pflicht zur Zurückhaltung und Mäßigung bei politischer Betätigung gem. § 53 BBG. Zwar ist dort von der Rücksicht auf die Pflichten des Amtes die Rede, die zur Zurückhaltung und Mäßigung Anlaß gebe. Doch ist auch hier das Amt wieder nur ein Faktor, der eine quantitative Steigerung verursachen kann[14]. Der andere Faktor ist die auch in § 53 BBG genannte Stellung gegenüber der Gesamtheit. Sieht man diesen Zusammenhang, so zeigt sich, daß auch die Pflicht aus § 53 BBG prinzipiell unabhängig vom Amt ist.

b) Pflicht zum achtungs- und vertrauenswürdigen Verhalten

Nicht nur auf den Bereich der politischen Betätigung beschränkt ist die Pflicht zu einem der Achtung und dem Vertrauen entsprechenden Verhalten. Maßstab für die Achtung und das Vertrauen ist nach § 54, 3 BBG allein der Beruf.

Wäre Beruf mit Amt gleichzusetzen, würde es sich hier um keine Pflicht ohne Amtsbezug handeln. Scheerbarth / Höffken[15] meinen, mit Beruf sei der wahrgenommene gesamte Tätigkeitskreis des Beamten gemeint. Mühl schließlich setzt die Berufserforderlichkeit — wenn auch in Klammern — mit einer Amtsbezogenheit gleich[16]. Wenn auch nur für § 54, 1 BBG, so übersetzt im Gegensatz dazu Wiedow[17] den Beruf in Beamtenberuf. Wegen des engen systematischen Zusammenhangs dürfte aber nur die gleiche Auslegung von § 54, 1 und § 54, 3 BBG im Hinblick auf das Merkmal des Berufs zu vertreten sein, so daß die Stellungnahme Wiedows auch für § 54, 3 BBG heranzuziehen ist.

Insgesamt ergibt diese kurze Sichtung der Äußerungen zum Beruf in § 54, 3 BBG kein klares Bild. Dies liegt zum großen Teil daran, daß ein einheitliches Verständnis von Begriffen wie Amt und Tätigkeitskreis genauso wenig vorausgesetzt werden kann wie der Begriff des Berufes selbst.

Auszugehen sein wird also zunächst von der allgemeinen Bestimmung des Berufsbegriffs. Dazu seien die möglichen Alternativen an den Anfang gestellt. Entweder ist mit dem Beruf des Beamten dessen „Job" gemeint, oder man versteht Beruf als Ableitung von Berufung[18].

---

[14] Vgl. *Mühl* in GKÖD, Bd. 1, § 52 BBG, Rdnr. 25.

[15] S. 349.

[16] *Mühl* in GKÖD, § 54 BBG, Rdnr. 10.

[17] In *Plog / Wiedow / Beck*, § 54 BBG, Rdnr. 2.

Wie Weiß[19] nachgewiesen hat, kann der Beruf i. S. v. Berufung nur noch dann in unserer arbeitsteiligen Welt einen Platz haben, wenn heute noch ideelle Grundlagen des Beamtentums bestehen. Er mag nun zwar bezweifeln, ob es heute faktisch noch Berufsmoral oder Beamtenethos gibt. Art. 33 GG nimmt aber ausdrücklich Bezug auf Zeiten, in denen Existenz von Berufsmoral und Beamtenethos auch faktisch nicht in Zweifel standen, und überträgt sie damit zumindest auf normativer Ebene in die heutige Zeit. Wenn damit aber zumindest eine normative Grundlage im Grundgesetz besteht, dann ist anzunehmen, daß auch die Beamtengesetze Berufsmoral und Beamtenethos bewahren wollen und also mit Beruf einen Bezug zur Berufung herstellen wollen. Danach wäre der Beruf des Beamten der weitere Begriff gegenüber dem Amt eines Beamten. Der Beruf wäre auch die persönliche Bedeutung des Dienstes für den Beamten selbst bezogen, das Amt auf die sachliche Bedeutung. Dies stimmt dann überein mit der Meinung von Arndt, der Beruf als dessen Dienst bezogen auf den Beamten selbst definiert[20].

Dieser weitere Begriff des Berufes findet auch eine Stütze in § 54, 3 BBG selbst. Es besteht nämlich eine sehr weitgehende Übereinkunft über die Auslegung der Begriffe Achtung und Vertrauen. Für die Achtung des Beamten soll es in erster Linie auf das Ansehen des Beamten in der Öffentlichkeit ankommen, für das Vertrauen ist dagegen das interne Verhältnis zum Dienstherrn relevant[21]. Sowohl das Ansehen des Beamten (in der Öffentlichkeit) als auch das Vertrauen (des Dienstherrn) hängen dabei von vielen Faktoren ab, die nicht allein auf die Erfüllung einer bestimmten Funktion des Beamten bezogen sind. Der Beamte hat nicht nur die Stellung eines technischen Funktionärs im Staate[22]. Im Gegenteil wird es gerade von diesen nicht amtsbezogenen Pflichten häufig abhängen, welche Funktion man einer Person zuordnet.

Eine so weit gehende Beschränkung wie die auf amtsbezogene Faktoren wird daher auch aus diesem Grunde nicht dem Willen des Gesetzgebers entsprechen; eine Einschränkung erfolgt lediglich durch das davon zu sondernde Merkmal der Berufserforderlichkeit. Es versteht sich nach der Erkenntnis, daß der Beruf gegenüber dem des Amtes der weitere Begriff ist, der den engeren umfaßt, nahezu von selbst, daß die Pflicht mit dem wahrgenommenen Amt variieren kann[23]. Dies ändert

---

[18] Vgl. zu den Alternativen beim Verständnis des Begriffs des Berufs *Weiß*, Dienstvergehen, S. 121.

[19] Dienstvergehen, S. 122.

[20] *Arndt*, DÖV 68, S. 42.

[21] *Claussen*, Bundesdisziplinarordnung, Einl. C, Rdnrn. 2 b und 2 c; vgl. auch *Mühl* in GKÖD, § 54 BBG, Rdnr. 11.

[22] *Mühl* in GKÖD, Bd. 1, § 54 BBG, Rdnr. 10; vgl. auch *Reuß*, JR 59, S. 130.

allerdings auch hier nichts daran, daß die Pflicht nicht amtsbezogen im interessierenden Sinn ist.

Die trotz allem bestehenden Schwierigkeiten bei der Ausfüllung des Begriffs der Berufserforderlichkeit sind hier angeklungen[24], sie weiter auszuführen, besteht indessen kein Anlaß, da es hier nur darauf ankommt festzustellen, daß die Pflicht aus § 54, 3 BBG nicht amtsbezogen ist.

c) Verschwiegenheitspflicht

Ausfluß des Treueverhältnisses ist schließlich auch die Pflicht zur Amtsverschwiegenheit gem. §§ 61 ff. BBG. Verschwiegenheit ist eine besondere Art der Treue. Zweifelhaft ist aber, ob diese Pflicht wirklich unabhängig vom Amt ist.

Es muß nach dem Wortlaut des § 61 I BBG nämlich nur über die bei der amtlichen Tätigkeit bekannt gewordenen Angelegenheiten Verschwiegenheit bewahrt werden. Sinn des Amtsgeheimnisses ist zumindest auch die Gewährleistung der staatlichen Aufgabenerfüllung. Dies zeigen auch die Fälle, in denen nach § 62 I BBG eine Aussagegenehmigung nicht erteilt werden darf. Es müssen dann nämlich dem Bund oder einem Land Nachteile bereitet werden, oder die Erfüllung einer öffentlichen Aufgabe muß erschwert sein. Düwel vergleicht das Amtsgeheimnis mit dem privaten Geschäfts- und Betriebsgeheimnis — hier wie dort sei zweckdienliches Handeln nur mit verschwiegenen Mitarbeitern möglich[25].

Es geht im Rahmen der §§ 61 ff. BBG also nicht nur um die Treue an sich, sondern auch um eine zweckverhaftete Treue und damit um die jeweils wahrgenommene Aufgabe. Insoweit übereinstimmend stellt Porr[26] fest, daß die Pflicht zur Amtsverschwiegenheit nur dann bestehe, wenn Notwendigkeiten des Staates es fordern oder sonstige Interessen schwerer wiegen, wenngleich die Zwecke der Amtsverschwiegenheit damit auch nur sehr allgemein gefaßt sind.

Daraus ist zu schließen, daß zumindest alle Beamten, die mit einer bestimmten Aufgabe befaßt sind — also Beamte mit einem Amt —, hierüber schweigen müssen. Düwel schließt nun hieraus, daß der Kreis der

---

23 *Claussen*, Bundesdisziplinarordnung, Einl. C, Rdnr. 3: Amtsstellung und dienstliche Aufgabe sind von Bedeutung; vgl. auch *Arndt*, DÖV 68, S. 42: Was der öffentliche Dienst erfordert (ergänze: und damit der Beruf), ergibt sich zunächst sachlich aus den Aufgaben, die der Verwaltung gestellt sind.

24 Vgl. zum historischen und gegenwärtigen Inhalt des Beamtenethos *Weiß*, Dienstvergehen, S. 127 ff. und S. 131 ff.

25 *Düwel*, Amtsgeheimnis, S. 81.

26 Pflichten, S. 122.

zur Verschwiegenheit verpflichteten Beamten funktioneller Natur sein müsse[27].

Die Beschränkung der Verpflichtung auf die Personen, deren Mitwirkung an der Erfüllung einer bestimmten Aufgabe unerläßlich ist, erscheint indessen übertrieben. Denn wenn es um die öffentliche Aufgabe geht, kann diese ebenso durch den Beamten gefährdet werden, der nicht zum Kreis der zuständigen Beamten gehört, der das Geheimnis entweder zufällig im Dienst oder von einem zuständigen Beamten erfahren hat. Daraus folgt, daß amtliche Tätigkeit i. S. d. § 61 I BBG hier nur den Zusammenhang mit dem dienstlichen Bereich kennzeichnen soll[28]. Es muß zwar nur über amtliche Tätigkeiten geschwiegen werden, die amtliche Tätigkeit muß aber nicht die des schweigepflichtigen Beamten sein.

Obwohl es § 61 BBG also auch um die Erfüllung der Aufgaben geht, handelt es sich bei § 61 BBG um eine Pflicht ohne Amtsbezug.

3. Pflicht zur vollen Hingabe an den Beruf

Der Beamte ist zur Dienstleistung verpflichtet. § 54, 1 BBG spricht davon, daß der Beamte sich mit voller Hingabe seinem Beruf zu widmen hat.

Es wurde schon erörtert, daß der Begriff des Berufes gegenüber dem des Amtes der weitere Begriff ist[29]. Dies wird für den Bereich des § 54, 1 BBG dadurch bestätigt, daß der Beamte z. B. ganz allgemein zur Weiterbildung für verpflichtet gehalten wird[30]. Eine solche Verpflichtung ist aber gerade für den Fall erforderlich, daß der Beamte eben kein Amt hat. Damit scheint es sich bei § 54, 1 BBG um eine nicht amtsbezogene Pflicht zu handeln.

Daran ändert es auch nichts, daß der Beamte je nach seinem Amt aus § 54, 1 BBG sogar zum Einsatz des Lebens verpflichtet sein kann[31]. Hier ist das Amt wieder nur ein Faktor, der die Pflicht als solche unberührt läßt[32]. Wie es der allgemeinen Treuepflicht zunächst nur um die Gewährleistung der amtsunabhängigen Treue geht, geht es der Hingabeklausel zunächst nur um den amtsunabhängigen Einsatz des Beamten. Bei § 54, 1 BBG handelt es sich also um eine nicht amtsbezogene Pflicht.

---

27 *Düwel*, Amtsgeheimnis, S. 81.

28 Vgl. *Mühl* in GKÖD, Bd. 1, § 61 BBG, Rdnr. 4; *Wiedow* in *Plog / Wiedow / Beck*, § 61 BBG, Rdnr. 2; *Claussen*, Bundesdisziplinarordnung, Einl. C, Rdnr. 25.

29 Vgl. oben 2. b).

30 So auch *Arndt*, DÖV 68, S. 42.

31 Vgl. *Battis*, § 54 BBG, Anm. 2.

32 Vgl. oben 1.

4. Pflichten aus dem Vorgesetzten-Untergebenen-Verhältnis

Schließlich könnten sich nicht amtsbezogene Pflichten aus dem Vorgesetzten-Untergebenen-Verhältnis und damit aus § 55 BBG ergeben.

Allerdings setzt sowohl die Beratungs- und Unterstützungspflicht des § 55, 1 BBG als auch die Gehorsamspflicht des § 55, 2 BBG einen Vorgesetzten und einen Untergebenen voraus. Wenn ein Vorgesetzten-Untergebenen-Verhältnis aber seinerseits schon eine bestimmte Zuständigkeit des verpflichteten Beamten voraussetzte, könnte man im zweiten Schritt folgern, daß mit dieser Zuständigkeit auch ein Amt gegeben sein muß.

a) Gehorsamspflicht des Untergebenen

In der Tat wird von der ganz h. M. aus der Nennung des Vorgesetzten geschlossen, daß eine Gehorsamspflicht i. S. d. § 55, 2 BBG nur bestehe, wenn sowohl der Vorgesetzte als auch der — worauf es hier ankommt — Untergebene zuständig sein muß[33]. Stratenwerth meint allerdings, daß nicht jede Unzuständigkeit des Untergebenen zur Vornahme der Handlung eine Aufhebung der Gehorsamspflicht zur Konsequenz habe[34]. Bei dieser Abweichung von der herrschenden Ansicht wendet Stratenwerth sich gegen das Preußische OVG, wonach der Untergebene nicht verpflichtet sein soll, soweit er über die ihm übertragenen Amtsgeschäfte hinausgeht[35]. Stratenwerth meint nun, der Umfang der Gehorsamspflicht sei nicht auf die Amtsgeschäfte beschränkt, sondern beziehe sich auch auf rein innerdienstliche Angelegenheiten.

Hierbei fällt der Gegensatz zwischen „Amtsgeschäften" und „rein innerdienstlichen Angelegenheiten" auf. Wie aus dem Zusammenhang deutlich wird, versteht Stratenwerth unter Amtsgeschäften die Angelegenheiten im Außenverhältnis zum Bürger. Für dieses Außenverhältnis bestreitet Stratenwerth mit Hinweis auf Laband die Bedeutung der Kompetenz des Untergebenen auch gar nicht, da durch einen Dienstbefehl die Zuständigkeitsregelung im Verhältnis zum Staatsbürger nicht durchbrochen werden könne[36]. Daß Stratenwerth der Zuständigkeit des

[33] Vgl. *Mühl* in GKÖD, Bd. 1, § 55 BBG, Rdnr. 3; *Wolff / Bachof*, VwR II, § 114 III b) 4; *Claussen*, Bundesdisziplinarordnung, Einl. C, Rdnr. 31 d; *Weiß*, Dienstvergehen, S. 186; *Bauch*, S. 62; *Risken*, Grenzen, S. 107 f. m. w. N.; *Stein*, Grenzen, S. 8 f. m. w. N., der allerdings mit Recht darauf verweist, daß viele Autoren dieses Erfordernis übergehen.

[34] *Stratenwerth*, Verantwortung, S. 149 ff., vgl. auch S. 14 ff., wo dies auch für die Zuständigkeit des Vorgesetzten vertreten wird, da bei nicht offensichtlichen Zuständigkeitsmängeln immer noch die Autorität der Entscheidung vorhanden sei. Diese Autorität sieht *Stratenwerth* als entscheidenden Kern der Kompetenzen, vgl. Verantwortung, S. 23.

[35] PrOVGE 26, 412 (413).

[36] *Stratenwerth*, Verantwortung, S. 151.

Untergebenen für Weisungen im Innenverhältnis nicht die gleiche Bedeutung ausdrücklich zuerkennen will, mag daran liegen, daß er das Innenverhältnis zwischen Staat und Beamten noch nicht als gleichwertiges Rechtsverhältnis anerkennt. Dies legt gerade die Berufung auf Laband nahe, da dieser ein Hauptvertreter der Impermeabilitätstheorie war, die eben diesen Rechtscharakter des Innenverhältnisses leugnete[37].

Der Rechtscharakter des Innenverhältnisses wird heute jedoch zu Recht allgemein bejaht[38], so daß auch für Handlungen im Innenverhältnis, zu denen der Untergebene angewiesen wird, eine Kompetenz notwendig ist, damit die Weisung verbindlich ist. Ergänzt sei, daß es im Einzelfall durchaus innerhalb der Kompetenz des Vorgesetzten liegen kann, die Kompetenzen seiner Untergebenen gleichzeitig mit der Weisung zu ändern[39]. Jedenfalls ist mit der h. M. die Zuständigkeit des Untergebenen als Voraussetzung seiner Gehorsamspflicht anzusehen.

Danach bliebe jetzt noch der zweite Schritt zu klären, ob aus dem Erfordernis der Zuständigkeit des untergebenen Beamten folgt, daß Voraussetzung einer Gehorsamspflicht die Innehabung eines Amtes ist. Dies ist nämlich zweifelhaft, weil zwar der zuständige Untergebene in aller Regel tatsächlich ein Amt innehaben wird, dies jedoch rechtlich dann nicht erforderlich ist, wenn sich die Weisung nicht an die Person als Inhaber eines Amtes richtet, sondern im Hinblick auf die persönliche Rechtsstellung des Weisungsempfängers ergeht[40]. Hierunter fallen alle Weisungen des Dienstvorgesetzten, der auch — wenn auch besonderer[41] — Vorgesetzter ist.

Die h. M. behandelt die dienstlichen Weisungen überhaupt nicht nach den Regeln der Beamtengesetze, vielmehr seien die allgemeinen Verwaltungsaktregelungen maßgeblich[42]. Ob nun allerdings § 55, 2 BBG für dienstliche Weisungen gilt, wie es manche Formulierung in den Kommentierungen nahelegt[43] oder nicht, ist in diesem Zusammenhang

[37] *Laband*, Staatsrecht, Bd. 2, S. 181; vgl. auch *Jellinek*, Gesetz und Verordnung, S. 240 f.

[38] Vgl. nur *Böckenförde / Grawert*, AÖR 95 (1970), S. 10 ff.; *Erichsen*, Wolff-Festschrift, S. 227 und S. 244; *Rupp*, JuS 75, S. 612, und auch BVerwGE 33, 1 ff.

[39] Vgl. *Weiß*, Dienstvergehen, S. 187; *Schnapp*, Amtsrecht, S. 187; *Battis*, § 55 BBG, Anm. 2. b).

[40] Vgl. *Risken*, Grenzen, S. 57, der eine Weisung an ein Amt als amtliche Weisung bezeichnet und davon die dienstlichen Weisungen trennt.

[41] Vgl. *Wiedow* in *Plog / Wiedow / Beck*, § 3 BBG, Rdnr. 22.

[42] *Risken*, Grenzen, S. 99, 101, 181; vgl. auch *Stein*, Grenzen, S. 32, Fn. 76, und die Nachweise bei *Schnapp*, Amtsrecht, S. 145, Fn. 81 bis 83.

[43] Vgl. *Wiedow* in *Plog / Wiedow / Beck*, § 55 BBG, Anm. 6, der fordert, daß es sich bei § 55 BBG um dienstliche Weisungen handeln müsse. Die Terminologie bzw. die Unterscheidung zwischen dem Begriff des Amtes von dem des Dienstes ist allerdings nicht einheitlich; *Battis*, § 55 BBG, Anm. 26 spricht allerdings ausdrücklich vom persönlichen Befehl.

zweitrangig. Wesentlich ist, daß dienstliche Weisungen entweder nach § 55, 2 BBG oder wegen der Verwaltungsaktsqualität der Weisung verbindlich sind und daß diese Weisungen von den amtlichen Weisungen zu unterscheiden sind. Die Trennbarkeit von amtlichen und dienstlichen Weisungen bestreitet auch Schnapp nicht, der im übrigen die Relevanz der Unterscheidung kritisch betrachtet. Die Trennbarkeit als solche ergebe sich allerdings aus der unterschiedlichen Adresse[44]. Nimmt man diese Trennung vor, so scheint die Innehabung eines Amtes dann Voraussetzung für eine Gehorsamspflicht zu sein, wenn die Weisung sich auf bestimmte Aufgaben der Verwaltung bezieht.

Dieses Ergebnis wäre zu bezweifeln, wenn sich Beispiele fänden, in denen fachliche Weisungen an Beamte ohne Amt verbindlich sein sollen. So scheint es zu liegen bei Referendaren, die Beamte ohne Amt sind[45], und auch Beamten mit der Zuständigkeit für untergeordnete Tätigkeiten, sofern man bei letzteren das Bestehen eines Amtes leugnet[46].

Das zweite Beispiel ist schon deswegen nicht besonders stichhaltig, weil gar nicht sicher ist, ob die zitierte Ansicht auch für das BBG gelten soll[47]. Unabhängig davon ist nicht einsichtig zu machen, wieso es für das Bestehen eines Amtes auf die Qualität der Tätigkeit ankommen soll[48].

Der Referendar ist Beamter auf Widerruf. Im Rahmen seiner Ausbildung nimmt er manche Aufgaben wahr, die zur Zuständigkeit der jeweiligen Station gehören. Daß er diesbezüglich nicht an Weisungen gebunden wäre, weil er kein Amt innehat, wäre aber ein Kurzschluß. Bei Referendaren liegt es nämlich so, daß sie zwar kein Amt auf Dauer ausüben, während ihrer Ausbildung also nicht ein Amt haben, andererseits aber gleichzeitig mit der Zuweisung einer bestimmten Aufgabe ein Amt auf kurze Zeit erhalten, so daß sie diesbezüglich auch an Weisungen gebunden sind. Wenn auch in der Praxis beides zusammenfallen kann, läßt sich doch sagen, daß eine logische Sekunde vor Eintritt der Gebundenheit an fachliche Weisungen die Zuweisung eines inhaltlich stark beschränkten Aufgabenbereiches — eines Amtes — erfolgt.

Damit bleibt es dabei, daß die Pflicht zum Gehorsam dann Amtsbezug in unserem Sinne hat, wenn aus dem Inhalt der Weisung hervorgeht, daß sie im Hinblick auf bestimmte Aufgaben der Verwaltung ergangen

[44] Vgl. *Schnapp*, Amtsrecht, S. 156.

[45] Vgl. *Wolff / Bachof*, VwR II, § 109 I a) 2 und auch schon *W. Jellinek*, VwR, S. 359.

[46] So *Köttgen*, Smend-Festgabe, S. 132: wertfreie Techniken.

[47] *Köttgen*, Smend-Festgabe, untersucht nämlich nicht das Amt im „zweckrationalen Sinne bestimmter Gesetze", sondern widmet sich dem „eigenen Wesen" des Amtes, vgl. S. 119.

[48] Vgl. *Risken*, Grenzen, S. 51.

ist. Je nach Inhalt der Weisung ergeben sich also amtsbezogene und nicht amtsbezogene Pflichten.

b) Remonstrationspflicht des Untergebenen

Der Beamte ist nach § 56 II BBG zur Remonstration verpflichtet[49]. Dies gilt nach dem Wortlaut des § 56 II BBG für alle dienstlichen Anordnungen. Wäre Dienst wie oben als der gegenüber dem Amt weitere Begriff anzusehen, käme auch hier eine Unterscheidung nach dem Inhalt der Anordnung in Betracht. Risken erklärt auch für § 56 II BBG, daß dieser nur für amtliche Weisungen gelte[50]. Danach gibt es also bei dienstlichen Weisungen keine Remonstrationspflicht.

Indessen ist es auch hier entscheidend, daß die Unterscheidung zwischen amtlichen und dienstlichen Weisungen als solche nicht strittig ist. Denn einerlei, ob es nun eine Remonstrationspflicht bei dienstlichen Weisungen gibt oder nicht, ist sie jedenfalls nicht amtsbezogen.

c) Beratungs- und Unterstützungspflicht des Untergebenen

Bei der Beratungs- und Unterstützungspflicht des § 55, 1 BBG geht es um eine Pflicht im Vorfeld einer Entscheidung des Vorgesetzten. Deshalb liegt auch hier der Gedanke nahe, ob es von der Art bzw. dem Inhalt der zu treffenden Entscheidung abhängt, ob die Pflicht des Untergebenen amtsbezogen ist oder nicht.

Indessen ist dieser Gedanke nicht übertragbar, da auch bei Entscheidungen des Vorgesetzten, die dienstrechtlichen Inhalt haben, diese Entscheidung selbst amtlichen Charakter hat. Dann muß aber auch der Untergebene des zuständigen Vorgesetzten eine Zuständigkeit und damit ein Amt haben.

§ 55, 1 BBG erfaßt also nicht auch nicht amtsbezogene Pflichten.

d) Auskunfts- und Wahrheitspflicht des Untergebenen

Der Beamte wird in gewissen Grenzen gegenüber seinem Vorgesetzten zur Wahrheit und Auskunft für verpflichtet gehalten. Diese Pflicht wird nicht aus § 55 BBG, sondern teils aus der allgemeinen Treuepflicht[51], teils aus § 54, 3 BBG[52], teils aus beiden Ansätzen hergeleitet[53]. Da sowohl

---

[49] Es sei dahingestellt, ob auch ein Recht zur Remonstration besteht, so *Battis*, § 56 BBG, vor Anm. 1 und *v. Münch* in *v. Münch*, S. 46; anders *Wiese*, DVBL 81, S. 273.

[50] Vgl. oben Fn. 42.

[51] *Claussen*, Bundesdisziplinarordnung, Einl. C, Rdnrn. 38, 41 a.

[52] *Claussen*, Bundesdisziplinarordnung, Einl. C, Rdnr. 41 a für die Wahrheitspflicht; *Battis*, § 54 BBG, Anm. 4. b).

[53] *Mühl* in GKÖD, Bd. 1, § 52 BBG, Rdnrn. 9 ff. und § 54 BBG, Rdnrn. 12, 13.

die allgemeine Treuepflicht als auch die Verhaltenspflicht des § 54, 3 BBG nicht amtsbezogene Pflichten benennen, sollte dies auch für deren spezielle Ausprägung im Vorgesetzten-Untergebenen-Verhältnis gelten[54].

Bei dieser Argumentation würde indessen übersehen, daß es hier um die Auskunfts- und Wahrheitspflichten im Vorgesetzten-Untergebenen-Verhältnis geht. Soweit also der Vorgesetzte vom Untergebenen eine Auskunft über den Stand einer Angelegenheit verlangt, für die der Untergebene zuständig ist, läßt sich dieses Auskunftsverlangen auch als Spezialfall einer Weisung an den Inhaber eines untergebenen Amtes begreifen. Allerdings kann der Beamte auch ohne Weisung dazu verpflichtet sein, den Vorgesetzten zu informieren. Dies erfordert jede Arbeitsteilung. Insoweit handelt es sich jedenfalls bei den Auskunfts- und Wahrheitspflichten um Pflichten mit Amtsbezug.

Soweit allerdings der übrige dienstliche und außerdienstliche Bereich betroffen ist, für die die Wahrheits- und Auskunftspflicht wohl auch gelten soll[55], handelt es sich um eine Pflicht ohne Amtsbezug. Wie bei der Gehorsamspflicht des § 54, 1 BBG ist auch bei den Auskunfts- und Wahrheitspflichten des Untergebenen zwischen amtsbezogenen und nicht amtsbezogenen Pflichten zu unterscheiden.

e) Pflichten des Vorgesetzten

aa) Verhaltenspflicht

Die Pflichten des Vorgesetzten bezüglich seines Verhaltens gegenüber seinem Untergebenen werden aus § 54, 3 BBG hergeleitet[56]. Insoweit ergeben sich keine Besonderheiten. Ebenso wie dort[57] ist nur die Stärke der Pflicht von der Amtsstellung des Vorgesetzten abhängig, so daß die Anforderungen an die Verhaltenspflichten Vorgesetzter strenger sind als für sonstige Beamte. Dennoch handelt es sich wie bei der allgemeinen Verhaltenspflicht um eine nicht amtsbezogene Pflicht.

bb) Aufsichtspflicht

Außerdem muß der Vorgesetzte aber die (gesamte) Tätigkeit seiner Untergebenen überwachen[58]. Gleiches gilt für die Ausführung seiner

---

[54] Vgl. auch *Scheerbarth / Höffken*, S. 350, die die Pflicht zur Offenheit und Wahrhaftigkeit als Pflicht ohne Bezug auf das Amt einordnen.

[55] Vgl. *Mühl* in GKÖD, Bd. 1, § 52 BBG, Rdnr. 9; *Claussen*, Bundesdisziplinarordnung, Einl. C, Rdnr. 38.

[56] Vgl. *Mühl* in GKÖD, Bd. 1, § 54 BBG, Rdnr. 16; *Claussen*, Bundesdisziplinarordnung, Einl. C, Rdnr. 54 ff.; *Wiedow* in *Plog / Wiedow / Beck*, § 54 BBG, Rdnr. 9; *Battis*, § 54 BBG, Anm. 4. b) a. E.

[57] Vgl. oben 2. b).

[58] *Ule*, Beamtenrecht, § 56 BRRG, Rdnr. 4 unter e).

Anordnungen[59]. Anders als die Verhaltenspflicht wird diese Pflicht nicht nur abgeschwächt, sondern entfällt ganz, wenn man sich die mit dem Vorgesetzten-Untergebenen-Verhältnis verbundene Amtsstellung des Vorgesetzten wegdenkt. Es handelt sich um keine Pflicht ohne Amtsbezug.

II. Pflichten mit Amtsbezug

Von den Pflichten ohne Amtsbezug sind diejenigen mit Amtsbezug abzuheben, deren Existenz zu einem Teil bereits aus der vorangehenden Untersuchung hervorgeht.

1. Pflichten mit Bezug zu jedem Amt

Die Pflichten mit Amtsbezug teilen sich wiederum in zwei Gruppen. Die Pflichten der einen Gruppe (Gruppe 2) bestehen unterschiedslos für jeden Beamten mit Amt.

a) Pflichten aus dem Vorgesetzten-Untergebenen-Verhältnis

Viele amtsbezogene Pflichten bestehen, wie gezeigt, im Vorgesetzten-Untergebenen-Verhältnis.

aa) Gehorsamspflicht, Remonstrationspflicht des Untergebenen

Dabei stehen die Pflichten zum Gehorsam und zur Remonstration des Untergebenen bei amtlichen Weisungen im Vordergrund[60].

bb) Beratungs- und Unterstützungspflicht des Untergebenen

Bei den Beratungs- und Unterstützungspflichten des Untergebenen im Hinblick auf die amtliche Entscheidung des Vorgesetzten handelt es sich um amtsbezogene Pflichten[61].

cc) Auskunfts- und Wahrheitspflicht des Untergebenen

Soweit der Untergebene zur Auskunft und Wahrheit bezüglich seiner amtlichen Tätigkeit verpflichtet ist, sind dies amtsbezogene Pflichten[62].

dd) Aufsichtspflicht des Vorgesetzten

Schließlich ist die Pflicht des Vorgesetzten zur Aufsicht zu nennen. Hierbei ist darauf hinzuweisen, daß der Vorgesetzte die Aufsicht sowohl

---

[59] *Wiedow* in *Plog / Wiedow / Beck*, § 54 BBG, Rdnr. 9; vgl. auch *Claussen*, Bundesdisziplinarordnung, Einl. C, Rdnr. 57 a.

[60] Siehe oben I 4. a), b).

[61] Siehe oben I 4. c).

[62] Siehe oben I 4. d).

über die amtliche als auch über die sonstige Tätigkeit des Untergebenen hat. Beide unterschiedlichen Aufsichtspflichten sind amtsbezogen[63].

b) Pflichten, die sich auf die Art und Weise der Amtsführung beziehen

Zu den Pflichten mit Amtsbezug gehören auch diejenigen Pflichten, die sich auf die Art und Weise der Amtsführung beziehen. Beispiele aus dem Bundesbeamtengesetz sind § 62 I 2 BBG, wonach der Beamte die Aufgaben unparteiisch und gerecht zu erfüllen hat, und § 54, 2 BBG, der die uneigennützige und gewissenhafte Verwaltung des Amtes fordert. Denkt man das Amt in diesen Fällen hinweg, entfallen auch die Pflichten, die sich auf die Art der Wahrnehmung des Amtes beziehen.

Ausfluß dieser Pflichten ist § 70 BBG, der das Verbot der Annahme von Geschenken und Belohnungen in bezug auf das Amt statuiert[64]. Daher sollte man annehmen, daß die Voraussetzung für die Verletzung einer Pflicht aus § 70 BBG die jetzige oder frühere Innehabung eines Amtes ist. Dennoch scheint Übereinstimmung darüber zu herrschen, daß es weder auf das Amt im konkret-funktionalen Sinne ankomme[65] noch der Geschäftskreis gemeint sei[66]. Mühl meint allerdings, es sei der konkrete Aufgabenkreis des Beamten einschließlich jeglicher damit im Zusammenhang stehender Nebentätigkeiten gemeint[67].

Diese etwas undeutlichen Formulierungen erweisen aber nicht, daß die Autoren die Innehabung eines Amtes nicht als Voraussetzung der Pflicht aus § 70 BBG ansehen. Vielmehr ist gemeint, daß der Zusammenhang der Belohnungen und Geschenke zu diesem Amt nicht besonders eng, wie etwa bei §§ 331 f sein muß; es reicht jeglicher Zusammenhang. Dies zeigen auch die jeweils angegebenen Beispiele[68].

Somit handelt es sich auch bei § 70 BBG um eine amtsbezogene Pflicht.

2. Amtswahrnehmungspflicht

Innerhalb der Pflichten mit Amtsbezug gibt es eine weitere Gruppe. Eine Pflicht dieser Gruppe 3 besteht mit ihrem besonderen Inhalt nur

---

[63] Siehe oben I 4. e) bb).

[64] Vgl. *Mühl* in GKÖD, Bd. 1, § 70 BBG, Rdnr. 1 und § 54 BBG, Rdnr. 8 und § 52 BBG, Rdnr. 5; *Wiedow* in *Plog / Wiedow / Beck*, § 70 BBG, Rdnr. 1; *Battis*, § 70 BBG, Anm. 1; *Claussen*, Bundesdisziplinarordnung, Einl. C, Rdnr. 22.

[65] So ausdrücklich *Battis*, § 70 BBG, Anm. 2.

[66] *Claussen*, Bundesdisziplinarordnung, Einl. C, Rdnr. 22.

[67] *Mühl* in GKÖD, Bd. 1, § 70 BBG, Rdnr. 5.

[68] Vgl. nur den von *Mühl* in GKÖD, Bd. 1, § 70 BBG, Rdnr. 5 zitierten Fall BDHE 5, 49 (55) und *Battis*, § 70 BBG, Anm. 2; deutlich *Claussen*, Bundesdisziplinarordnung, Einl. C, Rdnr. 22: jede mittelbare Beziehung reicht aus.

bei einer jeweils bestimmten Amtsstelle. Gemeint ist die Pflicht des Amtswalters, die Aufgaben einer jeweils bestimmten Amtsstelle zu erfüllen[69]. Bevor die Frage aufgegriffen werden kann, ob diese durch die Innehabung der Amtsstelle erworbene Position für die Annahme einer Garantenstellung ausreicht, sind die öffentlich-rechtlichen Rechtsbeziehungen im einzelnen zu kennzeichnen, damit der Gegenstand der Bewertung klar bestimmt ist. Für terminologische Klarheit in diesem Zusammenhang hat Hans J. Wolff gesorgt. Er unterscheidet zwischen Anstellungs- bzw. Dienst- oder Grundverhältnis und Amtswalterverhältnis[70]. Das Anstellungsverhältnis betrifft das Verhältnis zwischen Staat und der Person des Amtswalters, das Amtswalterverhältnis dasjenige zwischen Amt im funktionellen Sinne und Amtswalter. Diese Unterscheidung wird als Möglichkeit anerkannt[71] und überwiegend übernommen[72].

Schnapp hält die mögliche Trennung zwischen Grundverhältnis und Amtswalterverhältnis indessen nicht für sinnvoll[73]. Beide Verhältnisse enthielten die Pflicht zur Wahrnehmung des Amtes. Sowie sich in der Theorie der Vertretung das Geschäftsbesorgungs- und Vertretungsverhältnis zum unterlegenen Rechtsverhältnis wie das Besondere zum Allgemeinen verhalte[74], liege es auch hier. Das Amtswalterverhältnis verhält sich danach bezüglich der Amtsfunktionen zum Grundverhältnis ebenfalls wie das Besondere zum Allgemeinen. Im hier interessierenden Zusammenhang ist der Sinn der Unterscheidung deshalb zweitrangig, weil Einigkeit darüber besteht, daß der Amtswalter zur Wahrnehmung der Zuständigkeiten des Amtes verpflichtet ist. Dabei ist einerlei, ob man sagt, das Grundverhältnis enthalte die Pflicht zur Wahrnehmung eines i. d. R. nur der Art nach bestimmten Amtes, das Amtswalterverhältnis die Pflicht zur Versehung der Amtsfunktionen[75], oder ob man die Amtswahrnehmungspflicht als solche postuliert[76].

---

[69] Nicht ganz korrekt ist es m. E., die Amtswahrnehmungspflicht auf §§ 52 I 2; 54, 2 BBG bzw. §§ 35 I 2; 36, 2 BRRG zurückzuführen, so *Schnapp*, Amtsrecht, S. 132. Gemeint ist dort nur die Art und Weise der Pflichterfüllung. Richtig ist aber, daß dort die Amtswahrnehmungspflicht vom Gesetz vorausgesetzt wird.

[70] *Wolff / Bachof*, VwR II, § 73 III b), c).

[71] *Schnapp*, Amtsrecht, S. 131.

[72] Vgl. nur *Rupp*, Grundfragen, S. 19 ff. und auch *Schmidt*, Gesetzesvollziehung, S. 218, wenn auch mit der auf *Ule* zurückgehenden Terminologie des Betriebsverhältnisses (Fn. 657).

[73] *Schnapp*, Amtsrecht, S. 129 ff.

[74] *Hans J. Wolff*, Theorie der Vertretung, S. 233.

[75] So *Wolff / Bachof*, VwR II, § 73 III b), c).

[76] *Schnapp*, Amtsrecht, S. 135.

a) *Zuständigkeit*

Allerdings besteht nur bei Verteilung der Zuständigkeiten auf die jeweiligen Ämter die Pflicht zur Wahrnehmung der Amtsaufgaben. Damit erhält in jedem Fall der Begriff der Zuständigkeit eine entscheidende Bedeutung für das Amt und damit die Amtswahrnehmungspflicht des Amtswalters.

Die Zuständigkeit dient insofern der Einheit der Verwaltung[77], als Aufgaben und Befugnisse der Verwaltung abgegrenzt werden[78]. Man kann auch sagen, daß eine Arbeitsteilung[79] eine Zuständigkeitsverteilung erfordert. Dies liegt auch im Interesse des Bürgers[80], d. h. — wie zu ergänzen ist — im Interesse seiner Rechtssphäre.

Die Zuständigkeitsverteilung sichert also die Effizienz der staatlichen Aufgabenerfüllung im Interesse der Rechtssphäre des Bürgers. Daraus folgt, daß der Amtswalter im Rahmen seiner Zuständigkeit tätig werden muß[81], darüber aber auch nicht hinausgehen darf[82]. Die Zuständigkeit bildet also eine Grenze seines Handelns[83]. Dies gilt es zunächst festzuhalten.

b) *Aufgabe*

Noch ein Bindeglied fehlt, um die Verbindung zwischen zu schützendem Rechtsgut und Amtswalter zu komplettieren. Hinzukommen muß noch die Aufgabe des Staates. Die Notwendigkeit auch der Einführung dieses Begriffs ergibt sich auch schon aus dem der Zuständigkeit. Wenn Zuständigkeit nämlich die Bezogenheit eines Gegenstandes auf ein Subjekt ist[84], so fehlt noch die Benennung des Gegenstandes. Eben diesen Gegenstand bildet die Aufgabe des Staates[85].

---

77 Vgl. *Maurer*, VwR, S. 392.

78 *Wallerath*, VwR, S. 87 f.; vgl. auch *Achterberg*, VwR, S. 165.

79 Den Gedanken der Arbeitsteilung sprechen *Wolff / Bachof*, VwR II, § 72 I a) 1. an.

80 *Maurer*, VwR, S. 393.

81 *Wolff / Bachof*, VwR II, § 72 IV a) 1.

82 Sog. Ausschließlichkeit der Zuständigkeit, vgl. *Krüger*, Allgemeine Staatslehre, S. 109; *Wolff / Bachof*, VwR II, § 72 IV a) 1.; *Achterberg*, VwR, S. 168; vgl. auch *Forsthoff*, VwR, S. 450.

83 Vgl. *Maurer*, VwR, S. 394, der sogar meint, die Zuständigkeit bilde Grund und Grenze des Handelns.

84 Vgl. *Wolff / Bachof*, VwR II, § 72 I b).

85 Zur Terminologie: Wie aus dem Text hervorgeht, wird zwischen Aufgabe und Zuständigkeit unterschieden, vgl. dazu *Bull*, Staatsaufgaben, S. 52, und *Becker*, Verwaltungsaufgaben, S. 210. Allerdings wird Kompetenz gleichbedeutend mit Zuständigkeit verwandt, anders *Wolff / Bachof*, VwR II, § 72 I c).

III. Ergebnis

Damit hat sich die Durchführbarkeit einer Einteilung nach der Amtsbezogenheit bestätigt.

Es gibt Pflichten ohne Amtsbezug, deren Intensität und Stärke allerdings vom jeweiligen Amt abhängt (Gruppe 1).

Bei den Pflichten mit Amtsbezug sind diejengen, die bei jedem Amt bestehen (Gruppe 2), von denjenigen trennbar, die nur bei einem jeweils bestimmten Amt bestehen (Gruppe 3).

Diese Einteilung der Pflichten kann grafisch dargestellt werden:

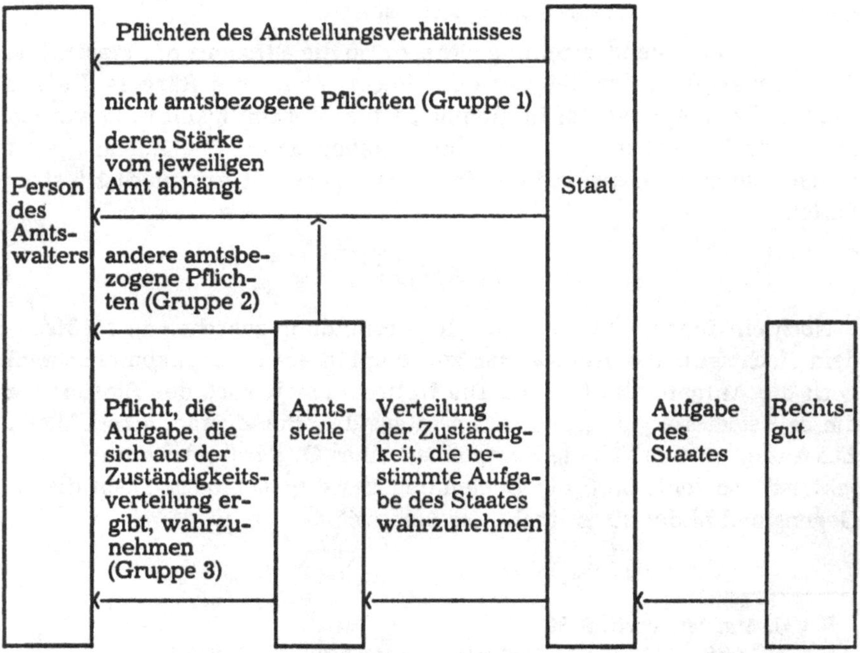

B. Übertragbarkeit der Einteilung auf die übrigen Arbeitnehmer im öffentlichen Dienst

Zu überprüfen bleibt, ob die Einteilung der Pflichten, wie sie am Beispiel des Bundesbeamtengesetzes für die Beamten vorgenommen wurde, auch auf die übrigen Arbeitnehmer im öffentlichen Dienst übertragbar ist.

Dies ist angesichts der Tatsache wahrscheinlich, daß die Pflichten der Angestellten und Arbeiter an die Pflichtkataloge der Beamten angelehnt sind[1]. Hier kann es nun nur daraum gehen, die Übertragbarkeit als solche zu untersuchen, die Frage, welche Pflichten tatsächlich im einzelnen bestehen, bleibt ausgeklammert. Im Vordergrund stehen dabei die Pflichten der Angestellten, die im Bundesangestelltentarif eine Niederschrift erfahren haben. Sie stehen angesichts der Tatsache, daß immer mehr Angestellte im öffentlichen Dienst die Aufgaben von Beamten wahrnehmen, diesen am nächsten. Daneben existieren unterschiedliche Tarifverträge für die Arbeiter des Bundes (MTB II), der Länder (MTL II) und der Kommunen (BMT-G II).

I. Amt der Angestellten und Arbeiter

Eine solche Übertragung bzw. die Differenzierung zwischen amtsbezogenen und nicht amtsbezogenen Pflichten wäre von vornherein illusorisch, könnten weder Angestellte noch Arbeiter ein Amt im funktionellen Sinne innehaben.

Doch ist bereits bei der Darstellung der Pflichten der Beamten die Trennung von Dienst und Amt bzw. von Anstellungsverhältnis und Amtswalterverhältnis deutlich geworden. Danach ist das Amt gerade unabhängig von dem privatrechtlichen Charakter des Anstellungsverhältnisses der Angestellten und Arbeiter oder dem öffentlich-rechtlichen Charakter des Beamtenverhältnisses[2]. Eine andere Frage ist die, welche Arbeitnehmer im öffentlichen Dienst im Hinblick auf die wahrzunehmenden Aufgaben, die ihnen zugedacht sind, ins Beamten-, Angestellten- oder Arbeiterverhältnis zu übernehmen sind. Die Qualifikation der Tätigkeit ist jedenfalls für sich genommen für den Amtsbegriff selbst kein Kriterium[3]. Im übrigen geht zumindest das Strafrecht nicht von einer Trennung zwischen Beamten und den übrigen Dienstnehmern im öffentlichen Dienst aus. Der Amtsträgerbegriff des § 11 I Nr. 2 umfaßt prinzipiell alle Gruppen. Natürlich ist dieser Begriff in erster Linie von Bedeutung für die Amtsdelikte. Indessen ist seine Bedeutung darauf nicht beschränkt. Zwar ist der Amtsträgerbegriff nur für die Amtsdelikte Tatbestandsmerkmal, das den Sonderdeliktscharakter begründet. Eine weitergehende Beschränkung des potentiellen Täterkreises bei den Unterlassungsdelikten, die auch Sonderdelikte sind, als bei den Amtsdelikten ist aber nicht wahrscheinlich. Somit ist der Amtsbegriff als solcher für alle Dienstnehmer im öffentlichen Dienst verwendbar.

---

[1] Dies soll auch nach der Vorstellung der Studienkommission für die Reform des öffentlichen Dienstrechts so bleiben; vgl. den Bericht der Kommission, Rdnr. 304.

[2] Vgl. zum Ganzen auch *Risken*, Grenzen, S. 41 ff. und *Wolff / Bachof*, VwR II, § 73 III b) 2; falsch daher he VGH, DÖV 75, S. 431: Angestellter hat eben kein Amt im funktionellen Sinne inne.

[3] Siehe schon oben A I 4. a).

II. Pflichten der Angestellten und Arbeiter

Ob sich indessen eine Differenzierung zwischen amtsbezogenen und nicht amtsbezogenen Pflichten vornehmen läßt, bedarf zur Beantwortung einer Betrachtung der Pflichten der Angestellten und Arbeiter.

1. Pflichten ohne Amtsbezug

Auch die Arbeitnehmer im öffentlichen Dienst, die nicht Beamte sind, stehen in einem Treueverhältnis[4].

a) Politische Treuepflicht

Insbesondere ist die politische Treuepflicht zu beachten. § 52 II BBG und § 8 I 2 BAT[5] stimmen fast wörtlich überein. Allerdings fehlt der Zusatz, für die freiheitlich-demokratische Grundordnung einzutreten[6].

Wenngleich der BAT keine dem § 53 BBG entsprechende Pflicht kennt, ergibt sich diese Pflicht aus der allgemeinen Verhaltensklausel des § 8 I 1 BAT[7], die i. d. R. allerdings die Stärke der beamtenrechtlichen Pflicht aus § 53 BBG nicht erreichen wird[8].

Entsprechend der Pflicht aus § 54, 3 BBG wird von den Angestellten des öffentlichen Dienstes gem. § 8 I BAT[9] verlangt, sich so zu verhalten, wie es von Angehörigen des öffentlichen Dienstes verlangt wird. Diese Pflicht erfährt ebenso wie die des § 54, 3 BBG eine Steigerung oder Abschwächung mit der jeweils wahrgenommenen Aufgabe[10].

b) Verschwiegenheitspflicht

Die Verschwiegenheitspflicht des § 9 I BAT[11] ist gegenüber der des Beamten inhaltlich insoweit eingeschränkt, als die Geheimhaltung aufgrund Gesetzes oder Weisung des Arbeitgebers angeordnet sein muß. Soweit dies aber der Fall ist, besteht die Verschwiegenheitspflicht nicht nur, wenn das Geheimnis den Angestellten extra anvertraut ist, sondern

---

[4] Vgl. *Baumgärtel* in GKÖD, Bd. 4, vor § 4 BAT, Rdnr. 2; *Ebert*, 630, Rdnr. 14; *Otto*, S. 54 ff.; *Wacke*, S. 19, 28.

[5] Vgl. auch § 9 IX 2 MTB II, § 9 IX 2 MTL II.

[6] *Baumgärtel* in GKÖD, Bd. 4, § 8 BAT, Rdnr. 22 meint allerdings, die weitergehende Formulierung hätte nur klarstellende Bedeutung.

[7] Vgl. *Baumgärtel* in GKÖD, Bd. 4, § 8 BAT, Rdnr. 12.

[8] *Baumgärtel* in GKöD, Bd. 4, § 8 BAT, Rdnr. 12.

[9] Vgl. auch §§ 9 IX 1 MTB II, 9 IX 1 MTL II.

[10] *Baumgärtel* in GKÖD, Bd. 4, § 8 BAT, Rdnr. 13.

[11] Vgl. auch §§ 11 I, IV MTB II, 11 I, IV MTL II.

auch, wenn es ihm sonst bekannt geworden ist[12]. Da die Verschwiegenheitspflicht eine besondere Art der Treuepflicht ist, ist die Pflicht des § 9 I BAT ebenso wie die des Beamten aus § 61 BBG[13] prinzipiell unabhänigig vom Amt.

Alle diese Treupflichten sind also nicht amtsbezogen und gehören zu den Pflichten der Gruppe 1. Ebenso wie bei den Beamten ergibt sich jedoch eine quantitative Steigerung der Pflicht[14], je verantwortungsvoller das jeweilige Amt des Arbeitnehmers ist.

2. Pflichten mit Amtsbezug

Zu den Pflichten mit Amtsbezug gehören die Pflichten zur Wahrnehmung des Amtes und die aus dem Vorgesetzten-Untergebenen-Verhältnis.

a) Amtswahrnehmungspflicht

Wie der Beamte unterliegt der Angestellte der Pflicht zur Wahrnehmung der Amtsgeschäfte. Sie wird hier häufig als Arbeitspflicht bezeichnet[15]. Diese wird durch das Recht der §§ 611 ff. BBG begründet. Allerdings ist im Arbeitsvertrag nur die Art der Arbeit beschrieben. Dadurch allein ist dem Arbeitnehmer noch nicht bekannt, welche Tätigkeiten er auszuführen hat. Es bedarf wie im Beamtenrecht einer näheren Konkretisierung, zu der der Dienstgeber aufgrund seines Weisungs- und Direktionsrechts als berechtigt gilt[16]. Man kann auch sagen, daß die endgültige Amtswahrnehmungspflicht erst entsteht, sobald das privatrechtliche Anstellungsverhältnis des Arbeitsvertrages durch das Amtswalterverhältnis ergänzt worden ist. Es ergibt sich also insoweit eine vollständige Parallele zum Beamtenrecht.

Pflichten mit Amtsbezug der Gruppe 3 existieren also auch für die übrigen Arbeitnehmer im öffentlichen Dienst.

b) Pflichten aus dem Vorgesetzten-Untergebenen-Verhältnis

aa) Gehorsamspflicht des Untergebenen

Die Gehorsamspflicht des Angestellten ist normiert in § 8 II BAT[17].

---

12 Vgl. *Baumgärtel*, GKÖD, Bd. 4, § 9 BAT, Rdnr. 11.

13 Vgl. dazu oben A I 2. c).

14 Vgl. hierzu noch *Baumgärtel*, GKÖD, Bd. 4, § 9 BAT, Rdnr. 11 mit dem Beispiel des Angestellten in verantwortlicher Stellung.

15 Vgl. nur *Otto*, S. 51.

16 Vgl. *Baumgärtel* in GKÖD, Bd. 4, vor § 4 BAT, Rdnr. 3; *Ebert*, 630, Rdnr. 3; *Otto*, S. 52; *Wacke*, S. 26.

17 Vgl. auch §§ 9 I MTB II, 9 I MTL II, 9 I BMT-G II.

α) Trennung von amtlichen und dienstlichen Weisungen

§ 8 BAT spricht allerdings seinem Wortlaut nach nur von dienstlichen Anordnungen. Dennoch ist auch hier natürlich von einer Trennung zwischen dienstlichen (persönlichen) und fachlichen Weisungen an das Amt auszugehen[18]. Gerade durch die fachlichen Weisungen wird ja die Aufgabenerfüllung durch die Verwaltung sichergestellt. Welchen Maßstäben die Weisungsgebundenheit des Angestellten im einzelnen unterliegt, ist hier nicht zu prüfen. Es kommt zunächst nur darauf an, daß die amtlichen Weisungen amtsbezogene Pflichten der Gruppe 2 sind.

β) Remonstration des Untergebenen

Auch das Institut der Remonstration existiert im gesamten Recht des öffentlichen Dienstes. Jedoch ist wegen der weniger weitgehenden Verantwortung der angewiesenen Angestellten und Arbeiter (vgl. § 8 II 2 BAT) dieses Institut nicht zur Pflicht der Remonstration[19] ausgeformt. Daher scheidet die Remonstration als solche hier aus der Betrachtung aus.

bb) Beratungs- und Unterstützungspflicht des Untergebenen

Würde eine Beratungs- und Unterstützungspflicht des Untergebenen sich auch für Angestellte und Arbeiter ergeben, handelte es sich um eine weitere amtsbezogene Pflicht[20], die sich wie beim Beamten auch als Remonstrationspflicht darstellen kann. Diese Pflicht ist im Gegensatz zum Beamtenrecht zwar nicht ausdrücklich normiert, ihre Existenz ist jedoch mit der Verwaltung eines jeden Amtes zwingend verbunden. Nur die Zusammenarbeit zwischen Vorgesetzten und Untergebenen sichert die ordnungsgemäße Aufgabenerfüllung.

cc) Auskunfts- und Wahrheitspflicht des Untergebenen

Auch die Auskunfts- und Wahrheitspflicht als weitere amtsbezogene Pflicht ist anders als im BBG nicht normiert. Gleichwohl existiert sie.

Soweit eine Auskunft von Vorgesetzten bezüglich einer amtlichen Angelegenheit ausdrücklich oder konkludent verlangt wird, läßt sie sich als Spezialfall der Weisung auffassen. Soweit der Untergebene für verpflichtet gehalten wird, im Hinblick auf bestimmte amtliche Angelegenheiten Bericht zu erstatten, ergibt sich dies wie die Beratungs- und Unterstützungspflicht aus der Waltung seines Amtes.

---

[18] Vgl. *Baumgärtel* in GKÖD, Bd. 4, § 8 BAT, Rdnrn. 43, 45.
[19] So aber im Recht der Beamten, vgl. oben A I 4. b) und II 1. a) aa).
[20] Siehe oben A II 1. a) bb).

dd) Aufsichtspflicht des Vorgesetzten

Auch Angestellte können Vorgesetzte sein. Soweit sie dies sind, erwächst ihnen aus der Wahrnehmung der ihnen zugeordneten Funktionen die Pflicht zur Aufsicht über ihre Untergebenen, die sich ggf. zur Pflicht, Weisungen zu erteilen, verdichten kann.

3. Pflichten, die sich auf die Art und Weise der Amtsführung beziehen

Weder die Pflicht zur uneigennützigen und gewissenhaften Amtserfüllung noch die zur unparteiischen und gerechten Erledigung ist normiert. Die Aufgabenerfüllung des öffentlichen Dienstes erfordert indessen von allen Arbeitnehmern diese Art und Weise der Amtsführung[21]. Dazu gehört auch die spezielle Pflicht zur Unbestechlichkeit gem. § 10 BAT[22]. Es handelt sich um weitere amtsbezogene Pflichten[23].

III. Ergebnis

Die Übertragbarkeit der Einteilung der Pflichten der Beamten auf die übrigen Arbeitnehmer im öffentlichen Dienst hat sich also voll und ganz bestätigt. Im einzelnen unterschiedliche Inhalte der Pflichten ändern nichts an der gleichartigen Struktur.

C. Schutzzweck der Pflichten und Bild des Garanten

Hat sich bisher die Einteilung der Pflichten als möglich erwiesen, gilt es nun, daraus die Folgerungen zu ziehen. Erst diese werden zeigen, ob die mögliche Einteilung von Nutzen ist. Bei konsequenter Verfolgung des induktiven Ansatzes muß mit den Schlußfolgerungen dort angesetzt werden, wo die Beziehung zwischen Rechtsgut und Amtswalter am engsten ist. Wenn nämlich schon in diesem Fall des engsten Bezuges zur wahrgenommenen Aufgabe keine Garantenpflicht besteht, kann dies bei den weniger engen Bezügen erst recht nicht der Fall sein.

Zum Vorgehen sei noch bemerkt, daß man zwar die Frage nach der Garantenpflicht so global stellen kann. Bei der Untersuchung der im einzelnen unterschiedenen Pflichten wird es jedoch von Nutzen sein, die Unterfrage, ob der Schutzzweck der Pflicht mit dem eines strafrecht-

---

21 Vgl. *Baumgärtel* in GKÖD, Bd. 4, § 8 BAT, Rdnrn. 4, 8 und auch *Otto*, S. 56.

22 Vgl. auch §§ 12 MTB II, 12 MTL II.

23 Vgl. oben A II 1. b).

lichen Tatbestandes übereinstimmt[1], vorab zu klären. Ihre Beantwortung stellt nämlich mindestens die Weichen dafür, ob überhaupt für ein strafrechtlich geschütztes Rechtsgut eine Garantenstellung in Betracht kommt, und wenn ja, welches Rechtsgut dies ist.

I. Garantenstellung kraft Amtsstellung

Die erste Frage muß also lauten, ob die unter strafrechtlichen Gesichtspunkten erhebliche Handlungspflicht — eine Garantenpflicht — zumindest bei den Pflichten mit Amtsbezug (Gruppe 2 und 3) besteht, m. a. W., ob es eine Garantenstellung kraft Amtsstellung gibt.

1. Amtswahrnehmungspflicht

Zu beginnen ist mit der Pflicht der Gruppe 3, der Amtswahrnehmungspflicht.

a) Schutzzweck

Es wurde bereits gesagt, daß die Vorfrage der Übereinstimmung von Amtswalterpflicht und Tatbestand im Schutzzweck zunächst geklärt werden soll. Damit stellt sich die Frage, wie sich der Schutzzweck der Amtswahrnehmungspflichten kennzeichnen läßt.

Hilfreich ist hier die oben beschriebene Trennung zwischen Zuständigkeit und Aufgabe des Staates. Von diesen beiden Elementen ist die Aufgabe der zweckbezogene Teil. Jede Aufgabe ist nämlich zweckbezogen. Dies ergibt sich schon daraus, daß der Begriff Aufgabe ein Sollen impliziert[2]. Man kann auch sagen, daß die Aufgaben zur Organisation mit ihrer Zuständigkeitsverteilung im Verhältnis vom Zweck zum Mittel steht[3]. Wie schon oben gesagt, muß der Schutzzweck des gesetzlichen Tatbestandes übereinstimmen mit der Pflichtenstellung des Amtswalters, die als Garantenstellung in Betracht kommt. Nunmehr läßt sich dies dahin präzisieren, daß der mit dem Schutzzweck des strafrechtlichen Tatbestandes zu vergleichende Schutzzweck der Aufgabe des Staates zu entnehmen ist.

Damit zeigt sich, daß die entscheidende Verbindung von Rechtsgut und Amtswalter von der Aufgabe des Staates geschaffen wird. Insoweit ist zunächst wichtig, daß die bloße Notwendigkeit der Wahrnehmung einer Aufgabe als Legitimationsgrundlage staatlicher Tätigkeit nicht

---

[1] Vgl. schon oben 2. Teil am Anfang.

[2] Vgl. *Bull*, Staatsaufgaben, S. 53.

[3] Vgl. *Forsthoff*, VwR, S. 432.

ausreicht[4], sondern vielmehr ein öffentlicher Zweck als Grundlage einer Staatsaufgabe rechtlich anerkannt sein muß[5]. Sonst handelt es sich allenfalls um eine öffentliche Aufgabe.

Weiterhin steht fest, daß eine öffentlich-rechtliche Handlungspflicht nur besteht, wenn die Aufgabe des Staates zu einem „Muß" verdichtet ist, d. h. der Staat muß verpflichtet sein, in einer bestimmten Weise tätig zu werden. Sonst kann nicht von einem Gebot gesprochen werden.

aa) Subjektiv-öffentliches Recht als nicht notwendige Bedingung

Hinsichtlich der weiteren Präzisierung dieses Gebots fragt sich, ob der staatlichen Aufgabe ein subjektiv-öffentliches Recht des Bürgers entsprechen muß. Wenn der öffentliche Zweck rechtlich anerkannt sein muß, ist die eine Voraussetzung — nämlich das Bestehen einer Rechtsnorm[6] —, gegeben.

Hinzukommen muß aber auch die Berechtigung einer Zivilperson, d. h. der Schutzzweck der Rechtsform muß auch der Schutz der Zivilperson sein[7]. Nun werden zwar alle Aufgaben letztlich im Interesse des Bürgers wahrgenommen. Es wäre jedoch ein Kurzschluß, daraus zu entnehmen, daß deshalb der Aufgabe immer auch ein subjektives Recht des Bürgers entspreche. Zum einen wären dann öffentliche Zwecke immer auch private Zwecke und von diesen nicht zu sondern. Zum anderen bedarf es zur Wahrung der Interessen der Bürger als Endziel oder Endzweck der staatlichen Tätigkeit vorher der Erreichung entsprechender Zwischenziele. Solche Zwischenziele können z. B. der Staatsschutz und die Rechtspflege sein. Diese Rechtsgüter sind also letztlich wegen der Interessen des Bürgers zum Selbstzweck erhoben.

Entsprechend dieser Unterscheidung[8] wird im Strafrecht zwischen individuellen und überindividuellen Rechtsgütern unterschieden. Diese Unterscheidung kann, ungeachtet der Frage, welche Grenzen der Gesetzgeber bei der Aufstellung strafrechtlicher Tatbestände zu beachten hat — ob er etwa nur sozialschädliches Verhalten erfassen darf[9] — nicht bestritten werden. Eine Berechtigung des Bürgers kann der staatlichen

---

4 *Bull*, Staatsaufgaben, S. 103.

5 *Peters*, Nipperdey-Festschrift, Bd. II, S. 890, 892; *Bull*, Staatsaufgaben, S. 105; *Martens*, Rechtsbegriff, S. 120; Klein, DÖV 65, 758 l. Sp.; schließlich *Ossenbühl*, Staatshaftungsrecht, S. 14, Fn. 24.

6 Vgl. *Wolff / Bachof*, VwR I, § 43 I b) 2.

7 Vgl. *Wolff / Bachof*, VwR I, § 43 I b) 2.

8 Vgl. zu dieser Entsprechung auch den Gedanken bei *Amelung*, Rechtsgüterschutz, S. 4, daß die Bestimmung des Zwecks der strafrechtlichen Verbote als Rechtsgüterschutz den Vorstellungen von der Aufgabe des Staates entsprechen sollte.

9 So *Roxin*, JuS 66, S. 381 f.; ähnlich auch *Sax*, Grundrechte III, S. 918 f.

Aufgabe also nur dann entsprechen, wenn die staatliche Aufgabe im Interesse des Schutzes individueller Rechtsgüter besteht.

Doch trifft auch dies nicht in vollem Umfang zu. So soll etwa der Grundrechtsteil gerade die Interessen der Bürger wahren — es geht ja um deren Grundrechte. Dennoch wird zumindest die Ableitung originärer Teilhaberechte i. S. eines status positivus aus den Grundrechten überwiegend abgelehnt[10]. Danach bestehen zwar subjektiv-öffentliche Abwehrrechte — Ansprüche auf Unterlassungen —, nicht aber Ansprüche auf Handlungen des Staates, soweit es nicht nur um die Beteiligung an bestehenden staatlichen Leistungen geht (derivative Teilhaberechte). Hier kommt es nun auf die Feststellung an, daß dennoch aus den Grundrechten bzw. aus der von ihnen aufgestellten objektiven Wertordnung[11] Aufgaben des Staates abzuleiten sind[12].

Es läßt sich also zusammenfassen, daß der Aufgabe des Staates kein subjektiv-öffentliches Recht entsprechen muß und dieses deshalb insoweit zur Konkretisierung des Aufgabenbegriffs nichts beiträgt.

bb) Verpflichtung der Verwaltung als notwendige, aber nicht hinreichende Bedingung

Es kann also bisher nur festgestellt werden, daß die staatliche Aufgabe sich in der Art konkretisiert haben muß, daß eine Verpflichtung besteht (notwendige Bedingung). Damit ist allerdings noch nicht gesagt, daß jede Verpflichtung der Verwaltung genügt und damit hinreichende Bedingung ist.

α) Gebundene Verwaltung

Für den Bereich der gebundenen oder gesetzesakzessorischen Verwaltung ist dies jedoch unproblematisch. Soweit hier eine Aufgabe in der Form der Verpflichtung besteht, hat sie den Schutzzweck, den auch der strafrechtliche Tatbestand hat.

β) Ermessensverwaltung, insbesondere Selbstbindung der Verwaltung und öffentlich-rechtlicher Vertrag

Die Lage könnte sich für die Ermessensverwaltung anders darstellen. Hier kann jedoch zunächst allgemein auf die öffentlich-rechtlichen Kriterien zurückgegriffen werden, die zur Ermessensreduktion entwickelt worden sind. Ein Unterlassen der Verwaltung kann nämlich auch im Bereich der Ermessensverwaltung öffentlich-rechtlich rechtswidrig sein.

---

10 *Martens*, VVDStRL 30 (1972), S. 40 f.; *Krebs*, DVBl. 77, S. 634; *Rupp*, AÖR 101 (1976), S. 183 ff.; BVerfGE 33, 303 (330 ff.), NC-Urteil; dazu *v. Mutius*, Verw.Arch. 64 (1973), S. 183 ff.

11 Vgl. nur BVerfGE 25, 256 (263), Blinkfüer; BVerfGE 34, 269 (280).

12 Vgl. *Bull*, Staatsaufgaben, S. 159.

Die Verwaltung muß sich bei der Ermessensausübung natürlich an der Aufgabe ausrichten, um deren Zweck optimal zu verwirklichen[13]. Daraus ergibt sich, daß eine Verpflichtung dann entstehen kann, wenn die Gefahr für das Rechtsgut besonders hoch ist oder das Rechtsgut einen erheblichen Wert hat, zu dessen Schutz der Staat die Aufgabe übernommen hat. Hier stimmt dann auch notwendig der Schutzzweck von staatlicher Aufgabe und strafrechtlichem Tatbestand überein.

Zweifel daran, ob dies im gesamten Bereich der Ermessensreduktion so ist, werden geweckt durch die Fälle, in denen allein wegen der Tätigkeit der Verwaltung deren Ermessen reduziert ist. Die Selbstbindung der Verwaltung[14] könnte ein Beispiel für einen bestehenden Anspruch und damit eine Verpflichtung der Verwaltung gegenüber dem Anspruchsinhaber ohne entsprechende Aufgabe sein. Die notwendige Folge wäre, daß der Schutzzweck eines strafrechtlichen Tatbestandes mit dem der Aufgabe nicht mehr übereinstimmen kann, da diese gar nicht existierte.

Allerdings bindet sich die Verwaltung lediglich innerhalb schon bestehender Aufgaben. Zudem besteht eine Selbstbindung nur an rechtmäßiges Verwaltungshandeln[15]. Dieses liegt aber bei Überschreiten der bestehenden Aufgabe wegen Kompetenzverletzung nicht vor. Wenn man allerdings im Einzelfall die Zwecksetzungskompetenz der Verwaltung und damit die Kompetenz anerkennt, eine staatliche Aufgabe zur Entstehung zu bringen[16], ist das Verwaltungshandeln rechtmäßig, so daß auch eine Selbstbindung und damit ein Anspruch besteht. Jedenfalls existiert hier kein Anspruch ohne entsprechende Aufgabe.

Anders könnte es liegen bei einem Anspruch aus einem subordinationsrechtlichen öffentlich-rechtlichen Vertrag (§§ 54, 56 VwVfG). Dann müßte hier die Möglichkeit bestehen, daß dem Anspruch aus dem Vertrag keine Aufgabe des Staates entspricht. Jedoch muß die Leistung der Behörde rechtlich zuläsig sein[17], insbesondere muß also die Zuständigkeit gewahrt bleiben[18], woraus sich schon ergibt, daß die Behörde selbst ihre Aufgaben nicht durch Vertrag erweitern kann.

---

13 BVerwGE 11, 95 (97); vgl. auch *Götz*, § 4 III (3) b); *Drews / Wacke / Vogel*, Gefahrenabwehr, Bd. 1, S. 166 ff.

14 Vgl. nur *Erichsen / Martens*, VwR, § 12 II 2 c) bb).

15 Vgl. *Wolff / Bachof*, VwR I, § 24 II d) 2; *Erichsen / Martens*, § 12 II c) bb).

16 So die Andeutung von *Häberle*, DÖV 72, S. 325; gegen *Gallwas*, Faktische Beeinträchtigungen, S. 97, 100, 108 f.; dazwischen steht *Bull*, Staatsaufgaben, S. 115, der die Verwaltung zumindest für die Konkretisierung der Staatsaufgaben für kompetent hält.

17 *Knack* in *Knack*, § 56 VwVfG, Rdnr. 3; *Meyer* in *Meyer / Borgs*, § 56 VwVfG, Rdnr. 10; *Kopp*, § 56 VwVfG, Rdnr. 6.

18 *Meyer* in *Meyer / Borgs*, § 56 VwVfG, Rdnr. 10; *Kopp*, § 56 VwVfG, Rdnr. 6.

Zwar ist im Hinblick auf die Leistung der Behörde die Regelung des § 59 VwVfG problematisch[19], da sie die Behörde zur Gegenleistung zu verpflichten scheint, auch wenn diese ihrer Bindung an Gesetz und Recht nicht Rechnung getragen hat. Die Wirksamkeit des § 59 VwVfG einmal vorausgesetzt, könnte in einem solchen Fall ein Anspruch bestehen, ohne daß diesem eine Aufgabe entspräche. Selbst dann ist aber zu beachten, daß die Gegenleistung des Bürgers der öffentlichen Aufgabe dienen muß (vgl. § 54 II VwVfG). Wenn man hinzunimmt, daß der Vertrag nur wirksam ist, wenn Gegenleistung des Bürgers und Leistung der Behörde in sachlichem Zusammenhang stehen, so ergibt sich, daß dieser Sachzusammenhang auch zwischen Leistung der Behörde und ihrer Aufgabe bestehen muß.

Also ist auch hier bisher kein Auseinanderklaffen von staatlicher Aufgabe und Anspruch festzustellen. Wie bei der Selbstbindung der Verwaltung klaffen Schutzzweck von staatlicher Aufgabe und strafrechtlichem Tatbestand nicht schon deswegen auseinander, weil gar keine Aufgabe existiert.

Dennoch besteht ein gravierender Unterschied zwischen den verschiedenen Fällen der Ermessensreduktion. Oben wurde gezeigt, daß das Ermessen einmal wegen der optimalen Erfüllung der Aufgabe eingeschränkt sein kann und daß dann der Schutzzweck der Aufgabe und der des strafrechtlichen Tatbestandes notwendig übereinstimmen müssen. Dort wo die Verwaltung sich aufgrund eigenen Handelns — sei es durch Selbstbindung oder Vertrag — verpflichtet, besteht zwar auch eine Aufgabe, diese ist aber nicht im Interesse des von der staatlichen Aufgabe zu schützenden Rechtsguts zur Verpflichtung geworden. Vielmehr ist beim öffentlich-rechtlichen Vertrag das Interesse an der Berechenbarkeit des Verwaltungshandelns und bei der Selbstbindung das Interesse an gleicher Rechtsanwendung, das von Art. 3 I GG geschützt wird, für die Ermessensreduktion und damit für die Entstehung einer Verpflichtung verantwortlich. Es ist allerdings zweifelhaft, ob in allen Fällen der Selbstbindung das Ermessen der Verwaltung wegen Art. 3 I GG eingeschränkt ist. Wenn nämlich eine Verpflichtung der Verwaltung gegenüber außerhalb stehenden Rechtssubjekten allein durch den Erlaß von Verwaltungsvorschriften entstehen könnte[20], dann könnte diese Verwaltungsvorschrift auch im Interesse eines strafrechtlich geschützten Rechtsguts ergangen sein. Zum einen dienen jedoch diese Verwaltungsvorschriften prinzipiell administrativen Zwecken[21]. Wenn aber doch ausnahmsweise der Schutz des Rechtsguts als Zweck der Verwaltungs-

[19] Allgemein zur Problematik des § 59 VwVfG: *Erichsen / Martens*, § 27 IV; *Götz*, DÖV 73, S. 298 ff.; *Maurer*, JuS 76, S. 495.

[20] Vgl. dazu *Ossenbühl*, Verwaltungsvorschriften, S. 518 f.

[21] *Ossenbühl*, Verwaltungsvorschriften, S. 526.

vorschrift zu qualifizieren ist, dann bleibt Charakteristikum der Verwaltungsvorschrift doch gerade ihre interne Verbindlichkeit. Zwar ist es angängig, die Verwaltungsvorschriften als Indiz einer entsprechenden Verwaltungsübung heranzuziehen. Das konstituierende Element der Selbstbindung bleibt aber immer das Verwaltungshandeln nach außen und damit Art. 3 I GG[22].

Über Art. 3 I GG hinaus vermittelt einerseits das Institut der Selbstbindung also gar keine Verpflichtung der Verwaltung gegenüber anderen Rechtssubjekten, so daß sich insoweit die Frage der Übereinstimmung im Schutzzweck gar nicht stellt. Soweit auf der anderen Seite durch die Selbstbindung der Verwaltung oder einen öffentlich-rechtlichen Vertrag eine staatliche Aufgabe zur Verpflichtung geworden ist, stimmt ihr Zweck mit dem des strafrechtlichen Tatbestandes überein.

cc) Insbesondere: Streik im öffentlichen Dienst und Streiksurrogat

Auch infolge eines Streiks können Rechtsgüter verletzt werden. Dann könnte die Frage der Verwirklichung eines unechten Unterlassungsdelikts auftauchen — so wenn der Fluglotse streikt oder nur „Dienst nach Vorschrift" leistet[23] und dadurch das Flugzeug verunglückt. Die spezielle Frage ist also die, ob auch bei einem Streik im öffentlichen Dienst bzw. sonstigen Streiksurrogaten, soweit hier ein Unterlassen festgestellt ist, eine Pflicht verletzt wird, die den gleichen Schutzzweck hat wie ein etwa existenter strafrechtlicher Tatbestand[24]. Dies wäre dann der Fall, wenn bei einem Beamtenstreik die Amtswahrnehmungspflicht verletzt würde.

Allerdings wird häufig als Ansatz für die Herleitung des Streikverbots für Beamte auf das allgemeine Treueverhältnis abgehoben[25]. Jedoch ist diese Begründung nicht vollständig. Wie Isensee gezeigt hat, gibt es auch und gerade im öffentlichen Dienst für Beamte eine Rechtfertigung des Streikverbots aus der Verwaltungsaufgabe und damit ein funktionelles Streikverbot[26]. Für Angestellte und Arbeiter gilt dieser Gedanke natürlich auch, soweit sie ein entsprechendes Amt haben.

---

[22] *Ossenbühl*, Verwaltungsvorschriften, S. 543 f.

[23] Vgl. zum Fluglotsenstreik BVerwG NJW 78, S. 178 ff.; BVerwGE 63, S. 158 ff.; BDiG DVBl. 74, S. 820 f.; LG Hannover DVBl. 74, S. 599 ff.

[24] Mit der Strafbarkeit wegen Unterlassens bei einem Streik hat sich — soweit ersichtlich — nur *Nowakowski*, Recht der Arbeit (Wien) 67, S. 95 ff. auseinandergesetzt.

[25] Vgl. nur *Ule*, Beamtenrecht, § 2 BRRG, Rdnr. 2; *Thieme*, Öffentlicher Dienst, S. 50; *Mühl* in GKÖD, Bd. 1, § 54 BBG, Rdnr. 7.

[26] *Isensee*, Beamtenstreik, S. 73 ff.; vgl. auch *Mühl*, GKÖD, Bd. 1, vor § 52 BBG, Rdnr. 3, wonach es der allgemeinen Treuepflicht nicht bedürfe, um das Streikverbot zu begründen; siehe auch die Einordnung der Erörterung des Streikes und des Dienstes nach Vorschrift unter die Amtswalterpflichten bei *Wolff / Bachof*, VwR II, § 114 III a) 4., 5.

Daraus folgt nun allerdings noch nicht, daß im Einzelfall immer festzustellen wäre, ob für den konkreten streikenden Dienstnehmer im öffentlichen Dienst ein funktionelles Streikverbot besteht. Der Hinweis auf das funktionelle Streikverbot eröffnet aber den Blick darauf, daß bei einem Streik nicht nur das Treueverhältnis zum Staat, sondern auch die jeweils von der Verwaltung wahrzunehmende Funktion und damit die Amtswahrnehmungspflicht betroffen ist. Ob überhaupt[27] bzw. wann die Verletzung der Amtswahrnehmungspflicht bei einem Streik öffentlich Bediensteter gerechtfertigt sein kann — ob etwa für keinen Beamten oder aber jedenfalls nicht für Träger von besonders wichtigen Amtsfunktionen[28] — ist hier nicht zu entscheiden. Hier kommt es aber auf die Feststellung an, daß für das Amtswalterunterlassen beim Streik die Frage zu stellen ist, ob gerade die Amtswahrnehmungspflicht verletzt ist. Insoweit dies allerdings der Fall ist, kann auch eine Pflicht verletzt sein, die im Schutzzweck mit einem etwaigen strafrechtlichen Tatbestand übereinstimmt.

Gleiches gilt für die mannigfaltigen Streiksurrogate wie Bummelstreik, passive Resistenz und „Dienst nach Vorschrift"[29]. Auch hier ist jeweils die Frage zu stellen, ob die betreffende Amtswahrnehmungspflicht, die bei Einsatz des Streiksurrogats nicht erfüllt wurde, die notwendige Schutzzweckübereinstimmung aufweist. So ist es z. B. sehr zweifelhaft, ob der Zollbeamte, der die Warenabfertigung nicht vornimmt, für das Verderben dieser Ware zur strafrechtlichen Verantwortung gezogen werden kann[30]. Seine Amtswahrnehmungspflicht besteht lediglich in der zollamtlichen Überwachung, damit der Zoll und die anderen Eingangsabgaben erhoben werden können (vgl. § 1 ZG). Es handelt sich um eine besondere Form der Steueraufsicht. Daher stellt die Verzögerung hier zwar eine Verletzung der Amtswahrnehmungspflicht dar, deren Schutzzweck aber lediglich in der Gewährleistung der Steuerentrichtung liegt. Auch am Beispiel des im Fernmeldeverkehr Bediensteten kann dessen Tätigkeit zwar im Einzelfall auch etwa für Leben und Gesundheit wichtig werden[31]. Hier muß aber ebenfalls ermittelt werden, ob der Amtstelle die Aufgabe zukommt, nicht nur den Fernmeldeverkehr als solchen aufrechtzuerhalten, sondern auch den Rechtsgütern von Leib und Leben der Fernsprechteilnehmer dient. Letztere Frage wird aber wohl zu verneinen sein, wenngleich der Fernmelde-

---

[27] Vgl. zum Meinungsstand über das Streikrecht der Beamten die ausführlichen Nachweise bei *Isensee*, Beamtenstreik, S. 12 ff.; zum Streikrecht der übrigen Dienstnehmer vgl. nur *Otto*, S. 85 ff.

[28] Dazu *Isensee*, Beamtenstreik, S. 73 ff., 83.

[29] Vgl. dazu *Isensee*, Beamtenstreik, S. 143 ff.

[30] Das Beispiel stammt von *Nowakowski*, Recht der Arbeit (Wien) 67, S. 96.

[31] So für dieses Beispiel *Nowakowski*, Recht der Arbeit (Wien) 67, S. 96.

verkehr selbst im Interesse der Teilnehmer liegt, die deshalb auch ein Recht auf Anschluß und Benutzung haben (§§ 7, 8 FernmeldeG).

Wenn allerdings eine Amtswahrnehmungspflicht nicht erfüllt sein sollte, die im Schutzzweck mit einem strafrechtlichen Tatbestand übereinstimmt, ist die Annahme eines unechten Unterlassungsdelikts grundsätzlich möglich. Die Garantenstellung kann aber natürlich noch von weiteren Voraussetzungen[32] abhängen, die sich auch mit den zum funktionellen Streikverbot entwickelten Kriterien decken könnten, was hier indes noch nicht zu beantworten ist[33].

Angefügt sei, daß ein Beamtenstreik auch dann Gegenstand einer strafrechtlichen Würdigung sein kann, wenn z. B. eine höhere Entlohnung durch den Arbeitgeber gefordert wird und dieser also möglicherweise genötigt wird. Dann ist hier allerdings nicht die Nichtausführung einer bestimmten Handlung zu prüfen, sondern mögliche Tathandlung ist das Inaussichtstellen der zukünftigen Arbeitsverweigerung, wobei entweder das Inaussichtstellen schon Zufügung von Gewalt sein kann oder aber eine bloße Drohung. Jedenfalls ginge es insoweit um ein aktives — weil zumindest konkludentes — Verhalten, dessen Betrachtung[34] deshalb aus dieser Untersuchung auszuscheiden hat.

dd) Zusammenfassung

Zusammenfassend kann hinsichtlich der Pflichten der Gruppe 3 festgestellt werden, daß die staatliche Aufgabe, die der Amtswalter im Rahmen seiner Zuständigkeit wahrzunehmen hat, im Schutzzweck mit dem strafrechtlichen Tatbestand übereinstimmen muß. Dazu ist die Existenz eines subjektiv-öffentlichen Rechts nicht erforderlich, andererseits genügt auch nicht jede Verpflichtung der Verwaltung. Die Ausnahmen bilden insoweit die Institute der Selbstbindung der Verwaltung und der subordinationsrechtliche öffentlich-rechtliche Vertrag.

b) Bild des Garanten

Stimmt die Amtswahrnehmungspflicht also im Einzelfall mit einem strafrechtlich geschützten Rechtsgut im Hinblick auf den Schutzzweck überein, so stellt sich die weitere Frage nach der Garantenpflicht. Dabei

---

32 Die Stellungnahme von *Nowakowski,* Recht der Arbeit (Wien) 67, S. 97, hierzu ist sehr vorsichtig: Voraussetzungen nicht gesichert; vgl. aber auch S. 102 l. Sp. unten.

33 Überdies stellen sich beim Streik öffentlich Bediensteter noch weitere Probleme, dazu *Nowakowski,* Recht der Arbeit (Wien) 67, S. 98 ff., z. B., ob der Vorsatz des Amtswalters bzgl. des eingetretenen Erfolges konkret genug war (S. 98) und ob nicht auch die Herbeiführung eines Streiks (z. B. Aufruf) strafrechtlich relevant ist (S. 100).

34 Dazu *Niese,* Streik.

kann es hier noch nicht darum gehen, die Garantenstellung des Amtswalters genau zu bestimmen. Eines kann und muß jedoch schon hier geleistet werden. Es ist nämlich festzustellen, ob die Amtswahrnehmungspflicht überhaupt oder keinesfalls als Garantenpflicht in Betracht kommt. Dazu ist lediglich eine Analyse des Grundgedankens der Amtswahrnehmungspflicht als Objekt der Wertung notwendig. Eine endgültige Wertung des Objekts muß daher hier noch nicht vorgenommen werden. Getreu der Unterteilung in Induktion und Deduktion muß deshalb hier nur der Grundgedanke auch der Garantenstellung oder das Bild des Garanten in Erinnerung gerufen werden. Eine abschließende Stellungnahme muß für den Zeitpunkt vorbehalten bleiben, in dem auch die deduktiven Lösungsmöglichkeiten, die den allgemeinen Garantenbegriff als Ausgangspunkt nehmen, bis in ihre Verästelungen verfolgt worden sind.

Es besteht heute Einigkeit, daß die Formulierung Mezgers, wonach zur Haftung für den Erfolg eine Rechtspflicht erforderlich sei, die den erweislichen Sinn habe, eine strafrechtliche Haftung für den Erfolg begründen zu wollen[35], keine Gültigkeit mehr hat[36]. Vielmehr besteht heute Übereinkunft darüber, daß zur Gleichstellung des Unterlassens mit dem Tun gem. § 13 nicht schon das Bestehen einer Handlungspflicht genügt. Entscheidend ist der im großen Kreis der Handlungspflichten befindliche kleinere Kreis der Garantenpflichten. Im Zentrum dieser Erkenntnis steht Nagler. Allerdings machte schon Kohler darauf aufmerksam, daß maßgebend nicht der „bloße Naturcausalismus, sondern der Causalismus der socialen Ordnung" sei[37]. Nagler sagt nun, daß das StGB selbst den Unterlassenden dort, wo es ihn nenne, als Garanten kennzeichne[38], und rückt so das Garantenproblem als Sitz des Gleichstellungsproblems ins hellste Licht[39]. Da somit heute vom Erfordernis der Garantenstellung als unstreitig ausgegangen werden kann[40], erübrigen sich hierzu weitere Ausführungen.

Nach wie vor geht es hier aber vielmehr darum, was der Garantenbegriff in seiner allgemeinen Form inhaltlich zu leisten vermag. Diesbezüglich findet sich dann oft der Vorwurf, der Begriff des Garanten sei eine inhaltsleere Metapher[41]. Indessen liegt eine Leistung des Garanten-

35 *Mezger*, Lb, S. 140.

36 So *Bärwinkel*, Garantieverhältnisse, S. 60 f. unter ausdrücklicher Bezugnahme auf das Zitat bei *Mezger*.

37 *Kohler*, Studien, S. 45.

38 *Nagler*, GS 111, S. 59.

39 So *Armin Kaufmann*, Dogmatik, S. 285.

40 Vgl. *Arzt*, JA 80, S. 556, der dies ausdrücklich sagt.

41 So *Welp*, Vorangegangenes Tun, S. 74; *Vogt*, ZStW 63, S. 380; vgl. auch *Granderath*, Rechtspflicht, S. 37, Fn. 1: „bildhafte Umschreibung"; *Rudolphi*, Gleichstellungsproblematik, S. 100: „ausfüllungsbedürftiger Begriff", weshalb

begriffs schon in dem Hinweis auf die Begehung als Maßstab[42]. Der Schwerpunkt der Gleichstellungsproblematik von Unterlassung und Begehung liegt nämlich auf dem Wertungszusammenhang zwischen dem Verbot, ein Rechtsgut zu verletzen, und dem Gebot, das Rechtsgut gegen Verletzungen zu schützen[43]. Bei der Ausfüllung des Garantenbegriffs stellt sich demnach die Aufgabe, den Wertungszusammenhang wiederherzustellen, der zunächst zwischen Gebot und Verbot fehlt. So ist auch die Parallele zu verstehen, die Rudolphi neben den unechten Unterlassungsdelikten mit dem Hinweis auf die Nötigung zieht, bei der es um ähnliche Wertungsprobleme gehe[44]. Während die unechten Unterlassungsdelikte die Aufgabe hätten, die Grenzen zwischen Pflichtbindung und negativer Freiheit zu setzen, so falle demgegenüber dem Nötigungstatbestand die Aufgabe zu, die Pflichtbindung des Täters von seiner positiven Freiheit abzugrenzen.

Daß Ge- und Verbot als solche unterschiedlich bewertet werden, wird bei dieser Aufgabenstellung allerdings vorausgesetzt. Hier mag der pointierte Hinweis genügen, daß es i. d. R. leichter ist zu unterlassen als zu handeln[45]. Man kann dies auch so formulieren, daß zwar jedermann Garant dafür ist, daß er strafrechtlich geschützte Rechtsgüter nicht positiv verletzt[46], daß dies aber für den Bereich des Unterlassens nicht in gleichem Maße gilt.

---

eine Abstraktion mittleren Grades empfehlenswert sei, S. 88; *Pfleiderer*, Garantenstellung, S. 117: Garantenstellung zeigt nicht an, was jemand zu tun hat, sondern wie es bewertet wird, wenn er untätig bleibt.

42 Vgl. *Welp*, Vorangegangenes Tun, S. 74: richtige Frage nach der Unterlassung als gleichwertigem Handlungsäquivalent.

43 So *Armin Kaufmann*, Dogmatik, S. 260 und JuS 61, S. 174: „axiologische Klammer"; vgl. auch *Arzt*, JA 80, S. 554 und *Böhm*, Rechtspflicht, S. 49; *Bärwinkel*, Garantieverhältnisse, S. 13; *Androulakis*, Studien, S. 223 weist auf die Wichtigkeit gewisser objektiver Bewertungsmomente hin; *Rudolphi*, Gleichstellungsproblematik, S. 84 mit Hinweis auf die Notwendigkeit eines normierten Wertgesichtspunkts; *Schünemann*, Grund und Grenzen, S. 233 sucht weitergehend, aber in der Zielsetzung ähnlich, nach den für die Wertung relevanten Strukturen, stellt sich dieser Wertungsfrage selbst aber auch, S. 249.

44 Vgl. *Rudolphi*, Gleichstellungsproblematik, S. 85, Fn. 8.

45 Vgl. hierzu *Arzt*, JA 80, S. 556, der in diesem Zusammenhang auf das Theodizee-Problem hinweist; *Granderath*, Rechtspflicht, S. 32: Staatsbürger kann nicht ohne weiteres ein nützliches Handeln verlangen zu seinen Gunsten; vgl. auch *Welp*, Vorangegangenes Tun, S. 69; *Rudolphi*, Gleichstellungsproblematik, S. 97: Die Vornahme einer Handlung verlangt gewöhnlich einen weit höheren Grad an Willensenergie als das bloße Unterlassen; s. auch *Bockelmann*, AT, S. 139: Passivität kann nicht generell mißbilligt werden; ähnlich *Maurach / Gössel / Zipf*, AT 2, S. 141; andeutungsweise *Kissin*, Rechtspflicht, S. 83 mit seinem Mehr-Nutzen-als-Schaden-Prinzip: Die Einbuße an Handlungsfreiheit muß durch den mit der unterlassenen Handlung anzustrebenden Vorteil wenigstens teilweise aufgehoben werden.

46 Insoweit ist daher der Gedanke von *Herzberg*, Unterlassung, S. 175, 316 zutreffend, auch der Handelnde sei Garant, weil er für die Gefahrenquelle der eigenen Person verantwortlich sei.

Angesichts der Abstraktionshöhe des Garantenbegriffs besteht ungeachtet der unterschiedlichen Formulierungen auch hinsichtlich der weiteren Schritte zur Lösung der damit gestellten Gleichstellungsaufgabe noch weitgehend Einigkeit in der Sache. Den Grundgedanken hat bereits Nagler zum Ausdruck gebracht. Es gebe neben den zu einem bestimmten Erfolge hintreibenden Bedingungen auch Hindernisse, die ihm entgegenstehen[47]. Im Rahmen des strafrechtlichen Rechtsgüterschutzes geht es also darum, wann eine Person ein solches Hindernis aufbauen muß oder — um es mit den Worten Naglers zu sagen — wann er eine Hemmungsfunktion hat. Bei der Diskussion um die Garantenstellung geht es immer hierum: Wann wächst einer Person eine solche Hemmungsfunktion zu? Abstrakt gesehen, ist die Hemmungsfunktion abhängig von dem Gegenstand, der gehemmt werden soll, und von dem Zweck, zu dessen Gunsten die Hemmung stattfindet. Der zu hemmende Gegenstand ist die Gefahr, der Zweck ist der Schutz des Rechtsgutes vor ihr.

Diese Abhängigkeit rückt den Gedanken ins Bild, daß Hemmungsfunktionen nur dort existieren, wo die soziale Notwendigkeit dazu besteht[48]. Es soll insofern ein gedeihliches Zusammenleben[49] gewährleistet sein, als die jeweils existenten Rechtsgüter aufrechterhalten bleiben sollen. Darin liegt auch eine Berechtigung zu der Aussage von Androulakis, der die Antwort auf die Frage nach der Strafwürdigkeit — allerdings allein — von dem jeweils vorherrschenden sozialen Klima abhängig machen will[50]. Festzuhalten ist für das Bild des Garanten also die Notwendigkeit des Schutzes der Rechtsgüter vor Gefahren.

aa) Entstehung einer Garantenrolle im allgemeinen

Auf die Erkenntnis einer solchen Notwendigkeit kann die Rechtsordnung nun in verschiedener Weise reagieren.

Sie kann einmal nach dem Blick auf die sozialen Notwendigkeiten diese zum Anlaß nehmen, der sozialen Stellung[51] einer bestimmten Person Hemmungsfunktion zuzuerkennen. Oft wird in diesem Zusammenhang auf die soziale Nähe zum bedrohten Rechtsgut hingewiesen[52]. Bei dem Blick auf die sozialen Verhältnisse wird man entdecken, daß es

---

[47] *Nagler*, GS 111, S. 59.

[48] *Rudolphi*, Gleichstellungsproblematik, S. 106; vgl. auch schon *Nagler*, GS 111, S. 60: notwendige Bestandteile des sozialen Mechanismusses.

[49] Vgl. *Bärwinkel*, Garantieverhältnisse, S. 112.

[50] *Androulakis*, Studien, S. 220, 223; vgl. auch schon bei und in Fn. 37.

[51] *Böhm*, Rechtspflicht, S. 57.

[52] *Rudolphi*, Gleichstellungsproblematik, S. 16; *Androulakis*, Studien, S. 205 ff.; *Kaufmann*, Dogmatik, S. 276; vgl. auch *Herzberg*, Unterlassung, S. 335: „soziale Sonderbeziehung" und S. 215: „soziale Sonderverantwortlichkeit".

niemanden gibt, der nicht in eine dieser engeren sozialen Ordnungen hineingestellt wäre[53]. So meint auch Roxin, daß die Bedeutung von Tun und Lassen allein durch ihren Stellenwert im sozialen Beziehungsverhältnis bestimmt wird und dadurch ihre tatbestandliche Relevanz erhält[54]. Besonders ausführlich hat Bärwinkel diesen Ansatz verfolgt und dabei die soziale Rolle[55] als entscheidenden Gesichtspunkt entwickelt[56]. Die Rechtsordnung greift also bei dieser ersten Möglichkeit auf schon bestehende soziale Rollen zurück.

Die Rechtsordnung kann — und das ist die zweite Möglichkeit — solche sozialen Rollen aber auch selbst schaffen, soweit die soziale Notwendigkeit dazu besteht[57]. Im übrigen werden die sozialen Verhältnisse zumindest auch durch die Rechtsordnung mitbestimmt[58]. Daß diese dann auch bestimmten Personen eine bestimmte Schutz- oder Hemmungsfunktion zudiktieren kann, ist von hier aus nur noch ein kleiner Schritt[59]. Hier zeigt sich, welchen Erkenntnisverlust es bedeutet hätte, hätte man von vornherein auf die Auswertung der für Amtswalter bestehenden Rechtsbeziehungen anderer Rechtsgebiete als des Strafrechts verzichtet. Die Rechtsordnung kann also auf normativem Wege die erforderliche nahe Beziehung zum verletzten Rechtsgut selbst herstellen und so einer bestimmten Person das Schicksal eines bedrohten Rechtsguts besonders an die Hand geben[60], indem sie bestimmten Personen bestimmte Aufgaben überträgt. Diese zweite Möglichkeit nutzt die Rechtsordnung, indem sie der Verwaltung bestimmte Aufgaben stellt, deren Erfüllung sie den Amtswaltern überträgt[61]. Somit erscheint der Amtswalter geradezu als der professionelle Garant für die Aufrechterhaltung der durch die wahrzunehmenden Aufgaben jeweils zu schützenden Rechts-

---

[53] *Vogt*, ZStW 63, S. 399.

[54] *Roxin*, Kriminalpolitik, S. 19.

[55] Vgl. zu diesem Begriff allgemein *Rehbinder*, E. Hirsch-Festschrift, S. 168, wonach die Rolle die mit abstrakten Rechten und Pflichten ausgestattete Funktion ist; *Henkel*, Recht, S. 8 f., demzufolge der Mensch durch die jeweilige Funktion, die er als Sozialgestalt innehat, eine Rolle übernehme; schließlich *Maihofer*, Recht, S. 141 bis 164.

[56] *Bärwinkel*, Garantieverhältnisse, S. 104 ff.

[57] *Herzberg*, Unterlassung, S. 356 deutet dies aus der Sicht des potentiellen Garanten an, dieser könne einen Beruf ergreifen, mit dem sich nach rechtlich und sozialer Wertung die Vorstellung einer sozial erhöhten Verantwortlichkeit verbindet.

[58] Vgl. dazu auch schon oben 1. Teil A Fn. 67.

[59] Vgl. schon *Kohler*, Studien, S. 54: Der Staat, welcher den Beamten ... auf Posten stelle, macht ihn zum Gliede seiner socialen Funktion.

[60] Der Ausdruck in seiner allgemeinen Form stammt von *Gallas* ZStW 67, S. 26.

[61] Vgl. auch *Isensee*, Beamtenstreik, S. 126: „Der Rechtsstaat erfüllt seinen positiven Auftrag als Garant der Individualfreiheit“ und S. 127: „Die Körperschaft kann aber ihren Rechtspflichten nur über Organwalter genügen.“

güter. Dies trifft insoweit auch für den streikenden Amtswalter oder denjenigen zu, der sich sonstiger Streiksurrogate bedient[62].

Eingeschoben sei zur Vermeidung von Mißverständnissen, daß dies zudem für denjenigen gilt, dessen Aufgabe in der Überwachung bestimmter Gefahrenquellen besteht. Auch dieser Amtswalter erhält seine besondere Beziehung zum Rechtsgut hier nur dadurch, daß er die staatliche Aufgabe wahrzunehmen hat, wenngleich hier die Beziehung des Amtswalters zum Rechtsgut erst durch eine für die betreffenden Rechtsgüter spezifische Gefahrenquelle vermittelt wird.

Wenn der Amtswalter auch nirgends ausdrücklich wie hier als der professionelle Garant für bestimmte Rechtsgüter gekennzeichnet wird, so scheint doch bezüglich des allgemeinen Bildes vom Garanten eine bemerkenswerte Einigkeit zu bestehen. Dies wird deutlich an der augenfälligen Übereinstimmung der Erklärung des Amtes im funktionellen Sinne als einer sozialen Rolle durch Wolff / Bachof[63] und der Erklärung der Garantenstellung als einer sozialen Rolle durch Bärwinkel[64]. Dieselbe Einschätzung zeigt sich mit aller Deutlichkeit auch an Formulierungen wie der Bockelmanns[65], nicht jedermann sei eines jeden Menschen Hüter, indem er in eigener Person die Funktion der Polizei, des öffentlichen Gesundheitsdienstes oder der Feuerwehr wahrnehme. Ähnlich wird davon gesprochen, daß nicht jedermann zum gleichsam allzuständigen, in den Mitteln nicht beschränkten Privat-Polizisten gemacht werden könne[66].

bb) Unterscheidung zwischen verschiedenen Tätigkeitsbereichen

Allerdings schreibt die Rechtsordnung nicht jedermann, der Inhaber eines Amtes ist, eine solche soziale Schutzrolle zu. Nicht nur für die verschiedenen Tätigkeiten eines Amtsträgers und die Tätigkeiten verschiedener Amtsträger innerhalb einer Behörde, sondern auch im Verhältnis verschiedener Behörden[67] dürfte insoweit die Trennung zwischen einer vom Amt (im funktionellen Sinne) geforderten Tätigkeit im Innen-

---

[62] s. dazu schon oben unter a) cc).

[63] *Wolff / Bachof*, VwR II, § 73 I c: soziologischer Begriff der Rolle.

[64] *Bärwinkel*, Garantieverhältnisse, S. 104 ff.; vgl. auch die ähnliche Übereinstimmung zwischen *Maurer*, VwR, S. 394, der die Zuständigkeit als Grund und Grenze des Handelns bezeichnet, und *Schünemann* mit seiner Arbeit über Grund und Grenzen der unechten Unterlassung.

[65] *Bockelmann*, AT, S. 139.

[66] *Naucke*, JR 77, S. 292; *Maurach / Gössel / Zipf*, AT 2, S. 141; vgl. auch *Schmidhäuser*, Studienbuch, 12/24: Eine solche Polizistenrolle (ergänze: zur Verhinderung von Straftaten Dritter) wird niemand aufgrund familiärer Beziehungen auferlegt; *Böhm*, JuS 61, S. 178: „Von dem Garanten, dem zuständigen Polizeibeamten z. B., . . .“

[67] Dieses Problem wird auch von *Horn*, NJW 81, S. 9 angesprochen.

verhältnis von einer solchen im Außenverhältnis wichtig sein. Unter einer Tätigkeit im Außenverhältnis soll hier die unmittelbar güterschützende, d. h. unmittelbar rechtsgutsbezogene Tätigkeit verstanden werden. Wenn nämlich die staatliche Aufgabe eine Tätigkeit im Außenverhältnis fordert, dann hat zumindest derjenige Amtsinhaber eine von der Rechtsordnung geschaffene Schutzrolle, den eben diese Rechtsordnung zur externen Tätigkeit, d. h. im Außenverhältnis, und damit zum Schutz des Rechtsguts verpflichtet.

Zweifelhaft ist hingegen, ob dies auch für die Ämter gilt, deren Aufgabenkreis darin besteht, interne Tätigkeiten wahrzunehmen. Dazu gehört auch die Aufsicht eines Amtswalters über die Tätigkeit einer anderen Behörde. Dabei sind alle Arten der Aufsicht[68] angesprochen, soweit sie auf die von der untergeordneten Behörde wahrzunehmende Aufgabe bezogen sind und damit auch dann den Schutz desselben Rechtsguts bezwecken wie die Aufgabe der untergeordneten Behörde. Die Frage, um welche Art von Aufsicht es sich handelt, wird zunächst für die Prüfung relevant, ob zu den Amtswahrnehmungspflichten des betreffenden Amtswalters die bestimmte Art der Aufsicht gehört. Danach ist zu untersuchen, ob die Verpflichtung zu jeder Art von Aufsicht für die Garantenstellung genügt[69]. Eine ähnliche Fragestellung ergibt sich, wenn die Amtswahrnehmungspflicht eines Amtswalters darin besteht, Entscheidungen hinsichtlich eines bestimmten Zusammenwirkens mit einer anderen Behörde zu treffen, wenn es also etwa um das Einvernehmen oder die Zustimmung zu Maßnahmen eines anderen Amtswalters geht[70].

Letztlich dienen alle diese Tätigkeiten bei einem Zusammenwirken, also auch die zur Aufsicht und darüber hinaus alle internen Tätigkeiten der Aufgabenerfüllung im Außenverhältnis, d. h. hier dem Rechtsgüterschutz, wie es auch bei den externen Tätigkeiten der Fall ist, so daß sich eine Differenzierung im Schutzzweck verbietet. Eine Lösung des Problems bietet sich aber an, wenn man von folgendem Gedanken ausgeht: Die internen Tätigkeiten sind inhaltlich nicht alle gleich. Ihre Verbindung zur Tätigkeit im Außenverhältnis ist von sehr unterschiedlicher Stärke. Man kann auch sagen, daß die Entfernung vom geschützten Rechtsgut mit der Entfernung von dem Amt wächst, zu dessen Bereich diese unmittelbar rechtsgutsbezogene und daher außenwirksame Tätigkeit letztlich gehört. So können Verpflichtungen der Verwaltung nicht erfüllt werden in völlig ungesäuberten Diensträumen. Die Fahrzeuge der Polizei müssen instandgehalten werden. Zur Wahrnehmung der Verpflichtung der Verwaltung bedarf es des Briefverkehrs. Briefe müs-

[68] Vgl. dazu *Wolff / Bachof*, VwR II, § 77 II.

[69] Diese Frage stellt *Horn*, NJW 81, S. 9.

[70] Vgl. *Wolff / Bachof*, VwR II, § 77 V c).

sen entworfen und diktiert und dann schließlich geschrieben und endlich versandt werden.

Man wird nun aber nicht sagen können, daß jede weniger qualifizierte Tätigkeit auch eine zu große Entfernung zum geschützten Rechtsgut aufweist, so daß eine Garantenstellung zu verneinen wäre. Wenn z. B. der zur Verwahrung des Wasserwerfers zuständige Amtswalter die Herausgabe des Schlüssels zu dem Raum verweigert, in dem sich der Wasserwerfer befindet, und durch das Ausbleiben eines wirksamen Einsatzes der Polizei Menschen zu Schaden kommen, dann liegt die Erheblichkeit der von ihm geforderten Tätigkeit auf der Hand. Das Beispiel zeigt aber ein zweites. Die Frage, welche interne Tätigkeit Bedeutung für eine Schutzfunktion erlangen kann, berührt sich in ihrer Problematik mit der der Abgrenzung zwischen strafloser Vorbereitungshandlung und Versuch.

Auf der Grundlage des § 22 wird diese heute mit Hilfe von objektiven und subjektiven Kriterien vorgenommen. Kriterien sind insoweit der enge zeitliche und räumliche Zusammenhang zum möglichen Erfolg[71], die Gefahr für das Rechtsgut[72] und die Vorstellung des potentiellen Täters hinsichtlich dieser Kriterien. Brauchbar werden dabei hier nicht die subjektiven Kriterien und von den objektiven Elementen zwar auch weniger der räumliche Zusammenhang, wohl aber der zeitliche Zusammenhang und erst recht der Gefährdungsgedanke sein. Die Tätigkeit mancher Amtswalter dient eben nicht der Erfüllung, sondern nur der Vorbereitung der staatlichen Aufgaben. Eine Übertragung der Kriterien zur Abgrenzung von Vorbereitung und Versuch ist daher sachgerecht und gewährleistet eine hinreichende Sicherheit bei der Beantwortung der Frage, wann eine Pflicht zur Wahrnehmung von internen Tätigkeiten besteht und das betreffende Amt eine Garantenposition vermittelt. Danach reicht eine solche Amtswahrnehmungspflicht zur Annahme einer professionellen Garantenstellung aus, die der Erfüllung der staatlichen Aufgabe im Außenverhältnis unmittelbar vorgelagert ist[73].

Um nicht mißverstanden zu werden: Bei diesem Vorschlag geht es nicht etwa um die Frage, wann der Unterlassungsversuch beginnt[74], sondern darum, wann eine Garantenstellung auch für denjenigen entstehen kann, dessen Amt ihn nur zur Wahrnehmung von internen Tä-

---

[71] Vgl. BGHSt 26, 201 (203); 28, 162 (163); BGH GA 80, S. 24; NJW 76, S. 58; *Kühl*, JuS 80, S. 811 ff.; *Meyer*, JuS 77, S. 21; *Roxin*, JuS 79, S. 4 f.; *Otto*, NJW 76, S. 579.

[72] BGHSt 4, 333 (334); 7, 291 (292); 9, 62 (64); OLG Köln, MDR 75, S. 948; *Schönke / Schröder / Eser*, § 22, Rdnr. 42; *Blei*, JA 76, S. 103; *Meyer*, JuS 77, S. 23; *Otto*, NJW 76, S. 579.

[73] Vgl. die entsprechende Formulierung zu § 22 bei *Rudolphi* in SK, § 22, Rdnr. 9.

[74] Vgl. dazu nur *Schönke / Schröder / Eser*, § 22, Rdnrn. 48 ff.

tigkeiten verpflichtet. Die interne Tätigkeit ist nämlich weder die erste noch die letzte Rettungshandlung, sondern insofern überhaupt noch keine Rettungshandlung, als ihre Ausführung zur Rettung des Rechtsguts zwar auch erforderlich ist, so doch abstrakt und ohne weitere nach außen hin wirksame Tätigkeit eines anderen Amtswalters niemals ausreicht.

Anders ausgedrückt: Die Frage, ob ein Unterlassungsversuch begonnen hat, stellt sich jeweils im konkreten Fall anders. Dagegen muß die Handlungspflicht des Amtswalters abstrakt, d. h. losgelöst von ihrer Konkretisierung auf den betreffenden Einzelfall, als Garantenpflicht zu qualifizieren sein. Dies ist zu verneinen, soweit die vom Amtswalter geforderte Tätigkeit bzw. deren Unterlassung in keinem Anwendungsfall die nach § 22 zu bemessenden Voraussetzungen im Hinblick auf den Eintritt des Erfolges erfüllen kann. Diejenigen Personen, die zur Säuberung der Diensträume eingesetzt sind, tragen zwar auch zur Erfüllung der Aufgaben der Verwaltung bei. Sie weisen jedoch eine so große Entfernung zur Wahrnehmung der Aufgaben der Verwaltung auf, daß durch die Nichterfüllung ihrer Handlungspflicht das geschützte Rechtsgut niemals unmittelbar gefährdet erscheint. Dem Inhaber eines Amtes, das lediglich zu solcher Tätigkeit verpflichtet, kommt dann aber auch keine Hemmungsfunktion zu.

Schließlich bleibt darauf hinzuweisen, daß nicht nur für die hier vorgeschlagene Lösung zur Ermittlung mancher Garantenstellung von Amtswaltern, sondern auch sonst die Abgrenzung zwischen Vorbereitung und Versuch Bedeutung hat, auch wenn der Erfolg nicht ausgeblieben ist. Das Versuch-Sein tritt nämlich nicht nur auf als ein Schicksal, das manche Handlung erleiden kann, sondern auch als Stadium, das jede Handlung durchlaufen muß[75]. Es ist danach folgender Schluß möglich: Wenn die Ausführung einer Handlung schon nicht den Tatbestand eines versuchten Delikts erfüllen kann, so erst recht nicht den des vollendeten Delikts.

Diese Folgerung erhält mindestens theoretische Bedeutung bei der Rechtsfigur der actio libera in causa[76], bei der es auch in der Theorie durchaus zweifelhaft ist, ob der Beginn des Trinkens als Tatbestandshandlung gesehen werden kann. Daß diese theoretische Sicht der Dinge sich praktisch kaum auswirkt, liegt daran, daß in den Fällen, in denen sich der Täter Mut antrinkt, um eine Straftat begehen zu können, sowohl die Gefahr für das Rechtsgut schon besteht als auch die subjektive Vorstellung des Täters hinsichtlich des Versuchsbeginns vorliegt, da dieser bezüglich der Gefahrschaffung sogar die Absicht hat, so daß das Vor-

---

[75] So *Kaufmann*, Dogmatik, S. 107.

[76] Vgl. *Horn*, GA 69, S. 297 ff.

bereitungsstadium überschritten ist[77]. Der Erst-Recht-Schluß läßt auch keine Strafbarkeitslücken bei der Fahrlässigkeit in der Praxis entstehen. Im Bereich der Fahrlässigkeit ist nämlich eine Unterscheidung zwischen Täterschaft und Teilnahme unsinnig[78]; man kann daher von einem Rest der Urheberschaft sprechen, die aus dem Bereich der vorsätzlichen Delikte durch die Regelung der §§ 25 ff. ausgeschieden ist. Wenn aber hier noch die Urheberschaft existiert, dann hat dies auch Auswirkungen auf den Zeitpunkt des Versuchsbeginns. Man kann also sagen, daß der denkbare fahrlässige Versuch nur vorliegt, soweit der Erfolg nicht eintritt, umgekehrt aber jedes fahrlässige zurechenbare Verhalten für die Tatbestandserfüllung ausreicht, soweit der Erfolg eintritt.

Dies alles dürfte die Anwendbarkeit der für die Abgrenzung von Vorbereitung und Versuch entwickelten Kriterien auf die Frage nach der Schutzfunktion eines bestimmten Amtes hinreichend dartun. Danach verläuft die Grenze zwischen der Innehabung einer Schutzfunktion und deren Verneinung nicht etwa zwischen solchen Ämtern, zu deren Aufgabenkreis die nach außen wirksame Tätigkeit gehört, und denen, bei denen dies nicht der Fall ist, sondern inmitten der Ämter, die eine interne Tätigkeit der Amtswalter fordern. Wenn somit sowohl Amtswalter aufgrund der Zuständigkeit für externe Tätigkeiten als auch aufgrund ihrer Zuständigkeit für interne Tätigkeiten Garanten sein können, so ist damit auch für Amtswalter die Anerkennung sowohl von starken als auch von schwachen Garantenstellungen verbunden[79].

c) *Zwischenergebnis*

Nach alledem bleibt als Zwischenergebnis festzuhalten, daß der Amtswalter aufgrund seiner Amtswahrnehmungspflicht das Bild des Garanten sehr wohl ausfüllen kann, wenn man die Betrachtung zunächst auf den Grundgedanken der Garantenstellung beschränkt. Der Wahrnehmung seiner Aufgaben muß allerdings für den Schutz des strafrechtlich geschützten Rechtsguts besondere Bedeutung zukommen. Dies ist der Fall, wenn die wahrzunehmende Tätigkeit nicht nur der Vorbereitung, sondern auch der Erfüllung der staatlichen Aufgabe dient. Bei der Zuständigkeit für externe Tätigkeit trifft dies stets zu. Bei der Zuständig-

[77] Vgl. auch *Horn*, GA 69, S. 305 f., der zugesteht, daß bei der actio libera in causa das Versuchsstadium früher beginnen könne.

[78] Vgl. dazu *Roxin* in LK, § 25, Rdnr. 156; *Schönke / Schröder / Cramer*, § 25, Rdnr. 101.

[79] Vgl. *Arzt*, JA 80, S. 555 und *Pfleiderer*, Garantenstellung, S. 120, der von seinen Grundfällen ausgeht, um die herum sich aber weitere Unterlassungsfälle bis hin zur „Peripherie" der Garantenstellung gruppieren; allgemein auch *Kern*, ZStW 64, S. 268: Je nach dem Grad der Pflicht ist auch der Grad der Rechtswidrigkeit = der Unrechtsgehalt einer Pflichtverletzung verschieden hoch; s. auch *Dahm*, ZStW 59, S. 164, 166.

keit für interne Tätigkeit kann auf die Kriterien, die für die Abgrenzung von Vorbereitung und Versuch entwickelt sind, zurückgegriffen werden. Sollte es um mehr als Vorbereitung gehen, erscheint der Amtswalter dann geradezu als der professionelle Garant.

2. Gehorsamspflicht

Die Prüfung hat damit fortzufahren, ob auch bei anderen Pflichtenstellungen mit Amtsbezug als denen der Gruppe 3 eine Garantenstellung bestehen kann. Die Gehorsamspflicht ist amtsbezogen und gehört der Gruppe 2 an. Auch hier ist die Frage nach dem Schutzzweck wieder vorab zu klären.

Gehorsamspflichten können in verschiedenen Konstellationen auftauchen. Im Hinblick darauf ist daher zu differenzieren: Der Amtswalter kann zu Handlungen oder Unterlassungen angewiesen werden. Dabei kann die Weisung entweder rechtmäßig oder rechtswidrig sein. Zu untersuchen ist das Unterlassen des Amtswalters für jede dieser Weisungen im Hinblick darauf, ob zwischen Amtswalter und Rechtsgut jeweils eine besondere Beziehung entsteht, die einer Garantenstellung gleichkommt.

a) Weisung zu einem Handeln

Bei der ersten Fallgruppe unterläßt der Amtswalter, einer Handlungsanweisung nachzukommen.

aa) Rechtmäßigkeit der Weisung

Gesetzt den Fall, daß die Weisung rechtmäßig ist, stellt sich die Weisung als Konkretisierung oder Erweiterung des Aufgabenbereichs der betreffenden Amtsstelle dar. Diese Aufgabe hat der Amtswalter dann aufgrund seiner Amtswahrnehmungspflicht wahrzunehmen. Dieser Fall unterscheidet sich von dem oben[80] Erörterten nur dadurch, daß hier die einzelne Aufgabe nicht schon durch das innerstaatliche Organisationsrecht der betreffenden Amtsstelle zugewiesen war. Hier wie dort wird jedoch eine bestimmte Amtswahrnehmungspflicht begründet, die im Schutzzweck mit dem eines strafrechtlichen Tatbestandes übereinstimmen kann.

Ähnlich wie dort[81] gilt das aber nicht für den Bereich, in dem der Verwaltung im konkreten Fall ein Ermessen zusteht. Wenn also der Vorgesetzte eine der zulässigen Ermessensentscheidungen trifft und den Amtswalter zu entsprechenden Handlungen anweist, dann entsteht da-

---

[80] s. oben 1.

[81] s. oben 1. a) bb) β).

durch nicht etwa eine zu einem Muß verdichtete staatliche Aufgabe[82]. Der angewiesene Amtswalter muß dann zwar handeln, allerdings nur, um dem Vorgesetzten im Interesse der Handlungsfähigkeit der Verwaltung den — wie man ihn nennen könnte — „reinen Gehorsam“ zu erweisen. Die Handlung wird aber nicht im Interesse des Schutzes des betreffenden Rechtsguts gefordert, so daß die betreffenden Schutzzwecke hier auseinanderklaffen.

bb) Rechtswidrigkeit der Weisung

Sollte die Weisung zu einer Handlung rechtswidrig sein, so ist danach zu unterscheiden, aus welchem Grund dies der Fall ist. In Betracht kommt die Trennung danach, ob die Rechtswidrigkeit der Weisung aus dem Innen- oder Außenverhältnis herrührt. Die gleiche Trennung liegt auch der Kritik von Schnapp an der Terminologie des rechtswidrigen, bindenden Befehls und damit an dieser Eigenart selbst zugrunde[83]. Schnapp meint, es lasse sich an ihr nicht erkennen, ob der Befehl oder das angeordnete Verhalten Gegenstand der Betrachtung sein soll.

α) Rechtswidrigkeit im Außenverhältnis

Für den Fall, daß die Handlung, zu der der Amtswalter angewiesen wird, im Außenverhältnis Staat zum Bürger rechtswidrig ist, könnte sich ein Parallelproblem zu dem des rechtswidrigen, aber bindenden Befehls ergeben. Diese Figur ist im Hinblick auf ihre rechtfertigende oder entschuldigende Kraft strittig. Schon die Existenz der rechtswidrigen, bindenden Weisung und damit natürlich auch ihre Wirkung ist zweifelhaft. So wird gesagt, der Amtswalter sei unmittelbar gesetzesgebunden[84], daher sprenge die Anerkennung des rechtswidrigen, bindenden Befehls die Einheit der Rechtsordnung[85]. Soweit allerdings die Existenz der Figur anerkannt wird, weil das Postulat der Einheit der Rechtsordnung nur im gleichen Rechtsverhältnis Geltung beanspruchen könne[86], wird die Weisung zu einer im Außenverhältnis rechtswidrigen Handlung aus verschiedenen Gründen und in verschiedenem Ausmaß für verbindlich gehalten[87].

---

[82] s. oben 1. a) bb) β).

[83] *Schnapp*, Amtsrecht, S. 182.

[84] *Risken*, Grenzen, S. 92; *Thieme*, Öffentlicher Dienst, S. 49.

[85] *Risken*, Grenzen, S. 92; *Hirsch* in LK 9. Aufl. vor § 51, Rdnr. 153; *Maurach*, AT, S. 406; vgl. auch *Baumann*, AT, S. 350, und *Arndt*, DVBl. 59, S. 625.

[86] Vgl. *Schnapp*, Amtsrecht, S. 185: Der Appell an die Einheit der Rechtsordnung ist geeignet, die Einsicht in die Relativität der Rechtsordnung zu verhindern.

[87] So *Rupp*, Grundfragen, S. 62: Verbindlichkeit in vollem Umfang unter Berufung auf einen Rangverlust, S. 66, des Außenrechts, aber mit der Ausnahme der Verletzung der Menschenwürde; dagegen *Hansen*, Fachliche Weisung, S. 233 ff.: grundsätzliche Verbindlichkeit mit der Ausnahme der offen-

Indessen ist die Streitfrage hier nicht erheblich. Denn eine Verbindung zwischen Rechtsgut und Amtswalter als Voraussetzung einer jeden Garantenstellung, die hier allein in Frage steht, kann nur bestehen, wenn diese Verbindung nicht an irgendeiner Stelle unterbrochen ist bzw. der Normimpuls der Außenrechtsnorm unverfälscht bei dem Amtswalter anlangt[88]. Wenn aber die Handlung im Außenverhältnis rechtswidrig wäre, dann besteht eben keine staatliche Aufgabe, so daß weder die Wahrnehmung an einen Amtswalter im Innenverhältnis weitergeleitet[89] werden noch diese im Schutzzweck mit einem strafrechtlichen Tatbestand übereinstimmen kann.

Für den Fall, daß man den Amtswalter trotz der Rechtswidrigkeit im Außenverhältnis zur Handlung für verpflichtet hält, stellt sich nur wieder die Frage des „reinen Gehorsams" und damit einer möglichen disziplinarrechtlichen Verantwortlichkeit. Eine strafrechtliche Verantwortlichkeit für sein Unterlassen scheidet mangels Garantenstellung jedenfalls aus.

β) Rechtswidrigkeit im Innenverhältnis

Als die nächste Möglichkeit kommt die Rechtswidrigkeit im Innenverhältnis trotz Bestehens einer staatlichen Aufgabe in Betracht. Beispiele bilden etwa die Unzuständigkeit des Vorgesetzten oder der Fall, daß der Amtswalter nicht Untergebener des Anweisenden ist. Eine Weiterleitung der bestehenden staatlichen Aufgabe käme hier nur in Betracht, wenn diese schon aufgrund des Organisationsrechts an den angewiesenen Amtswalter weitergeleitet wäre. Doch wäre dies kein Spezifikum der Weisung, sondern unterschiede sich in nichts von der oben erörterten[90] Beziehung zwischen Amtswalter und Rechtsgut.

Eine Weiterleitung der staatlichen Aufgabe durch eine im Innenverhältnis rechtswidrige Weisung kommt nicht in Betracht. Das Bild vervollständigend, kann man sagen, daß bei der Rechtswidrigkeit im Innenverhältnis die Leitung defekt ist, während bei der Rechtswidrigkeit im Außenverhältnis die Leitung leer ist. Keinesfalls existiert eine Garantenstellung.

---

sichtlichen Rechtswidrigkeit, S. 242; gegen *Rupp* auch *Ossenbühl*, Verwaltungsvorschriften, S. 476 ff.; vgl. auch *Stratenwerth*, Verantwortung: grundsätzliche Verbindlichkeit unter Berufung auf die Autorität jeder staatlichen Aktivität, S. 12, und der daraus folgenden Vermutung der Rechtmäßigkeit, S. 154, 165; s. auch *Wagner*, Amtsverbrechen, S. 344: Schuldausschluß bei Staatszurechnungsdelikten; schließlich die Stellungnahmen bei *Schönke / Schröder / Lenckner* vor § 32, Rdnrn. 87 ff.; *Jescheck*, AT, S. 316; *Oehler*, JuS 63, S. 303; *Schnorr*, JuS 63, S. 294 f. und *Ostendorf*, JZ 81, S. 173.

[88] Formulierung von *Schnapp*, Amtsrecht, S. 168.

[89] Der Terminus stammt ebenfalls von *Schnapp*, Amtsrecht, S. 164, 173.

[90] s. oben 1.

b) *Weisung zu einem Unterlassen*

Zu erörtern bleibt der Fall, in dem der Amtswalter zu einem Unterlassen angewiesen wird und auch tatsächlich unterläßt.

Sollte hier die Weisung rechtmäßig sein, so bestand auch keine staatliche Aufgabe und damit schon keine Pflicht des Amtswalters zu einer Handlung.

Sollte die Weisung zur Unterlassung aber wegen der Rechtswidrigkeit im Außenverhältnis rechtswidrig sein, so ist zunächst wieder zu prüfen, ob die dann bestehende staatliche Aufgabe wegen des Interesses an der Erhaltung des Rechtsguts entstanden ist[91]. Soweit dies zu bejahen ist, ist jedenfalls aufgrund der Weisung diese Aufgabe an den Amtswalter nicht weitergeleitet worden, da diese ja gerade das Unterlassen anordnete. Eine ohnehin aufgrund Organisationsrechts bestehende Amtswahrnehmungspflicht wäre wiederum unabhängig hiervon zu betrachten. Allerdings würde sich dann hier innerhalb der Rechtswidrigkeit das Problem einer rechtswidrigen, gleichwohl aber möglicherweise verbindlichen Weisung stellen[92].

Wenn die Weisung zum Unterlassen im Innenverhältnis rechtswidrig wäre, bestünde schon deshalb keine Handlungspflicht, und auch die Frage einer Rechtfertigung der Unterlasung entfiele.

c) *Zwischenergebnis*

Als weiteres Zwischenergebnis kann festgestellt werden, daß die rechtswidrige Weisung zu einer Handlung oder Unterlassung keine Beziehung zwischen Rechtsgut und Amtswalter zustandebringt, die als Grundlage einer Garantenstellung dienen könnte. Nur die rechtmäßige Weisung an das Amt zu einer Handlung hat insofern Bedeutung, als die Amtswahrnehmungspflicht durch sie konkretisiert oder erweitert wird. Letztlich entscheidend ist damit aber nur die Amtswahrnehmungspflicht.

3. Remonstrationspflicht

Der Beamte hat bei rechtswidrigen Weisungen eine Remonstrationspflicht. Zu prüfen bleibt, ob diese möglicherweise für die Entstehung einer Garantenstellung von Bedeutung ist. Wie bei der Gehorsamspflicht sind auch hier mehrere Fälle auseinanderzuhalten.

---

[91] s. oben 1. a) bb).

[92] s. dazu oben Fn. 87.

a) Weisung zu einem Handeln

Zunächst kann es so liegen, daß bei einer Handlungsanweisung der angewiesene Amtswalter diese Handlung unterläßt, aber auch nicht remonstriert. Die Verletzung der Remonstrationspflicht kann nur Bedeutung erlangen bei rechtswidrigen Weisungen.

Sollte die Weisung wegen Mängeln im Außenverhältnis rechtswidrig sein, dann heißt dies, daß keine staatliche Aufgabe besteht und diese daher nicht weitergeleitet werden kann. Die Verletzung der Remonstrationspflicht kann daher allenfalls disziplinarrechtliche Bedeutung erlangen.

Wenn die staatliche Aufgabe aber im Außenverhältnis besteht, jedoch wegen Mängeln im Innenverhältnis nicht weitergeleitet wird, so ist denkbar, daß diese Mängel auf eine Remonstration des angewiesenen Amtswalters hin beseitigt worden wären. Selbst wenn diese Möglichkeit der Beseitigung objektiv nicht bestehen sollte, könnte der angewiesene Amtswalter hiervon fälschlich ausgegangen sein, so daß Versuch in Betracht käme.

Voraussetzung ist jedoch, daß die Normierung der Remonstrationspflicht den Zweck hat, das möglicherweise strafrechtlich geschützte Rechtsgut zu bewahren, in dessen Interesse die betreffende staatliche Aufgabe wahrgenommen wird. In erster Linie hat die Remonstrationspflicht jedoch den Sinn, eine letztverbindliche Entscheidung zu garantieren. Wenn einerseits der Beamte grundsätzlich die Verantwortung für sein Handeln trägt, andererseits aber auch an Weisungen gebunden ist, dann muß ihm die Möglichkeit gegeben sein, sich aus diesem Dilemma zu befreien. Dazu dient das Remonstrationsverfahren, und deshalb hat der Beamte die Remonstrationspflicht. Die Befreiung von der Gehorsamspflicht für strafbares Verhalten des Angewiesenen hilft hier nicht weiter; es ist ja gerade erst zu klären, ob das Unterlassen strafbar ist. Man könnte allerdings einwenden, daß der Beamte, soweit nur Mängel der Weisung im Innenverhältnis vorliegen, sich gar nicht in diesem Dilemma befinde, da ja dann die Weisung auch nicht verbindlich sei[93]. Aber der Beamte hat eben die Rechtmäßigkeit der Weisung in vollem Umfange zu überprüfen[94].

Es ist jedoch m. E. zu unterscheiden: Soweit der Mangel darauf beruht, daß der Anweisende gar nicht Vorgesetzter des Angewiesenen ist oder der Angewiesen gar nicht Untergebener des Anweisenden, läßt sich eine Pflicht zur Remonstration in der Tat kaum halten. Sollten allerdings nur Mängel der Form der Weisung vorliegen, der Angewie-

---

[93] Vgl. oben A I 4. a).

[94] Vgl. *Ule*, Beamtenrecht, § 38 BRRG, Rdnr. 2.

sene aber Untergebener des Anweisenden sein, dann ist der Untergebene verpflichtet, auf diesen Formmangel hinzuweisen, damit er beseitigt werden kann.

Für diesen zweiten Fall ist es dann zweitrangig, ob man die Pflicht zum Hinweis auf den Formmangel auch als Remonstrationspflicht bezeichnet. Diese Pflicht ist nämlich ein spezieller Fall der Beratungs- und Unterstützungspflicht des Untergebenen. Über das Vehikel der Beratungs- und Unterstützungspflicht erreicht der vom Außenrecht über das Organisationsrecht an den Vorgesetzten weitergeleitete Normimpuls immer auch dessen Untergebenen — wenn auch möglicherweise mit abgeschwächter Intensität. Wesentlich ist zu erkennen, daß dann die Pflicht zur Unterstützung, die hier in einer Remonstration besteht, den Sinn hat, daß diese staatliche Aufgabe erfüllt wird.

b) Weisung zu einem Unterlassen

Im zweiten Fall kommt der angewiesene Amtswalter einer rechtswidrigen Unterlassungsanweisung zwar nach, unterläßt es aber auch zu remonstrieren.

Sollte die Weisung nur im Innenverhältnis rechtswidrig sein, dann bestünde keine staatliche Aufgabe, die weiterzuleiten wäre.

Hinsichtlich des Unterlassens der im Außenverhältnis rechtswidrigen Handlung ist nach oben zu verweisen[95]. Bezüglich des Unterlassens der Remonstration ist wieder denkbar, daß der angewiesene Amtswalter durch seine Remonstration die Erfüllung der staatlichen Aufgabe hätte sicherstellen können oder sich dies nur vorgestellt hat. Auch in diesem Fall stellt sich seine Pflicht zur Remonstration als Pflicht zur Unterstützung des Vorgesetzten im Interesse der Erfüllung von dessen Aufgaben dar.

c) Zwischenergebnis

Die Remonstrationspflicht als solche soll nur das Zustandekommen einer letztverbindlichen Entscheidung sichern. Allerdings kann die Pflicht zur Remonstration sich als Fall der Beratungs- und Unterstützungspflicht des Untergebenen darstellen. Die Bedeutung dieser Pflichtenstellung im Hinblick auf eine Garantenstellung ist daher erst dort aufzugreifen.

4. Beratungs- und Unterstützungspflicht

Der Untergebene muß seinen Vorgesetzten beraten und unterstützen. Dies könnte ihn zum Garanten machen. Auch hier sind die Fragen nach

---

[95] s. oben 2. a) bb) α).

dem Schutzzweck und der Garantenstellung im allgemeinen zweckmäßig zu trennen.

a) Schutzzweck

Um den Schutzzweck der Beratungs- und Unterstützungspflicht kennzeichnen zu können, ist zunächst der Inhalt der Pflicht in Erinnerung zu rufen.

Der Untergebene muß entweder aus eigenem Antrieb seinen Vorgesetzten beraten oder unterstützen. Ein spezieller Fall, der aber häufig praktisch werden könnte, ist die Pflicht des Untergebenen zur Remonstration in manchen Fällen einer rechtswidrigen Weisung des Vorgesetzten[96]. Der Untergebene kann aber auch vom Vorgesetzten zur Beratung und Unterstützung aufgefordert oder angewiesen werden.

Beide Möglichkeiten der Pflichtenentstehung basieren aber letztlich auf der Amtswahrnehmungspflicht des Untergebenen. Ein Unterschied zu dem Inhalt der Beratungs- und Unterstützungspflicht, den man zunächst im Auge hat, liegt darin, daß hier die Wahrnehmung des Amtes nicht eine Tätigkeit im Außenverhältnis vom Amtswalter fordert, sondern nur eine interne Tätigkeit. Aber ohne vorbereitende Tätigkeit im innerstaatlichen Bereich, zu der eben auch die Beratung und Unterstützung des Vorgesetzten gehört, kann eben gar keine Verpflichtung der Verwaltung erfüllt werden. Daraus erhellt, zu welchem Zweck die Pflicht zur Beratung und Unterstützung im Innenverhältnis dem Untergebenen auferlegt ist, daß sie nämlich den gleichen Schutzzweck hat wie die im Außenverhältnis bestehende Aufgabe der Verwaltung, die ihrerseits dem Schutz eines möglicherweise auch strafrechtlichen Rechtsguts dient[97].

b) Bild des Garanten

Damit ist allerdings noch nicht entschieden, ob die Stellung des Untergebenen insoweit auch dem Bild des Garanten entspricht. Da aber die Beratung und Unterstützung eine besondere Form der internen Tätigkeit des Amtswalters ist, kann auf die oben erarbeiteten Kriterien[98] zurückgegriffen werden. Dort hatte sich nämlich herausgestellt, daß eine Verpflichtung zur internen Tätigkeit nicht schlechthin für die Innehabung einer Garantenstellung ausreichen kann.

Auch hier sind daher die aus § 22 ableitbaren Anhaltspunkte heranzuziehen. Man wird danach zuerst zu prüfen haben, ob der Vorgesetzte

---

[96] s. oben 3. a), b).

[97] Vgl. auch schon oben A I 4. c).

[98] s. oben 1. b) bb).

selbst eine Zuständigkeit für externe Tätigkeiten hat, und andernfalls eine Garantenstellung wohl verneinen müssen.

Auf dieser Grundlage ist nun auch zu entscheiden, ob die Unterlassung der Remonstration[99] ein Unterlassen in Garantenstellung sein kann. In beiden Fällen, in denen das Unterlassen der Remonstration als Verletzung der Beratungs- und Unterstützungspflicht erschien, bestand eine Aufgabe und damit eine Verpflichtung des Staates, zu deren Erfüllung der angewiesene Amtswalter prinzipiell zuständig war. Die Remonstration hat dann den Zweck, den Vorgesetzten entweder zu einer entgegengesetzten Weisung oder nur zu einer hinsichtlich der formalen Erfordernisse mangelfreien Weisung zu veranlassen. Zwar ist in beiden Fällen die vom Untergebenen geforderte Handlung nicht die letzte Handlung vor der externen Handlung. Da aber die externe Handlung die des Untergebenen selbst ist, erscheint die Pflicht zur Remonstration bzw. zur Unterstützung des Vorgesetzten der Erfüllung der staatlichen Aufgabe im Außenverhältnis als unmittelbar vorgelagert[100].

Insoweit sich nach solchen Überlegungen die Bedeutung der Beratung und Unterstützung erweist, erscheint der Amtswalter wieder als professioneller Garant.

5. Auskunfts- und Wahrheitspflicht

Die Pflicht zur amtlichen Auskunft und Wahrheit gegenüber dem Vorgesetzten ist ein besonderer Fall der Unterstützungs- und Beratungspflicht. Genau wie diese muß sie entweder auf Weisung oder freiwillig erfüllt werden. Daraus ergibt sich dann auch, daß die Auskunft des Untergebenen eine besondere Art der Unterstützung des Vorgesetzten und damit eine interne Tätigkeit ist. Nicht jeder internen Tätigkeit und also auch nicht jeder Auskunft kommt die gleiche Bedeutung zu. Trotz Übereinstimmung im Schutzzweck mit der vom Vorgesetzten wahrzunehmenden Aufgabe ist auch hier die Bedeutung der konkreten Auskunft anhand der entwickelten Kriterien zu hinterfragen. Danach wird die Nichterteilung einer Auskunft nur dann Garantenunterlassen sein, wenn der Vorgesetzte aufgrund dieser Auskunft selbst im Außenverhältnis tätig werden würde oder den die Auskunftspflicht treffenden Amtswalter dazu anweisen würde[101]. In beiden Fällen ist die Auskunft mehr als nur Vorbereitung zur Erfüllung der staatlichen Aufgabe, sondern gehört schon zur Erfüllung selbst.

---

[99] Vgl. oben 3. a), b).

[100] Vgl. zu diesem Erfordernis 1. b) bb).

[101] Insoweit besteht eine Parallele zum Unterlassen der Remonstration, s. oben 4. b).

6. Aufsichtspflicht über die amtliche Tätigkeit

Die Pflicht zur Aufsicht über die amtliche Tätigkeit der Untergebenen durch den Vorgesetzten kann sich im Einzelfall so konkretisieren, daß der Vorgesetzte handeln muß. Der Vorgesetzte kann auf diesem Wege gezwungen sein, eine Weisung zu erteilen, die Wahrnehmung einer bestimmten Aufgabe zur Erledigung an sich zu ziehen, oder er kann sofort zur Wahrnehmung der staatlichen Aufgabe gezwungen sein.

Die Aufsichtspflicht des Vorgesetzten ist hier jeweils eine konkretisierte Amtswahrnehmungspflicht, deren Schutzzweck dann mit der staatlichen Aufgabe und einem etwa existenten Straftatbestand übereinstimmt.

Zur Verletzung einer Garantenpflicht kann die Verletzung der konkretisierten Amtswahrnehmungspflicht aber nur dann werden, wenn die geforderte Handlung schon als Erfüllung der staatlichen Aufgabe erscheint und nicht nur als deren Vorbereitung[102].

Soweit also der Vorgesetzte zur Erteilung einer Weisung gezwungen ist, reicht es jedenfalls aus, wenn diese an einen Amtswalter gerichtet werden muß, der die externe Handlung ausführen soll. Damit scheint indessen ein Privileg für hohe Vorgesetzte geschaffen zu sein. Dies träfe aber nur zu, wenn nicht auch diese im Einzelfall verpflichtet sein könnten, den Dienstweg abzukürzen und sich direkt an den für die externe Handlung zuständigen Amtswalter zu wenden. Doch gerade bei unmittelbaren Gefahren für das durch die staatliche Aufgabe zu schützende Rechtsgut kann wohl ausnahmsweise auch der Vorgesetzte hierzu gezwungen sein, so daß die Einhaltung des Dienstweges nicht einmal als (untauglicher) Gebotserfüllungsversuch[103] erschiene, soweit dem Vorgesetzten die Notwendigkeit der Abkürzung des Dienstweges bewußt ist.

Selbst wenn der Vorgesetzte aber nicht dazu verpflichtet sein sollte, sich an den zur externen Handlung zuständigen Amtswalter direkt zu wenden, so wäre seine Weisung an seinen unmittelbar Untergebenen dann mehr als bloße Vorbereitung der Aufgabenerfüllung, wenn der für den unmittelbaren Vorgesetzten verbindliche Teil der Weisung nur darin bestünde, die Weisung — inhaltlich unverändert — an den zuständigen Amtswalter weiterzuleiten. Die Weiterleitungsakte wären dann keine selbständigen Teilakte, weil die eigentliche Weisungsmacht des Vorgesetzten sich letztlich bis zum letzten Glied in der Kette, dem für die externe Handlung zuständigen Amtswalter, durchsetzt.

---

[102] s. oben 1. b) bb).

[103] Die Vornahme eines Gebotserfüllungsversuchs schließt die Strafbarkeit wegen Unterlassens aus, vgl. *Kaufmann*, Dogmatik, S. 109, mit Verweis auf *Eb. Schmidt*, Arzt, S. 84 f.

Somit können auch höhere Vorgesetzte Garanten sein, es besteht kein Privileg für sie.

Sollte der Vorgesetzte aufgrund seiner Pflicht zur Aufsicht die Aufgabe im Außenverhältnis sogar selbst wahrzunehmen haben, erscheint er erst recht als Garant.

7. Aufsichtspflicht über die nicht nur amtliche Tätigkeit

Der Vorgesetzte hat aber nicht nur die Pflicht zur Aufsicht über die amtliche, sondern auch zur Aufsicht über die sonstige Tätigkeit des Untergebenen.

Diese Pflicht läßt sich trotz ihres Amtsbezuges nicht als konkretisierte Amtswahrnehmungspflicht begreifen, da sie ihren Schutzzweck nicht aus der staatlichen Aufgabe ableitet. Wäre nämlich dies der Schutzzweck, könnte der Vorgesetzte nur für verpflichtet gehalten werden, Tätigkeiten des Untergebenen zu verhindern, die gerade die Wahrnehmung der vom Vorgesetzten abzudeckenden Aufgaben stören oder stören können. Die Aufsichtspflicht geht jedoch weiter. Ihr Endzweck ist es, die Staatstätigkeit als solche nicht dadurch zu gefährden, daß untergebene Amtswalter ihre — amtsbezogenen und nicht amtsbezogenen — Pflichten verletzen. Damit stellt sich diese Pflicht zur Aufsicht über die nichtamtliche Tätigkeit als Pflicht zur Überwachung einer Gefahrenquelle dar[104], die der untergebene Amtswalter bildet, nicht aber wie die Amtswahrnehmungpflicht als auf ein bestimmtes Rechtsgut bezogen.

Hier kommt es darauf an, daß die Pflicht zur Aufsicht insoweit zwar eine amtsbezogene Pflicht darstellt, für den Amtswalter aber nicht als Garanten kraft Amtsstellung erscheinen läßt, da sie keine konkretisierte Amtswahrnehmungspflicht ist. Damit ist allerdings noch nicht entschieden, ob der Vorgesetzte insoweit nicht aufgrund anderer Überlegungen Garant ist[105].

8. Pflichten, die sich auf die Art und Weise der Amtsführung beziehen

Der Amtswalter muß uneigennützig, gewissenhaft, unparteiisch und gerecht verfahren. Zweck der Verpflichtung zur Einhaltung dieser „Tugenden“ ist ähnlich wie bei der Aufsicht über die gesamte nicht nur amtliche Tätigkeit des Untergebenen die Nichtgefährdung der Staatstätigkeit als solcher. Nur bildet hier nicht nur der untergebene pflicht-

---

104 Vgl. zu der damit angesprochenen materiellen Einteilung der Garantenstellung 1. Teil A I 3.

105 s. dazu unten II.

widrig handelnde Amtswalter die Gefahrenquelle, sondern der Amtswalter selbst, der die Tugenden nicht beachtet[106].

Soweit der Amtswalter aufgrund einer Verletzung der Tugenden zur Entscheidung gelangt, eine bestimmte Handlung zu unterlassen, zu deren Wahrnehmung er aufgrund seines Amtes verpflichtet ist, ergeben sich keine Besonderheiten, und der Amtswalter erscheint als Garant kraft Amtsstellung bezüglich des Rechtsguts, dem die Aufgabe dient. Soweit allerdings die Pflicht zur Einhaltung der Tugenden in Rede steht, ist diese auch schon gar nicht durch Unterlassen verletzbar. Die Einbeziehung der Betrachtung dieser Pflichten ist aber im Hinblick auf ihre strukturelle Gleichartigkeit sinnvoll. Sollte man also zwar bereit sein, auch den Handelnden als Garanten zu bezeichnen, so zeigt sich, daß der Amtswalter, der die ordnungsgemäße Art und Weise der Amtsführung nicht beachtet, nicht bestimmte, sich mit seinem Amt deckende Rechtsgüter verletzt und deswegen nicht als Garant kraft Amtsstellung erscheint.

Eine gewisse Parallele, die auch Bedeutung für die Aufsichtspflicht über die nicht amtliche Tätigkeit des Untergebenen[107] hat, existiert im Zivilrecht, auf die zur Verdeutlichung hingewiesen sei. Soweit es dort um die Abgrenzung des Schadensersatzes wegen Nichterfüllung oder der Mängelhaftung von der Haftung aus positiver Forderungsverletzung und der aus culpa in contrahendo geht, wird darauf hingewiesen, daß für die Mängel wegen des Erfüllungsinteresses des Gläubigers gehaftet wird, während es im übrigen um das Integritäts- oder Erhaltungsinteresse an anderen Rechtsgütern geht, das auch ohne einen bestehenden Vertrag zu ersetzen sein kann[108]. Dem Erfüllungsinteresse entspricht hier das Interesse an der Aufgabenerfüllung durch den Staat, weshalb amtswahrnehmungsbezogene Pflichten der Amtswalter konstituiert sind. Dem Integritätsinteresse, für dessen Ersatz auch ohne Vertrag u. U. gehaftet wird, entspricht das Interesse daran, daß die Staatstätigkeit als solche nicht gefährdet wird, was sowohl durch die Verletzung von amtsbezogenen als auch nicht amtsbezogenen Pflichten geschehen kann. Entsprechend dieser unterschiedlichen Interessenlage sind die betreffenden Schutzzwecke zu unterscheiden.

---

106 Vgl. zu dem auf *Herzberg* zurückgehenden Gedanken, jedermann sei Garant für die Überwachung der Gefahrenquelle der eigenen Person, bei und in Fn. 46.

107 s. oben 7.

108 Vgl. nur *Medicus*, Bürgerliches Recht, Rdnrn. 198 ff.

9. Ergebnis

Das Ergebnis des induktiven Ansatzes ist zunächst, daß bei den amtsbezogenen Pflichten kraft Amtsstellung eine Position existiert, die dem Grundgedanken der Garantenstellung entspricht. Grundlage dieser Garantenstellung ist allein die Innehabung eines bestimmten Amtes, die zur Wahrnehmung des betreffenden Aufgabenkreises verpflichtet. Besondere Formen der Wahrnehmung des Amtes sind lediglich die Beratung oder Unterstützung durch den Untergebenen[109] und die Aufsicht durch den Vorgesetzten über die amtliche Tätigkeit des Untergebenen[110].

Die Garantenstellung kraft Amtsstellung setzt weiter voraus, daß die vom Amt geforderte Tätigkeit nicht nur der Vorbereitung, sondern der Erfüllung der staatlichen Aufgabe dient[111].

Der Aufgabenkreis einer Amtsstelle muß dieser im Interesse eines außerdem strafrechtlich geschützten Rechtsguts zugeordnet sein. Für welche Rechtsgüter der Amtswalter aufgrund seiner Amtsstellung eine Schutzfunktion hat, hängt allein von der staatlichen Aufgabe im Außenverhältnis ab. Es kommen demgemäß jeweils bestimmte Rechtsgüter in Betracht[112], darunter sowohl Individualrechtsgüter als auch überindividuelle Rechtsgüter, und unter diesen auch solche des Staates. Zudem kommen auch unbestimmte Rechtsgüter in Betracht, soweit der Amtswalter aufgrund seiner Amtswahrnehmungspflicht bestimmte Gefahrenquellen zu beherrschen hat. Soweit dies der Fall ist, werden die betreffenden Rechtsgüter aber durch die für sie spezifische Gefahrenquelle zumindest bestimmbar.

Allerdings sind nicht alle amtsbezogenen Pflichten konkretisierte Amtswahrnehmungspflichten. Deshalb entsteht bei der Aufsichtspflicht des Vorgesetzten über die nicht amtsbezogene Tätigkeit und bei den Pflichten, die sich auf die Art und Weise der Amtsführung beziehen, keine Garantenstellung kraft Amtsstellung[113]. Diese Pflichten stellen sich im Unterschied zur Garantenstellung kraft Amtsstellung nicht als auf ein jeweils bestimmtes oder bestimmbares Rechtsgut bezogen dar, sondern als Pflicht zur Überwachung einer Gefahrenquelle, ohne daß damit schon endgültig etwas über das Bestehen oder Nichtbestehen einer Garantenstellung ausgesagt ist. Unter den amtsbezogenen Pflichten sind also diejenigen, die sich als konkretisierte Amtswahrnehmungspflichten darstellen, von den anderen zu unterscheiden, die nicht

---

109 s. oben 4.

110 s. oben 6.

111 s. oben 1. b) bb).

112 s. oben 1. a).

113 s. oben 7., 8.

auf die Wahrnehmung des Amtes bezogen, d. h. nicht amtswahrnehmungsbezogen, sind.

II. Sonstige Garantenstellung des Amtswalters

Nicht nur aufgrund seiner Amtsstellung, sondern darüber hinausgehend könnte der Amtswalter Garant für die Aufrechterhaltung mancher Rechtsgüter sein. Anknüpfungspunkt dafür sind sowohl die Pflichtenstellungen des Amtswalters, denen schon kein Amtsbezug zukommt, als auch diejenigen mit Amtsbezug, die aber keine Garantenstellung kraft Amtsstellung erzeugen. Beide Pflichtenstellungen stimmen darin überein, daß sie nicht amtswahrnehmungsbezogen sind.

1. Garantenstellung kraft nicht amtswahrnehmungsbezogener Pflichtenstellung im allgemeinen

Wenn der Amtswalter unter den oben bezeichneten Voraussetzungen als Garant kraft Amtes erscheint[114], so besagt dies allein noch nicht, daß er nicht auch in seiner nicht amtswahrnehmungsbezogenen Pflichtenstellung als Garant für die Rechtsgüter in Betracht kommt, für die er schon kraft Amtes garantiert.

Geht man wieder vom Schutzzweck aus, so stellt man fest, daß letztlich alle Amtswalterpflichten und unter ihnen auch die nicht amtswahrnehmungsbezogenen der Erfüllung der staatlichen Aufgabe dienen. Allerdings ist anders als bei den amtswahrnehmungsbezogenen Pflichten eine Unterscheidung hinsichtlich verschiedener Aufgaben bzw. der betreffenden bestimmten oder bestimmbaren Rechtsgüter[115] unmöglich. Die nicht amtswahrnehmungsbezogenen Pflichten dienen nämlich der Aufrechterhaltung der Staatstätigkeit als solcher; dies ist ihr erster Zweck. Ob es ihr alleiniger Zweck ist, so daß schon ein Auseinanderklaffen im Schutzzweck anzunehmen wäre, kann hier aber unentschieden bleiben.

Dies kann deshalb auf sich beruhen, weil die Begründung nicht auf Schutzzweckerwägungen beschränkt sein muß. Auch eine vergleichende Wertung, deren Rolle innerhalb des Garantenproblems schon im Blickpunkt stand[116], erweist ihre Tragfähigkeit: Wenn schon nicht jeder Amtswalter kraft seines Amtes als Garant für die durch das Amt zu schützenden Rechtsgüter erscheint, sondern nur derjenige, der diese Aufgabe mehr als vorbereitet und deshalb erfüllt, kann erst recht nicht eine

[114] s. oben I 9.

[115] s. schon I 7., 8.

[116] s. oben I 1. b).

solche Pflichtenstellung genügen, die mit dem Bereich der Wahrnehmung eines bestimmten Amtes gar nicht zusammenhängt, da hier die Entfernung zum geschützten Rechtsgut noch größer ist[117].

Damit scheint das Garantieverhältnis von Amtswaltern durch die Amtsstellung abschließend umschrieben zu sein.

2. Garantenstellung kraft nicht amtswahrnehmungsbezogener Pflichtenstellung für staatliche Rechtsgüter

Die nicht amtswahrnehmungsbezogenen Pflichten könnten aber im Hinblick auf staatliche Rechtsgüter erheblich werden. Manche nicht amtswahrnehmungsbezogene Pflichten hatten sich als Pflichten zur Überwachung bestimmter Gefahrenquellen herausgestellt[118]. Daher liegt die Vermutung nahe, daß dem Amtswalter ganz allgemein in seiner nicht amtswahrnehmungsbezogenen Pflichtenstellung eine Garantie für solche Rechtsgüter zukommt, für die sowohl er selbst als auch seine Untergebenen als spezifische Gefahrenquellen erscheinen.

Während also beim Garanten zum Schutz bestimmter Rechtsgüter diese Beziehung von den Rechtsgütern her aufgerollt wird, eröffnet der damit angedeutete Gefährdungsgedanke den umgekehrten Weg. Er weist nämlich darauf hin, daß sich eine Person in einer bestimmten Position zur Gefahr befindet. Der nächste Schritt muß aber auch hier die Ermittlung der gefährdeten Rechtsgüter sein. Eine bestimmte Gefahr kann nämlich immer nur für eine begrenzte Zahl von Rechtsgütern eine Rolle spielen. Diese Rechtsgüter sind zwar nicht bestimmt, aber auf diesem Wege bestimmbar[119]. Daher wäre auch eine Ausdrucksweise zu pauschal, die dem Überwachergaranten eine Garantie für alle Rechtsgüter zuweist, da eine solche Garantie eben nur für die spezifisch gefährdeten und daher bestimmbaren Rechtsgüter besteht.

Schaut man also jetzt deshalb auf die Position des Amtswalters als möglichem Garanten, um potentiell gefährdete und daher noch unbestimmte Rechtsgüter zu erblicken, erkennt man zunächst die Gefahrenquelle, die der Amtswalter selbst bildet, und die Gefahrenquellen, die seine Untergebenen darstellen[120]. Beiden Gefahrenquellen ist eines gemeinsam: Sie stehen in einer besonderen Beziehung zum Staat.

Der Amtswalter könnte also in seiner nicht amtswahrnehmungsbezogenen Pflichtenstellung als Garant für Rechtsgüter des Staates erschei-

---

117 Vgl. auch *Wagner*, Amtsverbrechen, S. 301, wonach die Möglichkeit, staatliche Rechtsgüter zu verletzen, an die Amtsstellung geknüpft ist.

118 Vgl. oben I 7., 8.

119 s. oben I 9.

120 s. oben I 7., 8.

nen. Diese These deckt sich mit der Schutzzweckbetrachtung, wonach die nicht amtswahrnehmungsbezogenen Pflichten der Aufrechterhaltung der Staatstätigkeit als solcher dienen. Diese Pflichten sind notwendig, weil sowohl der Amtswalter selbst als auch seine Untergebenen in einer besonders engen Beziehung zum Staat stehen und daher dessen Tätigkeit eher und mit geringeren Mitteln gefährden können als außenstehende Personen. Es handelt sich also wegen der Position des Amtswalters in der innerstaatlichen Organisation[121] um eine Gefährdung der Staatstätigkeit von innen heraus[122].

Ob dem Amtswalter in seiner nicht amtswahrnehmungsbezogenen Pflichtenstellung nun allerdings eine Hemmungsfunktion hinsichtlich der Rechtsgüter des Staates zukommt, hängt entscheidend von diesen Rechtsgütern ab. Allgemein sei zur Besonderheit jedes staatlichen Rechtsguts unter Rückgriff auf Amelung zunächst angemerkt, daß es durch institutionelle Normen konstituiert wird, die einen Prozeß ineinandergreifender Handlungen regeln[123]. Deswegen ist es bei solchen Rechtsgütern eher möglch, daß sie schon dann verletzt sind, wenn eine solche Handlung ausbleibt[124]. Auch dieses legt es nahe, daß die Garantenstellung des Amtswalters für staatliche Rechtsgüter weiter geht als sonst und sich deswegen auch auf die nicht amtswahrnehmungsbezogene Pflichtenstellung gründen könnte. Dies gilt es nunmehr zu prüfen.

a) Bestimmte staatliche Rechtsgüter

Sicher ist zunächst, daß es bestimmte staatliche Rechtsgüter gibt. Diese sind zu sondern von dem allgemeinen Interesse des Staates an der Aufrechterhaltung seiner Verwaltung oder — noch umfassender — an der gesamten Staatstätigkeit. Ein Beispiel für ein solches staatliches Rechtsgut ist das der Rechtspflege. Es ist z. B. in § 258 a und auch in § 336 1. Alt. geschützt. Allerdings wird an diesen Beispielen schon deutlich, daß hier besondere Pflichten verletzt werden — nämlich die zur Strafverfolgung bzw. zur autoritativen Gestaltung und Ordnung der sozialen Wirklichkeit durch die Rechtsprechung[125]. Diese Pflichten haben aber nur bestimmte Amtswalter. Diese Aufgaben des Staates werden nur an sie zur Wahrnehmung weitergeleitet. Damit zeigt sich, daß die bestehenden staatlichen Rechtsgüter nicht in gleicher Beziehung zu allen

---

[121] Vgl. *Esser*, GA 58, S. 326 f.: „positionelle Gefährlichkeit", und *Wagner*, Amtsverbrechen, S. 293.

[122] Insoweit ergibt sich eine Parallele zum System des Vermögensschutzes im StGB durch die §§ 263, 266, wobei darüber gestritten wird, ob dieses System sich bei §§ 253, 255 durchsetzt, vgl. *Samson* in SK, vor § 249, Rdnr. 22.

[123] *Amelung*, Rechtsgüterschutz, S. 191, und *Wagner*, Amtsverbrechen, S. 290.

[124] *Amelung*, Rechtsgüterschutz, S. 191.

[125] Vgl. *Rudolphi* in SK, § 336, Rdnr. 3.

Amtswaltern stehen. Die bestimmten staatlichen Rechtsgüter werden nur von denjenigen in spezifischer Weise gefährdet, die ein entsprechendes Amt und die entsprechende Amtswahrnehmungspflicht haben. Es sind also gerade die Amtswahrnehmungspflichten, die den Prozeß von ineinandergreifenden Handlungen regeln, von denen die staatlichen Rechtsgüter besonders abhängig sind. Nur für Inhaber bestimmter Amtswahrnehmungspflichten kann deshalb bezüglich dieser Rechtsgüter ein Garantieverhältnis begründet sein. Hier genügt also nur die Garantenstellung kraft Amtsstellung, nicht aber eine etwa sonst bestehende Pflichtenstellung. Die Aussage, derzufolge die Garantenstellung hinsichtlich bestimmter Rechtsgüter durch die Amtsstellung abschließend beschrieben ist[126], bestätigt sich also hier.

b) Allgemeines staatliches Rechtsgut

Daher kann der Gedanke der Überwachung von Gefahren nur dann Bedeutung erlangen, wenn das allgemeine Interesse an der Aufrechterhaltung der Staatsfunktionen zum Rechtsgut erhoben wäre. Dies ist aber durchaus zweifelhaft.

So ist es für den Bereich der Amtsdelikte strittig, ob diese auch ein einheitliches Rechtsgut schützen[127]. Indessen hat solcher Streit in diesem Zusammenhang zumindest dann keine Bedeutung, wenn der Tatbestand außer dem in Frage stehenden allgemeinen einheitlichen Rechtsgut kumulativ noch andere Rechtsgüter schützt, da dann auch für diese Rechtsgüter eine Garantenstellung bestehen muß. Dies ist zu beachten bei den Amtsdelikten, die eine Individualrechtsgutsverletzung beinhalten und die Wagner deshalb Staatszurechnungsdelikte nennt[128], weil diese Individualrechtsgutsverletzung dem Staat zugerechnet wird. Aber auch diese Delikte, die ein besonderes staatliches Rechtsgut schützen, die also zu den Nichtstaatszurechnungsdelikten i. S. Wagners zählen, haben selbst dann aus der Betrachtung auszuscheiden, wenn man den Schutz eines übergreifenden einheitlichen Rechtsguts anerkennt. Die Garantenstellung muß hier nämlich auch für das besonders staatliche Rechtsgut bestehen, wofür aber die nicht amtswahrnehmungsbezogene Pflichtenstellung des Amtswalters ebenso unerheblich ist wie für die individuellen oder sonstigen überindividuellen nichtstaatlichen Rechtsgüter[129].

---

126 s. oben 1.

127 Vgl. *Schönke / Schröder / Cramer*, vor § 331, Rdnr. 1; *Dreher / Tröndle*, vor § 331, Rdnr. 1; *Maurach*, BT, S. 740, und auch *Rudolphi* in SK, vor § 331, Rdnrn. 6, 7; vgl. auch *Schönke / Schröder*, 17. Aufl., vor § 331, Rdnr. 1, wonach die Verletzung der aus dem Treueverhältnis zum Staat sich ergebenden Pflichten erfaßt werden soll; ganz ähnlich *Baldus* in LK, 9. Aufl., vor § 331, Rdnr 12; anders *Wagner*, Amtsverbrechen, S. 236.

128 Vgl. *Wagner*, Amtsverbrechen, S. 302 f.

129 s. oben 1.

Damit bleibt nur noch die Möglichkeit, daß diese Pflichtenstellung eine Rolle spielt bei solchen Tatbeständen, die weder eine Individualrechtsgutsverletzung beinhalten noch sich unter dem Aspekt der Verletzung bestimmter staatlicher Güter erfassen lassen[130].

Angenommen, es träfe zu, daß bei bestimmten Delikten kein bestimmtes staatliches Rechtsgut geschützt wird und daß die Aufrechterhaltung der Staatstätigkeit nicht zu einem Rechtsgut geworden sei, obwohl nichttatbestandliches Unrecht auch in der generellen Gefährdung der gesamten Staatstätigkeit liege[131], so wäre es möglich, schon deswegen eine diesbezügliche Garantenstellung abzulehnen. Ohne ein bestehendes Rechtsgut — so könnte man erklären — könne auch trotz des Gefährdungsgedankens keine Garantenstellung bestehen. Die in Rede stehenden Delikte würden danach keine Rechtsgutsverletzung beinhalten, sondern nur die Verletzung bestimmter Pflichten. Selbst wenn die Verletzung dieser Pflichten durch Unterlassen möglich sein sollte, was in den Fällen zweifelhaft ist, in denen der Amtswalter selbst die Gefahrenquelle bildet, sei es wegen des Fehlens eines Rechtsguts unsinnig, von einer Garantenstellung zu sprechen, da man nur „für etwas" garantieren kann.

Aber selbst, wenn man meint, auch die Amtsdelikte, die weder ein individuelles noch ein bestimmtes staatliches Rechtsgut schützen, schützten ein Rechtsgut, nämlich das der inneren und äußeren Funktionsbedingungen der staatlichen Verwaltung und Rechtspflege[132], also des Staatsapparates[133], so ist dies gerade eine Beschreibung der von Wagner so genannten Gefährdung der Staatstätigkeit. Es zeigt sich also, daß gar nicht um den Schutzzweck der Delikte gestritten wird, sondern darum, ob dieser Schutzzweck zum Rechtsgut geworden ist.

Geht man einmal davon aus, der unstreitige Schutzzweck sei zu einem allgemeinen staatlichen Rechtsgut geworden, so ergeben sich für die Annahme einer Garantenstellung dann aber Bedenken wegen der jedenfalls unbestreitbaren Weite des Rechtsguts, die sich dann allerdings zugleich gegen die Weite eines solchen Begriffs richten würden. Man kann also zwar sagen, es gebe das Rechtsgut der inneren und äußeren Funktionsbedingungen des Staates. Allerdings muß man sich darüber im klaren sein, daß man dadurch nur die Tatsache verdeckt, daß es

---

[130] Vgl. *Wagner*, Amtsverbrechen, S. 285 f., der §§ 332 und 353 b zu diesen Delikten zählt, während *Rudolphi* in SK, vor § 331, Rdnr. 7; und § 331, Rdnr. 2 ff., der Sache nach die Bestechungstatbestände dazu rechnet; ebenso *Schönke / Schröder / Cramer*, § 331, Rdnr. 5.

[131] Vgl. *Wagner*, Amtsverbrechen, S. 285 f.

[132] s. *Rudolphi* in SK, vor § 331, Rdnr. 7.

[133] Vgl. *Schönke / Schröder / Cramer*, § 331, Rdnr. 5: gemeinsamer Unrechtskern in genereller Gefährdung des Staatsapparates.

letztlich nur um eine abstrakte Gefährdung geht, da eine konkrete Gefährdung im Einzelfall nicht oder nur ausnahmsweise nachzuweisen sein wird. Eine solche Begriffsbildung birgt allerdings die Gefahr in sich, den Inhaber einer jeden Pflicht, die ja letzten Endes immer dem Rechtsfrieden und der Gerechtigkeit dient, als Garanten für diese Rechtsgüter anzusehen, wenn er nur zum Handeln verpflichtet ist.

Dieses erste Argument, das gegen die Annahme einer Garantenstellung spricht, reicht indessen zur Ablehnung noch nicht aus. Das zeigt sich daran, daß über die Reichweite der Gleichstellungsaufgabe des § 13 keine Einigkeit herrscht, insbesondere trotz der Erwähnung des Erfolges in § 13 die Anwendung auf abstrakte Gefährdungsdelikte diskutiert wird[134].

Schöne meint allerdings, daß die Beschränkung der Geltung des § 13 auf Erfolgsdelikte im engeren Sinne und konkrete Gefährdungsdelikte, die zusammen die Gruppe der Erfolgsdelikte im weiteren Sinne bilden, nicht unbedingt nötig sei, da die weniger strafwürdigen Unterlassungen ohnehin im Verlaufe der weiteren Prüfung eliminiert werden könnten[135].

Diesen Ansatz ausnutzend, kann man feststellen, daß — seien die Funktionsbedingungen des Staates nun zum Rechtsgut geworden oder Schutzzweck geblieben — eine imaginäre Person, der hinsichtlich dieses Zwecks Hemmungsfunktion zukäme, ständig überfordert wäre. Dies liegt daran, daß von den Gefahrenquellen, die der Amtswalter selbst und die untergebenen Amtswalter bilden, so viele Gefahren ausgehen können, wie Verhaltenspflichten für sie bestehen. Daher wäre ein Sprachgebrauch, der den Amtswaltern eine aus dem Gesichtspunkt der Überwachung von Gefahrenquellen herzuleitende Garantenfunktion zuspräche, zumindest dann sinnlos, wenn man mit dem Begriff des Garanten eine irgendwie geartete strafrechtliche Relevanz kennzeichnen will.

Will man aber die Gefährdung der Staatstätigkeit durch Amtswalter in ihrer nicht amtswahrnehmungsbezogenen Pflichtenstellung strafrechtlich erfassen, so ist man darauf angewiesen, daß der Gesetzgeber die Verletzung von bestimmten für die Staatstätigkeit besonders wesentlichen Pflichten sanktioniert hat. Dem Gesetzgeber steht es nämlich in gewissen Grenzen[136] — anders als dem Rechtsanwender — frei, die Verletzung auch solcher nicht amtswahrnehmungsbezogener Pflichten unter

---

[134] Vgl. zu den Möglichkeiten der Auslegung *Steiner*, MDR 71, S. 260; im übrigen verneinen die Anwendung *Jescheck* in LK, § 13, Rdnr. 2; *Rudolphi* in SK, § 13, Rdnr. 14; bejahend *Lackner*, § 13, Rdnr. 2; *Schönke / Schröder / Stree*, § 13, Rdnr. 3; vgl. auch *Horn*, JR 79, S. 292.

[135] *Schöne*, Erfolgsabwendung, S. 326.

[136] Vgl. dazu *Amelung*, Rechtsgüterschutz, insbesondere S. 308 ff.

Strafe zu stellen[137]. Durch diese Sanktionierung nimmt der Gesetzgeber dann im Grunde nichts anderes vor als die wegen der Weite des Schutzzwecks und der Anzahl der Gefahrenquellen erforderliche Benennung bestimmter Gefahren. Die Beherrscher dieser Gefahren mag man nunmehr Garanten nennen[138], da dem Begriff dann wenigstens strafrechtliche Relevanz zukommt, wenngleich die Regelung des § 13 ungeachtet ihrer Anwendung auf abstrakte Gefährdungsdelikte jedenfalls wegen der Existenz einer Spezialregelung[139] nicht herangezogen werden kann.

3. Ergebnis

Dem Amtswalter kommt kraft seiner nicht amtswahrnehmungsbezogenen Pflichtenstellung keine Garantenstellung zu.

Zum einen steht er in dieser Pflichtenstellung in keiner besonderen Beziehung zu den Rechtsgütern, für die eine Garantenstellung kraft Amtes besteht[140]. Zum anderen läßt ihn diese Pflichtenstellung auch nicht als Quelle bestimmter spezifischer Gefahren für die Staatstätigkeit erscheinen, für deren Eindämmung er als Garant immer auch strafrechtlich verantwortlich wäre[141].

Dem Gesetzgeber kann allerdings die Verletzung bestimmter Pflichten, die sich als Pflichten zur Überwachung einer Gefahrenquelle für staatliche Rechtsgüter begreifen lassen und u. U. auch durch Unterlassen verletzbar sind, gesondert unter Strafe stellen[142].

---

137 Vgl. *Wagner*, Amtsverbrechen, S. 155, demzufolge es eine scharfe Trennung zwischen Kriminal- und Disziplinarvergehen nicht gebe, sondern die Trennung allein eine kriminalpolitische Entscheidung des Gesetzgebers sei.

138 Es verhält sich insoweit ähnlich wie bei § 323 c, für den *Kaufmann*, Dogmatik, S. 276, von der Möglichkeit einer „mikrokosmischen Garantenstellung" spricht, obwohl die für die Garantenstellung notwendige nahe Beziehung zum verletzten Rechtsgut gerade fehle; vgl. zur Begriffsbildung auch *Herzberg*, Unterlassung, S. 176.

139 Auf den Vorrang solcher Regeln weist *Rudolphi* in SK, § 13, Rdnr. 4, hin.

140 s. oben 1., 2. a).

141 s. oben 2. b).

142 s. oben 2. b).

Dritter Teil

Deduktiver Ansatz zur Ermittlung der Garantenstellung von Amtswaltern

Das Ergebnis des induktiven Ansatzes[1] für das Bestehen einer Garantenstellung beim Amtswalterunterlassen ist nur ein Teilergebnis: Wenn überhaupt, kann der Amtswalter nur aufgrund seiner Amtswahrnehmungspflicht zum Garanten werden. Zur Beschreibung der genauen Grenzen der Garantenstellung von Amtswaltern bedarf es einer genaueren Wertung des Objekts. Dazu wiederum ist die Offenlegung der Wertungskriterien und damit die Offenlegung der Grundstruktur der Garantenstellung notwendig. Von dieser allgemeinen Struktur aus muß dann der deduktive Weg zur besonderen Amtswalterpflicht beschritten werden. Im Unterschied zum oben verfolgten induktiven Ansatz gibt es in der Literatur im einzelnen unterschiedlich weit verfolgte Versuche, den deduktiven Weg zu gehen.

A. Allgemeine Unterlassungsdogmatik als Ausgangspunkt

So liegt es nahe, die allgemeine Unterlassungsdogmatik daraufhin zu befragen, was sich aus ihr für die besondere Frage des Amtswalterunterlassens ergibt. Die Antwort auf diese Frage ist natürlich abhängig vom Stand der Unterlassungsdogmatik. Deswegen ist im Hinblick darauf zu unterscheiden, ob die materielle Einteilung der verschiedenen Garantenstellungen[2], auf die Kaufmann aufmerksam gemacht hatte[3], bekannt war.

I. Lösungen ohne Berücksichtigung der materiellen Einteilung der Garantenstellungen

1. Darstellung

Unter den Lösungen, die die Möglichkeit einer materiellen Einteilung der Garantenstellungen noch nicht berücksichtigen, verdienen im we-

---

[1] s. oben 2. Teil C I 9., II 3.
[2] s. oben 1. Teil A Fn. 64.
[3] *Kaufmann*, Dogmatik, S. 283.

sentlichen nur diejenigen hier Beachtung, die die Loslösung vom bloßen Rechtspflichtdenken vollzogen haben, das überwiegend üblich war, bevor Nagler für die Gleichsetzung von Handlung und Unterlassung forderte, daß der Unterlassende überhaupt als Garant für den Nichteintritt des Erfolges erscheinen müsse[4].

a) Drost, Nagler

Hingewiesen sei allerdings darauf, daß Drost es schon kurz zuvor für eine „groteske Konsequenz" des Rechtspflichtsdenkens gehalten hatte, daß der Schutzmann wegen aller von anderen begangenen Delikte strafbar wäre[5]. Zwar verstünde sich die dienstrechtliche Verantwortlichkeit, nicht aber die strafrechtliche[6], die diesbezügliche Lücke vermöge nur der Gesetzgeber zu schließen[7].

Nagler selbst verwies darauf, daß der Gesetzgeber die Gleichstellung der Passivität mit der positiven Tätigkeit von einem besonderen Pflichtenverhältnis abhängig machte[8]. Er beschränkte sich allerdings in diesem Zusammenhang auf die Nennung des Amtsvorgesetzten und des Beamten in § 357 I, II, ohne auf die fragliche strafrechtliche Verantwortlichkeit des Schutzmanns im Beispiel von Drost einzugehen[9].

b) Dahm, Vogt

Dahm hat sich zwar überwiegend kritisch mit den Ausführungen Naglers befaßt[10], dennoch stimmt er mit Nagler insoweit überein, als es auch ihm um eine materielle Bestimmung der notwendigen Rechtspflicht geht[11], es seien also Pflichten unterschiedlicher Stärke voneinander zu sondern. Die für die Annahme von strafbaren Unterlassungen notwendigen Pflichtverstärkungen seien in bestimmten Typen und Gruppen zu erfassen[12]. Unter einen solchen Typus fielen diejenigen, die ein Amt, einen Beruf oder eine besondere Rechtsstellung einnehmen[13]. Dahm will diesen Gedanken allerdings weder auf das Amt im technischen Sinne noch auf Beamte beschränkt sehen. Danach wären Amtswalter nur ein

---

4 Vgl. *Nagler*, GS 111, S. 59.

5 *Drost*, GS 109, S. 40.

6 GS 109, S. 41; vgl. auch GS 109, S. 53; für unverbildetes Empfinden recht sonderbare Konstruktion.

7 GS 109, S. 42.

8 *Nagler*, GS 111, S. 59.

9 Eine allgemein gehaltene Stellungnahme zu den Ausführungen von *Drost* findet sich allerdings bei *Nagler*, GS 111, S. 114 ff.

10 s. *Dahm*, ZStW 59, S. 140: Formel vom Garanten ist entweder nichtssagend oder schief.

11 ZStW 59, 164 f.

12 ZStW 59, S. 170.

13 ZStW 59, S. 173.

Anwendungsfall des übergreifenden Gedankens des Berufs, worunter Dahm die Rechtsstellung innerhalb der Volksgemeinschaft versteht. Auch wäre für Amtswalter nicht hinsichtlich ihrer unterschiedlichen Pflichtenstellung zu differenzieren.

Weitgehende Parallelen zu den Ausführungen Dahms weisen die von Vogt auf. Zunächst verwirft er wie dieser die Tauglichkeit des Garantiegedankens, weil dadurch nicht die Qualitäten aufgezeigt würden, die die Handlungspflicht aufweisen müsse, um volle Haftung für den Erfolg zu begründen[14]. Danach bemüht er sich um eine Kasuistik der Pflichtfälle, um die Handlungspflicht näher zu bestimmen. Wie Dahm kommt Vogt dabei zu dem Ergebnis, daß ein Entstehungsgrund von besonderen Pflichtenverhältnissen Stand und Beruf seien[15]. In diesem Bereich bestünde eine speziellere Ordnung, der eine engere Beziehung entspreche, woraus sich die Verpflichtung zur tätigen Abwendung von Gefahren ergebe. Ein solches Unterlassen aktiver Erfolgsabwendung bedeute für die Gemeinschaft dasselbe wie ein aktiver Eingriff in die Friedensordnung[16].

c) Doldi, Böhm

Positiver als Dahm und auch Vogt steht Doldi dem Wert des Garantenbegriffs gegenüber[17]. So meint er, daß nicht jede Amts-, Dienst- oder Fürsorgeobliegenheit eine spezielle Rechtspflicht zur Erfolgsabwendung nach sich ziehe[18], eine Garantenstellung sich für Polizisten aber dann ergebe, wenn dem Einzelnen Gefahren von außen drohen[19]. Er gründet dies auf den materiellen Gesichtspunkt, daß die Gemeinschaft hierauf vertraue und der Polizist in enger Beziehung zu den strafrechtlich geschützten Rechtsgütern stehe.

Wenn Böhm auch an der formalen Einteilung der Handlungspflichten festhält und die Rechtspflichten der Beamten unter die Rechtspflichten aus Gesetz einordnet[20], so bemüht er sich ebenfalls, darüber hinausgehende materielle Gesichtspunkte zu ermitteln. Die Beamten seien nämlich mit einer größeren Machtfülle versehen, als sie der normale Bürger besitze. Es gelte der ganz allgemeine Grundsatz, daß derjenige, dem die Rechtsordnung besondere Rechte eingeräumt habe, der Allgemeinheit gegenüber auch besondere Pflichten habe[21]. Insoweit klingt

---

14 *Vogt*, ZStW 63, S. 394.
15 ZStW 63, S. 396 ff.
16 ZStW 63, S. 399 f.
17 *Doldi*, Rechtspflicht, S. 37 f.
18 *Doldi*, S. 49.
19 *Doldi*, S. 50.
20 *Böhm*, Rechtspflicht, S. 54, 70 ff.
21 *Böhm*, S. 71.

hier der materielle Gedanke von Doldi an, daß die Gemeinschaft auf den Gebrauch der den Beamten eingeräumten Rechte vertraue[22]. In Anbetracht der Ableitung der Pflichten aus den Rechten der Beamten ist es nur konsequent, wenn Böhm fordert, daß die Pflichten den Rechten entsprechen müssen. Daraus folgt dann die Zuordnung bestimmter Aufgaben zu bestimmten Erfolgsabwendungspflichten. Daher müsse der Polizist, der dieser Pflicht zuwider nicht tätig in das Geschehen eingreife, obwohl er dies zur Aufrechterhaltung von Sicherheit und Ordnung gemußt hätte, ebenso bestraft werden, wie wenn er zur Verwirklichung des Erfolges tätig geworden wäre[23]. Die eigentliche Neuerung liegt damit in der materiellen Zuordnung, derzufolge immer geprüft werden müsse, zum Schutz welcher Rechtsgüter die Personen berufen sind[24]. Daher sei der Beamte — ergänze: nur — auf seinem Amtsposten zur Erfolgsabwendung voll verpflichtet[25]. Schließlich ist zu bemerken, daß Böhm, ohne diesbezüglich zu unterscheiden, den Vorgesetzten im Fall des § 357 erwähnt. Allein diesen und nicht etwa jeden Beamten treffe die Täterstrafe, wenn er Straftaten nicht verhindere[26].

d) Grünwald

Vor allem vor dem Hintergrund der verfassungsrechtlichen Problematik der unechten Unterlassungsdelikte sind die Thesen Grünwalds entstanden. Auch er glaubt wie Vogt und Dahm nicht, durch die Bezeichnung „Garantenstellung" der Lösung der Frage nähergerückt zu sein, welches die besonderen Voraussetzungen seien, damit die Nichtabwendung eines Erfolges seiner Verursachung gleichgestellt werden könne[27]. Dies trage dazu bei, daß die Bedenken der Zulässigkeit der Bestrafung von Unterlassungen auf der Hand lägen[28].

Die für das Amtswalterunterlassen interessanten Passagen ergeben sich aber erst dadurch, daß Grünwald dies zum Anlaß nimmt, einen Gesetzgebungsvorschlag der Großen Strafrechtskommission zu überprüfen. Diesem Vorschlag sei der Mangel eigen, daß er die Voraussetzungen der Gleichstellung mit Gültigkeit für alle Straftaten festzulegen versuche, demgegenüber richtigerweise bestimmte Garantenstellungen aber nur bestimmten Delikten zugeordnet werden könnten[29].

---

[22] Vgl. auch *Böhm*, S. 74, selbst bezüglich anderer besonderer Berufsstellungen; so auch in JuS 61, S. 180 l. Sp., wonach sich die Allgemeinheit auf die rechtmäßige Dienstausübung durch Beamte verläßt.

[23] *Böhm*, S. 71.

[24] *Böhm*, S. 72 f.

[25] *Böhm*, S. 73.

[26] *Böhm*, S. 72.

[27] *Grünwald*, ZStW 70, S. 413 f.

[28] ZStW 70, S. 417.

[29] ZStW 70, S. 424.

Grünwald schlägt deswegen eine Regelung im Besonderen Teil vor, deren (materielle) Grundzüge er aufzuzeigen versucht. Dies führt ihn zu einer Aufteilung in verschiedene Gruppen der Garantenstellungen, von denen zwei auch für das Unterlassen von Amtswaltern Bedeutung haben. Bei der einen Gruppe bestehe eine Beziehung zwischen dem Unterlassenden und dem Täter einer Straftat, zu dieser Gruppe zähle bereits § 357, dessen Unrecht mit dem nicht verhinderten Handlungsdelikt identisch sei. Ähnliche Bestimmungen müßten für Vorgesetzte innerhalb der Bundeswehr geschaffen werden[30].

Das Charakteristikum der anderen für Amtswalter relevanten Gruppe sei die Ausübung öffentlicher Funktionen, worunter der gesamte Bereich der Amtsdelikte und auch Unterlassungen von Ordnungsbeamten fielen, die Straftaten nicht verhindern[31].

2. Zusammenfassung und Kritik

Faßt man die bisherigen Ansätze zur Lösung der Garantenstellungen zusammen, so fällt auf, daß man zunächst auf dem Wege war, eine Unterteilung in verschiedene Gruppen von möglichen Amtswaltergarantenstellungen vorzunehmen. Dies ergibt sich aus der Zusammenschau der betreffenden Bemerkungen von Drost und Nagler[32]. Während Drost die Garantenstellung des Schutzmanns wegen aller von anderen begangenen Delikte im Auge hatte, äußerte sich Nagler nur in bezug auf § 357. Dieser Weg wurde danach jedoch nicht weiter verfolgt, im Gegenteil beschränkten Dahm und Vogt sich darauf, bestimmte Garantenstellungen unter Stand oder Beruf einzuordnen, worunter u. a. auch Amtswalter fielen[33].

Erst bei Doldi und Böhm kommt ein materieller Gesichtspunkt ins Spiel[34]. Beide verweisen nämlich bei den Rechtspflichten der Beamten darauf, daß die Gemeinschaft auf den Einsatz der Rechte vertraue, woraus sich dann eine Gleichstellung mit dem positiven Tun gerade für den Aufgabenbereich ergibt, in dem die besonderen Rechte und Pflichten bestehen. Allerdings differenzieren weder Doldi noch Böhm im Hinblick auf § 357. Doldi erwähnt § 357 gar nicht, während Böhm § 357 mit seinen anderen Beispielen, in denen die Beamten zum Schutz bestimmter Rechtsgüter berufen sind, gleichzusetzen scheint.

Zur Aufdeckung der unterschiedlichen Aspekte der verschiedenen Amtswalterunterlassungen hinsichtlich der Garantenstellung führt da-

---

[30] ZStW 70, S. 427.
[31] ZStW 70, S. 426, 428.
[32] s. oben 1. a).
[33] s. oben 1. b).
[34] s. oben 1. c).

durch erst Grünwalds Skepsis gegenüber der Verfassungsmäßigkeit der Bestrafung von Unterlassungen. Hinter seiner sich daraus ergebenden Einteilung verbergen sich nämlich beide Aspekte, weil sowohl Naglers Gedanke an § 357 in der Gruppe, in der eine Beziehung zwischen dem Unterlassenden und dem Täter einer Straftat besteht, als auch der Gedanke Drosts in der Gruppe der Ausübung öffentlicher Funktionen wieder auftauchen. Letzterer Gedanke berührt sich mit dem materiellen Gesichtspunkt von Doldi und Böhm aufs engste.

Die abweichenden Ergebnisse Dahms und Vogts folgen daraus, daß sie im Unterschied zu allen anderen nicht vom Rechtsgüterschutz ausgehen[35]. Sie halten daher zwar ebenfalls noch eine Ergänzung des Unrechts, das der Unterlasung gegenüber der Handlung fehlt, für nötig. Da sie jedoch nicht vom Rechtsgüterschutz ausgehen, ergänzen sie das fehlende Handlungsunrecht nicht durch gleichartiges, d. h. auch auf das durch den betreffenden Tatbestand geschützte Rechtsgut bezogene Unterlassungsunrecht. Ihnen genügt es deshalb schon, einen Eingriff der Unterlassung in die Friedensordnung der Gemeinschaft[36] bzw. eine Erschütterung der Rechtsstellung in der Volksgemeinschaft festzustellen. Sieht man den erforderlichen Unrechtsausgleich in dieser Weise, kann man auch zu keiner Unterscheidung im Hinblick auf verschiedene Pflichtenstellungen innerhalb des Berufs oder Standes des Amtswalters gelangen, da in die Friedensordnung als solche durch Verletzung einer jeden Pflicht eingegriffen wird. Bei dieser das tatbestandlich geschützte Rechtsgut aussparenden Betrachtungsweise muß man sich jedoch den Vorwurf gefallen lassen, daß das ausgeglichene Unrecht zwar vielleicht quantitativ gleich hoch ist, jedoch von anderer Qualität, da nicht mehr oder noch nicht tatbestandsmäßig. Daher kann die Schaffung einer zusätzlichen Gruppe von Garantenstellungen im Hinblick auf Berufsstellungen als solche[37] schon jetzt verworfen werden.

Auf der anderen Seite wird hieran schon der Wert des bloßen, noch nicht weiter ausgeformten Garantengedankens deutlich, da er immer schon die Frage nach dem „Wofür" und damit nach dem Objekt der Garantie, dem Rechtsgut bzw. dem Rechtsgutsobjekt, in sich einschließt.

Festzuhalten ist allerdings ebenfalls, daß Grünwald, der diesen Wert des Garantengedankens schon allein durch seine Einteilung auszunutzen ansetzt, hierbei zu einem Ergebnis gelangt, das dem von Doldi und Böhm widerspricht. Grünwald erkennt in dem Fall des Ordnungsbeamten, der Straftaten anderer nicht verhindert, nur das Unrecht einer

---

[35] Vgl. ausdrücklich *Dahm*, ZStW 59, S. 140: Garantenformel ist Ausdruck eines die Dinge einseitig vom Rechtsgut her sehenden Strafrechtsdenkens.

[36] *Vogt*, ZStW 63, S. 400.

[37] Vgl. hierzu auch *Henkel*, MSchrKrim 61, S. 191, der die Erforderlichkeit der Bildung einer solchen Gruppe offenläßt.

Amtspflichtverletzung[38]. Demgegenüber deuten Doldi und Böhm einen Bezug zu einem strafrechtlich geschützten Rechtsgut und damit das Vorliegen entsprechenden Unrechts an, indem sie darauf hinweisen, daß die Gemeinschaft auf den Einsatz von Inhabern bestimmter Positionen vertraue[39].

Umgekehrt ist Grünwald der Auffassung, daß die Unterlassung des Vorgesetzten im Rahmen des § 357 ihren Unwert von dem nicht verhinderten Handlungsdelikt übernehme[40].

II. Lösungen unter Berücksichtigung der materiellen Einteilung der Garantenstellungen

Nachdem sich zunehmend die Erkenntnis durchsetzt, daß die allein formale Betrachtung der Rechtsquellen einer Handlungspflicht noch nichts über ihren Inhalt aussagt[41], ist es nur konsequent, die sich dann zumindest als Ergänzung, wenn nicht gar als Ersatz[42] anbietende materielle Einteilung in die zwei Hauptgruppen von Garantenstellungen für das Amtswalterunterlassen auszunutzen.

Auffällig ist es, wenn gerade Kaufmann, der die Möglichkeit der Einteilung in die beiden Gruppen dargestellt hat, das eigentliche Gleichstellungsproblem des Vorliegens eines Garantieverhältnisses auch mit Hilfe des Falles eines unterlassenden Amtswalters verdeutlicht. Er setzt den Fall, es wird den Postbeamten durch ein Gesetz aufdrücklich auferlegt, während ihrer Dienstzeit jede Gefahr für Leib oder Leben eines Bürgers abzuwenden[43]. Damit bestünde dann zwar eine gesetzliche Erfolgsabwendungspflicht, der unterlassende Postbeamte sei aber nicht aus § 212 zu bestrafen, da die Frage nach der speziellen Garantieposition des Postbeamten gegenüber dem verletzten Rechtsgut zu verneinen sei[44]. Ganz ähnliche Bedenken hat auch Geilen bezüglich der Garantenhaftung des Polizisten, der zur Verhinderung von strafbaren Handlungen im Unterschied zu Kaufmanns Beispielsfall sogar tatsächlich ausdrücklich berufen ist, weil er es für zweifelhaft hält, ob eine Berufspflicht hierfür genügt[45].

---

38 *Grünwald,* ZStW 70, S. 428.

39 s. oben 1. c).

40 s. oben 1. d).

41 s. oben 1. Teil A Fn. 64.

42 Dazu, daß diese Einteilung als Ergänzung oder Ersatz heranzuziehen ist, s. oben 1. Teil A III.

43 *Kaufmann,* Dogmatik, S. 285; s. auch JuS 61, S. 177.

44 *Kaufmann,* Dogmatik, S. 286.

45 *Geilen,* FamRZ 61, S. 159.

Bei der Lösung solcher Fragen verspricht also möglicherweise die Einordnung in die materielle Einteilung Erfolg.

1. Einordnung in die materielle Einteilung

a) Darstellung

Die Darstellung der Stellungnahmen, die in dieser einordnenden Weise vorgehen, richtet sich nach der Einteilung selbst.

aa) Garantie der Überwachung bestimmter Gefahrenquellen

Aus dem Gesichtspunkt der Verantwortlichkeit für bestimmte Gefahrenquellen wird vielfach eine Garantenstellung mancher Amtswalter für das Handeln dritter Personen abgeleitet[46]. Dem entspricht die Einordnung bei Schmidhäuser in die Sicherungsgarantie gegen die Begehung von Straftaten[47]. Als Beispiele werden dann jeweils die Garantenstellungen des vorgesetzten Amtsträgers gem. § 357, des militärischen Vorgesetzten gem. § 41 WStG und des Schiffsoffiziers gem. § 108 SeemannsG genannt. Außerdem bestehe eine Garantenstellung des Lehrers hinsichtlich strafbarer Handlungen seiner Schüler und des Gefangenenpersonals für strafbare Handlungen der Gefangenen.

Unterschiedlich fallen dabei die Hinweise auf zugrundeliegende materielle Gesichtspunkte aus. Maßgebend sei der Gedanke, daß die Allgemeinheit im Hinblick auf bestehende Autoritäts- und Aufsichtsstellungen darauf vertraue, daß der Pflichtige Gefahren, die von der zu überwachenden Person ausgehen, beherrscht[48]. Schmidhäuser weist demgegenüber nur auf die Übernahme eines öffentlichen Amtes hin[49].

Keine Einigkeit besteht nun darüber, ob auch der Fall des eine Straftat nicht verhindernden Polizeibeamten zur Gruppe der Garantenstellung zur Überwachung einer Gefahrenquelle gehöre. Während manche Autoren den Fall in diesem Zusammenhang gar nicht erwähnen, lehnt Rudolphi dies sogar ausdrücklich mit der Begründung ab, daß kein konkretes Abhängigkeitsverhältnis des Bürgers vom Amtswalter bestehe bzw. dieser umgekehrt nicht die notwendige Aufsichts- und Be-

---

[46] *Jescheck*, AT, S. 509 f.; *Rudolphi* in SK, § 13, Rdnr. 35; *Schönke / Schröder / Stree*, § 13, Rdnrn. 13, 51, 52; *Stratenwerth*, AT, Rdnr. 994, der allerdings bezüglich § 41 WStG skeptisch ist.

[47] *Schmidhäuser*, AT, 16/61; vgl. auch Studienbuch, 12/36.

[48] *Jescheck*, AT, S. 509, und in LK, § 13, Rdnr. 41; ähnlich *Schönke / Schröder / Stree*, § 13, Rdnr. 52.

[49] *Schmidhäuser*, AT, 16/61.

fehlsgewalt habe[50]. Demgegenüber erkennen Schmidhäuser[51] und Stree[52] eine Garantenstellung unter dem in Frage stehenden Gesichtspunkt an.

bb) Garantie der Obhut über bestimmte Rechtsgüter

Auch die zweite Gruppe der Obhutsgarantie wird überwiegend als auch für Amtswalter relevant angesehen.

Häufig wird insoweit der Übernahmegesichtspunkt angedeutet. Eine Obhutsgarantie könne aufgrund einer öffentlich-rechtlichen Anstellung begründet werden[53]. Eine Handlungspflicht ergebe sich für einen Amtswalter möglicherweise auch im Rahmen seines Aufgabenbereichs, diese folge dann aus der damit gegebenen besonderen Tätereigenschaft bzw. besonderen Pflichtenstellung[54]. Nach Jescheck gelten die Regeln über die freiwillige Übernahme auch dann, wenn jemand schon aufgrund seines Berufs oder seiner Stellung einen besonderen Pflichtenkreis zu betreuen und in diesem Rahmen Gefahren für Rechtsgüter abzuwenden habe[55].

Nicht so deutlich ist die Anerkennung der Relevanz auch der zweiten Gruppe der Garantenstellung zum Schutz eines bestimmten Rechtsguts bei Stratenwerth. Sie ergibt sich aber aus dem Kontext[56]. Außer durch die Überwachung von Gefahrenquellen könnten Beamte dann Garanten sein, soweit ihnen eigene Verantwortung zukomme. Die gesetzliche Formulierung von Pflichten etwa in §§ 52, 54 BBG reiche dafür nicht aus, es genüge aber die Verantwortung für einen bestimmten Sachbereich[57]. Außerdem nennt Stratenwerth das Beispiel des Staatsanwalts, der entgegen seiner Verfolgungspflicht Ermittlungen unterläßt[58].

Strittig ist auch innerhalb der Gruppe der Obhutsgarantie, ob Polizisten, die z. B. Straftaten der Bürger nicht verhindern, als Beschützergaranten anzusehen seien. Während Jescheck dies ausdrücklich bejaht[59],

---

[50] *Rudolphi* in SK, § 13, Rdnr. 36.

[51] AT 16/61, allerdings mit dem Zusatz, daß die Sicherungsgarantie ganz von der Analyse des Einzelfalles, insbesondere von der Schwere der Tat abhängt.

[52] *Schönke / Schröder / Stree*, § 13, Rdnr. 52.

[53] *Schmidhäuser*, AT, 16/45; *Schönke / Schröder / Stree*, § 13, Rdnr. 10.

[54] *Schönke / Schröder / Stree*, § 13, Rdnrn. 10, 31.

[55] *Jescheck* in LK, § 13, Rdnrn. 27, 29; vgl. auch AT, S. 510, 506.

[56] Vgl. *Stratenwerth*, AT, Rdnr. 991, wo auf die Alternativen der Beziehungen des Verpflichteten entweder zum betreffenden Rechtsgut oder zur Gefahrenquelle hingewiesen wird.

[57] *Stratenwerth*, AT, Rdnr. 992.

[58] AT, Rdnr. 992.

[59] *Jescheck*, AT, S. 510, 506, und in LK, § 13, Rdnr. 29.

findet sich der entgegengesetzte Standpunkt bei Rudolphi[60]. Schmidhäuser und Stree gehen auf dieses Beispiel gar nicht mehr ein, weil sie es bereits der Sicherungsgarantie zugeordnet haben[61].

b) Zusammenfassung und Kritik

Soweit also die materielle Einteilung der Garantenstellungen als erfolgsversprechender Ansatz verstanden wird und somit in diese auch die Unterlassungen der Amtswalter eingeordnet werden, besteht zumindest in den Ergebnissen keine völlige Übereinstimmung. Eine gewisse Übereinstimmung liegt aber darin, daß alle diese Autoren die verschiedenen Amtswalterunterlassungen auf beide Hauptgruppen verteilen. Völlige Einigkeit herrscht innerhalb derjenigen, die die Frage der Garantenstellung von Amtswaltern unter Berücksichtigung der materiellen Einteilung vornehmen, zudem darüber, daß § 357 als Fall der Überwachung einer bestimmten Gefahrenquelle zu kennzeichnen sei[62], für den Grünwald in inhaltlicher Übereinstimmung erklärt, daß das Unrecht des § 357 mit dem des nicht verhinderten Handlungsdelikts identisch sei[63]. Alle Autoren gehen damit nämlich davon aus, daß das Unrecht in dem Eingriff in das von der Gefahrenquelle des Untergebenen angegriffene Rechtsgut liegt.

Ein ähnlicher Konsens gilt für die übrigen Fälle der Überwachung von gefährlichen Personen. Sie werden alle als Garanten zur Überwachung bestimmter Gefahrenquellen angesehen[64].

Für die Gruppe der Garantenstellungen zum Schutz bestimmter Rechtsgüter ist zunächst eine unterschiedliche Akzentuierung festzustellen. Während bei Schmidhäuser nämlich der Eindruck entsteht, als „ginge die Einordnung hier ohne Rest auf", da er insoweit nur auf die Übernahme einer Schutzposition hinweist, halten die anderen zumindest eine Ergänzung zum Inhalt der Schutzposition von Amtswaltern für nötig. Diese Position ergebe sich aus der besonderen Stellung oder Verantwortung. Damit wird außer der materiellen Einordnung selbst ein weiterer materieller Gesichtspunkt in die Diskussion gebracht, der Übereinstimmung mit den Gedankenführungen von Doldi und Böhm aufweist. Diese hatten nämlich auf den Vertrauensgesichtspunkt hingewiesen[65]. Es besteht aber eine gegenseitige Beziehung zwischen Begriffen wie Vertrauen, Stellung und Verantwortung: Dem Inhaber einer beson-

---

[60] *Rudolphi* in SK, § 13, Rdnrn. 36, 54 b.

[61] s. oben aa).

[62] s. oben a) aa).

[63] s. oben I 1. d).

[64] s. oben a) aa).

[65] s. oben I 1. c).

deren Stellung oder dem Träger einer gesteigerten Verantwortung wird auch in gesteigertem Maße vertraut[66], wodurch wiederum seine Pflichtenstellung besondere Bedeutung erhält. Nur das Bestehen einer solchen Beziehung gilt es hier festzuhalten, aber noch nicht, daraus schon hier weiteres abzuleiten.

Im Hinblick auf die Einordnung in die Gruppe der Garantenstellungen zum Schutz bestimmter Rechtsgüter verdienen sodann die Auffassungen Schmidhäusers und Strees für den Fall des Polizisten, der strafbare Handlungen nicht verhindert, Beachtung. Schmidhäuser ordnet diesen Fall in die Gruppe der Sicherungsgarantie ein, was der Einordnung in die Garantie zur Überwachung bestimmter Gefahrenquellen bei Stree entspricht[67]. Damit liegt ein Widerspruch zu den Auffassungen von Jescheck und Rudolphi und auch dem Ansatz von Doldi und Böhm[68] vor, wenn man diesen weiterdenkt.

Die Kennzeichnung des Polizisten als Überwacher einer Gefahrenquelle wäre nur dann sinnvoll, wenn es sich um bestimmte Gefahrenquellen handelte. Bei der Aufgabe der Polizei sind die Quellen der Gefahren aber durchaus unbestimmt. Schon bei der Verhinderung von Straftaten gibt es so viele Gefahrenquellen, wie zu strafbaren Handlungen fähige Personen existieren. Zudem haben Polizisten nicht nur von Personen ausgehende Gefahren zu beherrschen. Damit ergibt sich, daß die Einordnung Schmidhäusers und Strees die Tatsache verdeckt, daß Polizisten alle Gefahren abzuwehren haben, aus welcher Quelle die Gefahr auch stammt. Letztlich würden die Konturen der Position des Polizisten also nicht klarer, sondern das Gegenteil wäre der Fall. Polizisten sind also jedenfalls nicht Garanten zur Überwachung bestimmter Gefahrenquellen.

Ob sie dennoch Garanten, nämlich solche zur Überwachung bestimmter Rechtsgüter sind, ist hier noch nicht zu entscheiden. Eine Antwort auf diese offene Frage ergibt sich auch nicht aus der Stellungnahme Kaufmanns zu seinem fiktiven Beispiel des Postbeamten[69]. Vielmehr liegt diese eher auf einer Ebene mit dem Ergebnis des induktiven Ansatzes. Wenn den Postbeamten nämlich außer ihrer tatsächlichen Amtswahrnehmungspflicht noch die zum Schutze von Leib und Leben der Bürger auferlegt würde, so ließe sich diese als eine nicht amtswahrnehmungsbezogene Pflicht begreifen, die daher als Grundlage einer Garantenpflicht untauglich ist[70]. Allerdings ließe sich ebenso folgern,

[66] s. oben a) aa).
[67] s. oben a).
[68] s. oben I 1. c).
[69] s. oben vor 1.
[70] s. oben 2. Teil C II 3.

daß die Postbeamten dann eben nicht mehr nur Post-, sondern auch Polizeibeamte wären, so daß sich das Problem wie bei diesen stellen würde. Wie das Beispiel Kaufmanns genau zu deuten ist, ist nicht mit Sicherheit zu sagen. Deswegen und weil es bei intakter Ämterverfassung kaum denkbar ist[71], ist das Beispiel nicht sehr glücklich gewählt und erlaubt daher keine weiteren Ableitungen.

2. Grundsätzliche Ansätze

Weitergehend als diejenigen, die im wesentlichen nur eine Einordnung in die materielle Einteilung für Amtswalter vornehmen, meinen manche Autoren, übergreifendere Strukturen aller Garantenstellungen erkannt zu haben. Sie bemühen sich deswegen nicht nur um eine Einordnung in die bekannte materielle Einteilung, sondern um eine deduktive Ableitung aus diesen Grundstrukturen.

a) Darstellung

aa) Androulakis

Der grundsätzliche Ansatzpunkt von Androulakis ist die ontologische Vergleichbarkeit der Unterlassung mit einer Handlung desselben konkreten Subjekts[72]. Die ontologische Gleichheit sei zu bejahen, wenn die Nähe als Vorfrage zu bejahen sei.

Die Bejahung der Nähefrage wiederum setze die Bejahung der Unterfrage voraus, daß der Unterlassende „schon vorher da" sei. Das bedeute, daß der Unterlassende für den Träger des verletzten Rechtsguts, für den Beschädigten oder für den Verletzer oder für das die Gefahrenquelle in sich bergende Ding schon vorher da sein müsse. Die hiermit genannten verschiedenen Bezugspunkte der Nähe[73] lassen erkennen, daß Androulakis die materielle Einteilung nicht etwa ablehnt, die Nähe aber als allgemein gültiges Strukturelement ausgemacht zu haben meint. Bei einem zufällig anwesenden Polizisten sei schon die erste Voraussetzung der Nähe, das „Vorher-Da-Sein", nicht gegeben. Diese Beziehung sei weder personifizierbar noch konkret[74]. Allerdings liege die erforderliche Personifizierbarkeit und Konkretheit dann vor, wenn dem Bürger der für seine Sicherheit und damit der — wie zu ergänzen ist — für die Aufrechterhaltung auch seiner Rechtsgüter zuständige Polizist gegenüber stehe[75].

---

71 So *Wagner*, Amtsverbrechen, S. 255 Fn. 66.

72 *Androulakis*, Studien, S. 205.

73 Hierzu auch S. 209 ff.

74 S. 206.

75 S. 207.

Zudem müsse der Unterlassende neben der Gefahr stehen[76]. Auf diese Weise erreicht Androulakis eine gegenseitige Zuordnung von Gefahr und verletztem Rechtsgut. Manche Personen müssen demnach nur gewisse Gefahren beherrschen, die sich auch nur auf bestimmte Rechtsgüter der Personen auswirken können. Für die übrigen Rechtsgüter ist der Unterlassende dann zwar auch überhaupt „da", aber nicht auch „da-neben". Die erforderliche Nähebeziehung existiert nach Androulakis hier nicht. Dies sei der Grund, weshalb der Amtsvorgesetzte nur aus § 357 zu bestrafen sei, wenn er eine „im Amte" begangene Handlung seines Untergebenen geschehen lasse[77]. § 357 sei allerdings nicht nur durch die Nähe zum Untergebenen, sondern vor allem durch die Nähe zum Amt gekennzeichnet[78].

Mit den bisher bezeichneten Voraussetzungen sei die eigentliche Frage aber nicht beantwortet, da nicht jede unechte Unterlassung auch ein unechtes Unterlassungsdelikt bilde[79]. Die eigentliche Frage sei die nach der Strafwürdigkeit, wofür das jeweils vorherrschende weltanschauliche, politische, im allgemeinen soziale Klima maßgeblich sei. Die folgenden Ausführungen von Androulakis zu dieser Frage geben aber keine weiteren Aufschlüsse gerade zur Garantenstellung von Amtswaltern.

bb) Schünemann

Einen weiter ins Besondere reichenden Vorstoß unternimmt Schünemann. Nachdem er sich zunächst wie Androulakis mit der Grundstruktur der Garantenstellungen befaßt, wendet er sich dann auf dieser Grundlage u. a. auch eingehender der möglichen besonderen Garantenstellung von Amtswaltern zu. Zur Ermittlung der Grundstruktur bedient er sich zunächst ebenfalls eines allgemeinen Vergleichs der Handlungshaftung mit der Unterlassungshaftung. Der Grund dafür, daß ein bestimmter Erfolg einer handelnden Person zugerechnet werden könne, liege in der Herrschaft der Person über den Grund des Erfolges[80]. Dieser Zurechnungsgrund sei auch für die Unterlassung gültig, sei also tertium comparationis von Handlung und Unterlassung[81]. Schünemanns Bemühungen um eine Konkretisierung dieses Zurechnungsprinzips führen ihn zur Erkenntnis, daß der Grund des Erfolges entweder in einer Station des Kausalverlaufs selbst oder in der besonderen Hilflosigkeit

---

[76] S. 208.

[77] S. 209.

[78] S. 212, Fn. 205.

[79] S. 219 ff.

[80] *Schünemann*, Grund und Grenzen, S. 236.

[81] S. 237.

des Opfers gefunden werden könne[82]. Formen des Erfolgsgrundes seien also die wesentliche Erfolgsursache und die Anfälligkeit des Opfers[83].

Diese Aufgliederung weist eine beim ersten Blick auffallende Ähnlichkeit zur materiellen Einteilung von Garantenstellungen auf. Dieser gegenüber erkennt Schünemann in seiner Einteilung aber den Vorteil, daß in ihr bereits der in der Natur der Sache liegende Grund für die Garantenstellung herausgearbeitet sei[84]. Damit ist der allgemeine Ausgangspunkt geschaffen, den Schünemann im weiteren Verlauf ausnutzt und dabei auch manches zum Amtswalter als möglichem Garanten bemerkt.

Der Amtswalter kommt Schünemanns Einteilung zufolge zunächst als Inhaber der Herrschaft über eine wesentliche Erfolgsursache in Betracht, der die Gruppe der Garantenstellungen zur Überwachung einer Gefahrenquelle nach der üblichen materiellen Einteilung entspricht. Nach Schünemann zerfällt diese Gruppe in zwei Untergruppen. Die eine sei die Herrschaft über gefährliche Sachen oder Verrichtungen. Hier findet sich die Bemerkung, daß die Übernahme dieser Herrschaft auch in Form eines organisatorischen Aktes erfolgen könne[85]. Wer als Beamter oder Angestellter z. B. einen Posten in dem für die Verkehrsaufsicht zuständigen Dezernat der Straßenbaubehörde übernehme[86], übernehme damit zugleich die zugeordnete Herrschaftsgewalt.

Die zweite Gruppe sei die Aufsichtsgewalt über konstitutionell oder partiell unmündige gefährliche Personen[87]. Die gefährliche Person müßte in der Aufsichts- und Befehlsgewalt des Hintermanns stehen. Paradefall der partiellen Unmündigkeit, die nur zu einer gegenständlich begrenzten Herrschaftsbeziehung führe, sei die Beziehung zwischen Vorgesetztem und Untergebenen. Die Konsequenzen für das unechte Unterlassungsdelikt seien in § 357 positiv geregelt[88]. Der Fall des Polizisten, der gegen eine Straftat nicht einschreitet, könne hingegen hier nicht eingeordnet werden, da die Aufsichtsgewalt immer personale Herrschaft voraussetze[89]. Der Herrschaft über die Anfälligkeit des Opfers bei Schünemann entspricht die Garantie zum Schutz bestimmter Rechtsgüter. Eine solche Herrschaftsbeziehung setze einen Vertrauensakt oder eine Disposition des bedrohten Opfers voraus[90]. Im Makroorganismus der Gesamtgesell-

---

[82] S. 241.

[83] S. 241.

[84] S. 242.

[85] S. 297.

[86] Dieses Beispiel findet sich auf S. 297 Fn. 78; weitere Beispiele auf S. 363.

[87] S. 323 f.

[88] S. 328.

[89] S. 329.

schaft sei die Herrschaft aber durch keine konkreten Dispositionen des Rechtsgutsträgers begründet[91]. Die öffentlich-rechtliche Befehlsgewalt z. B. des Polizisten, der auf einem Streifengang einen Diebstahl bemerkt und nicht dagegen einschreitet, sei daher auch unter diesem Gesichtspunkt abzulehnen[92]. Die echte Unterlassung des Polizisten erfordere zur Bestrafung einen Spezialtatbestand[93].

cc) Herzberg

Ähnlich wie Schünemann sucht auch Herzberg zunächst nach einem tertium comparationis von Handlung und Unterlassung. Er geht dabei von der Gültigkeit des Garantenprinzips bei Unterlassungen aus und versucht dessen Anwendbarkeit auf Handlungen darzutun[94]. So gewinnt er das tertium comparationis in einem negativen Handlungsbegriff. Kennzeichnend sei für Tun und Lassen das vermeidbare Nichtvermeiden eines Erfolges in Garantenstellung[95], wobei der Handelnde immer Garant sei, da er selbst als Gefahrenquelle erscheine[96].

Daher ist es nicht verwunderlich, daß Herzberg allgemein die Existenz einer Garantenpflicht aus besonderer Gefahrenquellenzuständigkeit anerkennt[97]. Erforderlich sei hierzu zumindest tatsächliche Herrschaftsgewalt über die Drittperson oder Sache und zusätzlich rechtliche Befehlsgewalt, soweit es um die Haftung für das Handeln dritter Personen gehe[98]. Beispiele seien § 357, § 41 WStG, § 108 SeemannsG.

Zudem erfordere das Zusammenleben in menschlicher Gemeinschaft die Solidarität anderer auch dann, wenn die Gefahr nicht in der höchstpersönlichen Überwachungssphäre ihren Ursprung habe. Es gebe daher Beschützergaranten[99]. Zum Beschützer eines Rechtsguts könne man auch durch Obhutsübernahme werden[100], in dessen Nähe sich Garantenstellungen aus beruflicher Sonderstellung befänden[101]. Nachdem Herzberg die Tauglichkeit und Notwendigkeit der Schaffung einer minimalen Gefahr durch die Obhut, d. h. eines Gefahrenkriteriums, zur Konkretisierung einer solchen Garantenstellung abgelehnt hat, was dann wohl

[90] S. 351.
[91] S. 355.
[92] S. 355, 363.
[93] S. 363.
[94] So *Herzberg*, Unterlassung, S. 192, zu seinem eigenen Vorgehen.
[95] S. 169 f.
[96] Vgl. die Skizze S. 182.
[97] S. 315 ff.
[98] S. 320 f.
[99] S. 334 ff.
[100] S. 348.
[101] S. 355.

auch für die berufliche Sonderstellung zu gelten hat, verweist er auf die Sinn- und Wertfrage, ob die Übernahme eines Richteramtes die garantenspezifisch soziale Nähebeziehung zwischen Beschützer und Schützling hat entstehen lassen. Man könne nun eine Beschützergarantenstellung nicht nur durch überindividuelle Obhutsübernahme, sondern auch durch Ergreifen eines bestimmten Berufes erlangen, mit dem sich nach rechtlichen und sozialen Wertungen die Vorstellung einer generell erhöhten Verantwortlichkeit verbinde[102], so daß dann ein bestimmtes Rechtsgut als besonders anvertraut erscheine. Danach sei der Polizist, der Straftaten nicht verhindert, nicht Beschützergarant, obwohl er eine rechtliche Verpflichtung habe. Besonders anvertraut seien dem Polizisten nämlich nicht die Rechtsgüter der Bürger, sondern allein die öffentliche Sicherheit und Ordnung[103].

dd) Arzt

Auch Arzt führt alle Garantenstellungen an mehreren Stellen seiner Darstellung auf ein allen gemeinsames Merkmal zurück. Er ermittelt die Grundstruktur der Garantenstellung allerdings nicht wie die vorhergehenden Ansätze mittels eines Vergleichs der Handlung mit der Unterlassung, sondern weist zunächst einmal auf die allgemein und in konkreten Fällen verfließenden Grenzen zwischen den jeweiligen Garantenstellungen hin[104]. So führe die Übernahme einer gesetzlichen Pflichtenstellung nur dann zur Garantenstellung, wenn ein Element der Gefahrschaffung hinzukomme, das auch in der Form der Enttäuschung berechtigten Vertrauens existieren könne[105]. In allen Garantenstellungen stecke diese zumindest rudimentäre Gefahrschaffung als Begehungselement. Mittelbar könne diese Gefahrschaffung dadurch erfolgen, daß eine Aufgabe der Gefahrenabwehr übernommen, aber nicht einwandfrei durchgeführt werde[106].

Auch für amtliche Retter sei dieses gemeinsame Element konstitutiv, so daß es an der Garantenstellung fehle, wenn nicht mit dem Übernahmeelement auch der Gefahrschaffungs- bzw. Vertrauenstatbestand gegeben sei[107]. Die für amtliche Retter gültigen Garantieverhältnisse könnten sowohl unter dem Aspekt der Bewachung wie des Schutzes stehen. Daraus ergibt sich, daß sie in beide Hauptgruppen der materiellen Einteilung der Garantenstellungen eingeordnet werden können. Als Beispiel nennt Arzt den Fall des Polizisten, der sowohl zur Verhinde-

---

102 S. 356.
103 S. 356.
104 *Arzt*, JA 80, S. 649 f.
105 JA 80, S. 650.
106 JA 80, S. 714.
107 JA 80, S. 650.

rung von Straftaten und damit offenbar zur Bewachung als auch zur Rettung des Opfers und damit zu dessen Schutz verpflichtet sei[108].

b) Zusammenfassung und Kritik

Beim zusammenfassenden Blick auf die dargestellten grundsätzlichen Ansätze bietet sich zunächst ein wenig einheitliches Bild dar.

Dies gilt auch hier, aber zunächst nur insoweit, als man den Blick auf die Ergebnisse konzentriert. Während Androulakis und Arzt eine Garantenstellung des eine Straftat nicht verhindernden Polizisten anzuerkennen scheinen, verneinen Schünemann und Herzberg dies ausdrücklich. Das Bild wird aber schon dadurch einheitlicher, daß alle Autoren eine diesbezügliche Garantenstellung jedenfalls unter dem Gesichtspunkt der Überwachung einer Gefahrenquelle ablehnen. Besonders deutlich sind diesbezüglich die Ausführungen Schünemanns, der die erforderliche personale Beziehung des Polizisten zum Täter der Straftat verneint[109]. Dies deckt sich mit der obigen Ablehnung der Meinung Schmidhäusers, derzufolge von einer Beziehung der Polizisten zu einer bestimmten Gefahrenquelle nicht gesprochen werden könne, da Polizisten eben alle Gefahren, die der öffentlichen Sicherheit und Ordnung drohen, abzuwehren haben[110].

Die Uneinigkeit bei der Beurteilung des eine Straftat nicht verhindernden Polizisten ist also darauf zurückzuführen, daß die Frage, ob der Polizist Beschützergarant sei, unterschiedlich beantwortet wird. Insoweit aber ist trotz der unterschiedlichen Ergebnisse eine im Ansatz ähnliche Fragestellung von Schünemann[111] und Arzt zu konstatieren. Wenn Schünemann nämlich von dem Erfordernis einer in einem Vertrauensakt bestehenden Disposition des Opfers spricht, bedeutet dies nichts anderes als das von Arzt geforderte Rudiment einer Gefahrschaffung. In diesem Zusammenhang ist auch auf die schon oben festgestellte gegenseitige Beziehung zwischen den Begriffen Vertrauen, Stellung und Verantwortung zu verweisen[112]. Durch Übernahme einer Stellung oder Verantwortung wird Vertrauen begründet, worin gleichzeitig eine rudimentäre Gefahrschaffung liegt. Damit ist allerdings noch nicht die Frage entschieden, ob hier der Rest einer Gefahrschaffung für die Annahme einer Garantenstellung ausreicht. Immerhin verspricht

---

108 JA 80, S. 652.

109 s. oben a) bb).

110 s. oben 1. b).

111 Interessant ist auch die Übereinstimmung von *Schünemann*, Grund und Grenzen, S. 363, und *Grünwald*, ZStW 70, S. 428, die hier nur den Unwert einer echten Unterlassung bzw. den Unwert einer Amtspflichtsverletzung erkennen.

112 s. oben 1. b).

die spätere Fortführung dieser Gedankenzusammenhänge gerade deswegen Erfolg, weil sie unabhängig vom gewählten Ausgangspunkt immer wieder aufzufinden sind. Demgegenüber überzeugen die Ansätze von Androulakis und Herzberg schon als solche nicht, weil sie im Gegensatz zu den anderen Ansätzen eine materielle Begründung vermissen lassen[113]. Wenn also Herzberg seine Ablehnung einer Beschützergarantenstellung allein darauf stützt, daß der Polizist nur für die öffentliche Sicherheit und Ordnung zuständig sei, so verkennt er damit zudem, daß diese Begründung schon aus öffentlich-rechtlicher Sicht nicht ohne jede weitere Argumentation möglich ist[114]. Es ist allerdings angesichts der von Herzberg nur in einem Negativum gefundenen Gemeinsamkeit von Tun und Lassen[115] nicht verwunderlich, daß er zu diesem Ausweg genötigt ist. Wenn nämlich nur eine negative Gemeinsamkeit besteht, so bedeutet eben dies nichts anderes, als daß keine (positive) Gemeinsamkeit besteht, bei deren Fehlen eine Ablehnung einer Garantenstellung auch materiell einleuchtend erschiene.

Des weiteren verdient eine Bemerkung Schünemanns zu einem entsprechenden Beispiel festgehalten zu werden, aus der zu schließen ist, daß ein Amtswalter durch Übernahme der Zuständigkeit für eine Gefahrenquelle innerhalb eines organisatorischen Aktes, d. h. aber für den Bereich seines Amtes, zum Garanten für die gefährdeten Rechtsgüter werden könne.

Soweit zudem § 357 in die Betrachtung einbezogen wird, ist festzustellen, daß sowohl Schünemann als auch Herzberg den Untergebenen als Gefahrenquelle ansehen[116] und sich damit in Übereinstimmung auch mit denjenigen befinden, die im wesentlichen das Amtswalterunterlassen nur unter dem Aspekt der Einordnung in die materielle Einteilung der Garantenstellungen sehen[117]. Hier verdient aber die Äußerung von Androulakis Beachtung, der nicht nur die Nähe zum Untergebenen sieht, sondern auch gerade die Nähe zum Amt betont[118]. Dadurch lenkt er den Blick etwas von der Sicht des Untergebenen als Gefahrenquelle ab und bringt so auch hier den von Schünemann im zuvor genannten Zusammenhang angedeuteten Gedanken des Zuständigkeitsbereichs einer Amtsstelle ins Spiel. Sollte sich dies bestätigen, erfaßt nämlich möglicherweise auch § 357 nur solches Unrecht, das durch die Verletzung der durch die betreffende Amtsstelle zu schützenden und zudem strafrechtlich bewehrten Rechtsgüter entsteht.

113 Vgl. die Kritik von *Schünemann*, Grund und Grenzen, S. 150 ff., am Nähebegriff von *Androulakis*.

114 Vgl. dazu *Wagner*, Amtsverbrechen, S. 250 f.

115 s. oben a) cc).

116 s. oben a) bb), cc).

117 s. oben 1. b).

118 s. oben a) aa).

3. Weiterführung allgemeiner Ansätze im Hinblick auf spezielle Tätigkeitsbereiche von Amtswaltern

In der letzten Zeit finden sich zunehmend Äußerungen in der Literatur, die sich auf das Unterlassen solcher Amtswalter beziehen, die in speziellen verwaltungsrechtlichen Bereichen tätig sind. Dabei wird versucht, die allgemeine Unterlassungsproblematik für die Lösung der Garantenstellung der betreffenden Amtswalter fruchtbar zu machen. Ein vollständiges Bild der deduktiven Ansätze erfordert auch die Auswertung der Äußerungen hierzu.

a) Darstellung

aa) Kürzere Stellungnahmen

Anfänglich trat die Problematik der Garantenstellung von Beamten der Wasserbehörden in den Blick, die eine Wasserverunreinigung nicht verhinderten[119]. Die Verfügung der StA Mannheim nimmt in ihrer Begründung Bezug zum Urteil des OLG Karlsruhe, in dem ausgeführt wird, daß eine Garantenhaftung für das Handeln dritter Personen nur dann bestehe, wenn die Allgemeinheit wegen eines bestimmten Autoritäts- und Vertrauensverhältnisses darauf vertrauen dürfe, daß der Aufsichtspflichtige Gefahren für Dritte, die von der zu überwachenden Person ausgehen, beherrscht und schädliche Auswirkungen verhindert[120]. Nach diesen Grundsätzen stellt die StA Mannheim fest, daß den Beamten der Wasserbehörden eine Machtfülle eingeräumt sei, die diese zum Garanten mache[121].

Dem Gesichtspunkt des Autoritäts- und Vertrauensverhältnisses schließt sich Triffterer sowohl in der Begründung als auch im Ergebnis an[122]. Häufig werden allerdings nur kurze Stellungnahmen in der einen oder anderen Richtung abgegeben. Wenn etwa Möhrenschläger jedenfalls den zuständigen Amtswalter, der zur Verhinderung von Gewässerverschmutzungen verpflichtet ist, als Garanten ansehen will[123], so ist damit allein wenig gewonnen. Ähnlich ist es mit der Andeutung Bickels bestellt, die Garantenstellung des zuständigen Beamten ergebe sich grundsätzlich aus seiner Stellung als Sonderbehörde[124]. Weiter spricht Wernicke, obwohl er zunächst Bedenken gegen die Strafbarkeit der Amtsträger von Wasseraufsichtsbehörden hat, etwas widersprüchlich

---

[119] Vgl. die Einstellungsverfügung der StA Mannheim, NJW 76, S. 585 ff.

[120] OLG Karlsruhe GA 71, S. 281.

[121] StA Mannheim, NJW 76, S. 281.

[122] *Triffterer*, Umweltstrafrecht, S. 138.

[123] *Möhrenschläger*, ZfW 80, S. 216 f.

[124] *Bickel*, ZfW 79, S. 148.

davon, daß diese aufgrund ihrer Garantenstellung verpflichtet sind, Gewässerverunreinigungen entgegenzutreten, und erst dann davon, daß ihr diesbezügliches Ermessen zusammengeschrumpft sein könne[125]. Auch aus den Bemerkungen Sanders läßt sich entnehmen, daß eine Garantenpflicht für Amtswalter aus Regelungen über Aufsicht und Überwachung hergeleitet werden kann, soweit das dort eingeräumte Ermessen überschritten ist[126].

Skeptischer ist Tiedemann hinsichtlich der Garantenstellung bei besonderen Aufsichtsverhältnissen, ohne sich allerdings eindeutig festzulegen[127]. Eine gänzliche Ablehnung der Garantenstellung ergibt sich aber aus der Andeutung Salzwedels, daß die beamtenrechtliche Verpflichtung der Untergebenen, die Vorgesetzten auf alle Gesetzwidrigkeiten, also etwa auch auf eine dauernde oder häufige Überschreitung von Überwachungswerten, hinzuweisen, keine strafrechtlich relevante Garantenstellung begründe[128]. Rogall beschränkt sich im wesentlichen auf die Aufzählung unterschiedlicher Möglichkeiten der Begründung von Amtswaltergarantenstellungen[129], bestimmt seinen eigenen Standpunkt aber nur insoweit, als daß sich eine Garantenpflicht des Polizeibeamten zumindest nicht aus dem Gedanken der Überwachung von Gefahrenquellen herleiten lasse[130]. Hierin stimmt er mit dem schon oben gefundenen Ergebnis[131] überein.

bb) Horn

Ausführlichere Äußerungen als die bisherigen zur Problematik der Garantenstellung von Amtswaltern, die in speziellen verwaltungsrechtlichen Bereichen tätig sind, finden sich bei Horn, Geisler und Rudolphi.

Horn beschäftigt sich mit dem Fehlverhalten von Amtsträgern in Genehmigungs- und Aufsichtsbehörden[132]. Zur Beantwortung der Frage der Strafbarkeit des Unterlassens dieser Amtsträger bedient er sich durchgehend der materiellen Einteilung der Garantenstellungen. So könne die Behörde selbst Inhaber eines gefährlichen Betriebes sein, so daß ein Amtsträger als Überwacher einer Gefahrenquelle strafrechtlich verantwortlich sein könne[133].

---

[125] *Wernicke*, ZfW 80, S. 267.

[126] *Sander*, S. 68.

[127] *Tiedemann*, Neuordnung, S. 45 f.

[128] *Salzwedel*, ZfW 80, S. 213.

[129] *Rogall*, JZ-GD 80, S. 106.

[130] *Rogall*, JZ-GD 80, S. 105 Fn. 90.

[131] s. oben 1. b).

[132] *Horn*, NJW 81, S. 1 ff.

[133] NJW 81, S. 5 f.

Außerdem spiele die Überwachergarantie aus Ingerenz eine Rolle, wenn die Behörde die früher erteilte, nunmehr fehlerhafte Erlaubnis nicht beseitige. Dabei müsse keine Personenidentität zwischen dem die Gefahrenquelle eröffnenden, die Erlaubnis erteilenden, Amtsträger und dem unterlassenden Amtsträger bestehen[134].

Amtswalter könnten allerdings auch zu Beschützergaranten werden, wenn sie zum Schutz von Umweltgütern berufen seien. Dies ergebe sich schon aus dem Charakter dieser Rechtsgüter, die solche der Allgemeinheit und damit trägerlos seien, so daß sie deswegen eines Beschützers bedürften[135].

Horn behandelt auch die Fallgruppe des Unterlassens behördlicher Maßnahmen gegen rechtswidrig handelnde Bürger[136]. Hier ergebe sich nicht etwa immer schon eine Überwachergarantie wegen der Verantwortung für rechtswidriges Verhalten Dritter. Die Delinquenz des Bürgers allein schaffe noch keine Herrschaft der Behörde, so daß Polizisten nicht schon deswegen Garanten seien. Die erforderliche Aufsichts- und Befehlsgewalt des Überwachers sei aber bei der Bau-, Gewerbe- oder Bankenaufsicht gegeben[137].

Wenn der Amtswalter rechtswidriges Verhalten Dritter nicht hindere, könne er aber als Beschützergarant verantwortlich sein. Dazu müsse die Handlung dem Amtsträger bereits nach verwaltungsrechtlichen Kriterien in bezug auf den Schutz des auch unter Strafschutz stehenden Rechtsguts geboten sein[138].

Mit dem Nichteinschreiten von Beamten unter Verletzung ihrer Aufsichts- und Überwachungspflicht beschäftigt sich auch Geisler. Dabei geht sie vornehmlich auf die von Horn vorgetragene Stellungnahme ein, ohne allerdings klar auf die materielle Einteilung der Garantenstellungen zurückzugreifen. Geisler weist zunächst darauf hin, daß der Amtswalter grundsätzlich nicht nur zum Schutze eines Rechtsguts bestellt sei. Eine Garantenstellung könne nur bejaht werden, wenn die Anwendung aller Rechtsregeln ein strafrechtliches „Dafür-Eintreten-Müssen" ergebe[139]. Damit soll offenbar besonders das Problem von Ermessensentscheidungen und das der Auslegung unbestimmter Rechtsbegriffe[140] angesprochen sein. Jedenfalls hält danach auch Geisler eine

---

[134] NJW 81, S. 6.

[135] NJW 81, S. 6; vgl. auch *Lackner*, vor § 324, Anm. 4. a).

[136] NJW 81, S. 8 ff.

[137] NJW 81, S. 9.

[138] NJW 81, S. 9 (hier klingen allerdings auch noch Zweifel an); wiederum übereinstimmend *Lackner*, vor § 324, Anm. 4. b).

[139] *Geisler*, NJW 82, S. 13.

[140] NJW 82, S. 13 r. Sp.

Garantenstellung von Amtswaltern — wenn auch nur ausnahmsweise — für möglich.

Bemerkenswerter als diese Ausführungen erscheint die Äußerung zur Garantie aus Ingerenz, falls der Amtswalter eine Erlaubnis nicht beseitigt. Geisler fordert hier im Gegensatz zu Horn die Personenidentität, da das Strafrecht persönliches Fehlverhalten behandele[141].

cc) Rudolphi

Schließlich beschäftigt sich Rudolphi ausführlicher mit der Frage der strafrechtlichen Verantwortlichkeit des zuständigen Amtsträgers für Gewässerverunreinigungen Dritter[142]. Der Frage, ob der Amtsträger Garant dafür sei, daß in seinem Zuständigkeitsbereich Gewässerverunreinigungen nicht erfolgen, versucht Rudolphi sich durch Bildung eines leitenden Wertgesichtspunktes zu nähern. Diesen erblickt er im Garantengedanken und verspricht sich eine Konkretisierung durch Aufspaltung in die zwei Grundtypen von Garantenstellungen nach der materiellen Einteilung[143].

Wie Horn verwirft er zunächst die Möglichkeit einer Garantenstellung zur Überwachung der Gefahrenquelle der Bürger, da es am erforderlichen Aufsichts- und Befehlsverhältnis fehle[144], um dann aber gleich Horn eine Garantenstellung aus Ingerenz wegen Erteilung einer zumindest im Zeitpunkt des Unterlassens fehlerhaften Erlaubnis ohne Rücksicht auf Personenidentität zwischen dem die Erlaubnis erteilenden und dem diese nicht beseitigenden Amtswalter zu bejahen[145]. Interessant ist aber insoweit noch die Anmerkung, daß zunächst zwar die Behörde Inhaber der Garantenstellung sei, in die der zuständige Amtsträger aber mit der Übernahme seiner Amtstätigkeit einrücke[146].

Im deutlichen Gegensatz zu Horn bringt Rudolphi sich jedoch mit seiner Ablehnung einer aus dem Gesichtspunkt der Obhutsübernahme abgeleiteten Garantenstellung von Amtswaltern in Wasserbehörden. Das ökologische Rechtsgut „reines Wasser" sei nicht etwa trägerlos. Träger seien alle Bürger gemeinsam, so daß von einer Schutzlosigkeit des Rechtsguts ohne Anerkennung der Behörde als Garant nicht gesprochen werden könne[147]. Dies soll offenbar ganz allgemein gelten. Rudolphi zufolge sollen nämlich Amtswalter zwar dadurch zu Garanten zum Schutz bestimmter Rechtsgüter werden können, daß sie bestimmte

---

141 NJW 82, S. 15.

142 *Rudolphi*, Dünnebier-Festschrift, S. 571 ff.

143 Dünnebier-Festschrift, S. 575.

144 Dünnebier-Festschrift, S. 576; vgl. auch in SK, § 13, Rdnr. 36 a.

145 Dünnebier-Festschrift, S. 576 f.; vgl. auch in SK, § 13, Rdnrn. 40 b, 44 a.

146 Dünnebier-Festschrift, S. 578.

147 Dünnebier-Festschrift, S. 578 f.

Rechtsgüter des Staates zu bewahren haben[148]. Für Rechtsgüter der Bürger oder der Allgemeinheit komme dies aber nicht in Betracht[149].

Von Bedeutung ist auch das folgende Argument Rudolphis gegen eine entsprechende Obhutsgarantie. Er meint nämlich, daß eine Obhutsgarantie der Behörde nur den Inhalt hätte, rechtswidriges Verhalten der Bürger zu verhindern, und damit mit dem Inhalt einer Garantie zur Überwachung der Gefahrenquelle Mensch bzw. Bürger identisch sei. Da die Voraussetzungen einer Überwachergarantie aber gerade nicht gegeben seien, könne auch eine inhaltsgleiche Obhutsgarantie nicht existieren[150]. Zudem trägt Rudolphi ein argumentum ad absurdum vor, in dem er auf eine konsequenterweise anzunehmende unerträgliche, weil uferlose Ausdehnung der Garantenstellungen hinweist[151].

b) Zusammenfassung und Kritik

Als Konzentrat der Äußerungen, die sich nur kurz mit der Garantenstellung von Amtswaltern in speziellen Tätigkeitsbereichen befassen, verdient folgendes festgehalten zu werden.

Soweit im Ergebnis eine Garantenstellung bejaht wird, wird dies häufig auf den Autoritäts- bzw.[152] Vertrauensgesichtspunkt gestützt. Dieser Gesichtspunkt liegt auch gerade bei Amtswaltern aus Sonderbehörden nahe, da sich ihre Zuständigkeit deutlich und für den Bürger sichtbar von der anderer Amtswalter abhebt. Wenn allerdings der Garantenstellung auch solcher Amtswalter entweder mit Skepsis begegnet wird oder diese sogar abgelehnt wird, so findet sich keine ausreichende Begründung, sondern nur der Hinweis, daß nicht jede Handlungspflicht eine Garantenpflicht sei oder daß dem Amtswalter Ermessen eingeräumt sei und deswegen schon keine bestimmte Handlungspflicht existiere.

Horn und Rudolphi, die sich ausführlicher mit der Garantenstellung der Amtswalter aus Sonderbehörden befassen, ziehen zur Lösung die materielle Einteilung der Garantenstellung heran. Dabei erzielen sie über die Garantenstellung zur Überwachung von Gefahrenquellen sehr viel weitgehendere Übereinstimmung als über die Garantenstellung zum Schutz bestimmter Rechtsgüter. So lehnen beide eine Überwachergarantie der Polizeibeamten für rechtswidriges Verhalten Dritter ab, da es an der nötigen Aufsichts- und Befehlsgewalt fehle. Dieser zutref-

---

148 SK § 13, Rdnr. 54 a.

149 SK § 13, Rdnr. 54 b.

150 Dünnebier-Festschrift, S. 579.

151 Dünnebier-Festschrift, S. 580 f.; so auch in SK, § 13, Rdnr. 54 b.

152 Vgl. zur gegenseitigen Beziehung zwischen Autorität oder Stellung einerseits und Vertrauen andererseits oben 1. b) und 2. b).

fende Aspekt berührt sich mit dem des Autoritäts- bzw. Vertrauensaspekts, wie schon mehrfach betont wurde.

Beide Autoren halten aber die Überwachergarantie aus Ingerenz auf Amtswalter für anwendbar. Hiergegen hat jedoch Geisler das Bedenken geäußert, daß es im Strafrecht um persönliches Fehlverhalten gehe. Wäre dieser zumindest in sich zutreffende und höchstens in seiner Relevanz zu bestreitende Einwurf richtig, könnte sich für den unterlassenden Amtswalter allenfalls dann eine Garantenstellung aus Ingerenz ergeben, wenn dieser selbst zuvor gehandelt hätte. Rudolphi meint nun, dieser Schwierigkeit dadurch entgehen zu können, daß er zwar zunächst die Behörde als Garanten ansieht, diese jedoch als durch den zuständigen Amtsträger mit Übernahme seiner Amtstätigkeit abgelöst betrachtet. Bereits an dieser Einschränkung wird aber deutlich, daß in Wahrheit nicht das frühere persönliche (Fehl-)Verhalten des Amtsträgers — selbst wenn dieser selbst gehandelt haben sollte — Anlaß für die Annahme der jetzigen Handlungspflicht ist. Entscheidend ist auch hier vielmehr das frühere Verhalten des Staates, d. h. genauer der Behörde. Aufgrund ihres früheren Verhaltens ist die Behörde nunmehr verpflichtet, eine bestimmte Handlung vorzunehmen. Für die Ausführung dieser Handlung ist nun ein bestimmter Amtswalter zuständig, der u. U. mit dem früher Handelnden identisch ist. Diese Personenidentität ist jedoch für die jetzige Handlungspflicht ohne Bedeutung, weil nicht das frühere eigene Verhalten zugerechnet wird, sondern das der Behörde, wenn dies auch der Amtswalter verursacht haben sollte.

Dies läßt sich auch dann an dem anderen Fall verdeutlichen, in dem keine Personenidentität besteht. Wäre das eigene Vorverhalten des Amtswalters und damit die Ingerenz nämlich in der Tat der entscheidende Gesichtspunkt, müßte hier eine Garantenstellung verneint werden. Ohne nun über das Ergebnis zu entscheiden, läßt sich feststellen, daß jedenfalls diese unterschiedliche Behandlung der Fälle nicht sachgerecht ist. Es würde nämlich verkannt, daß in beiden Fällen das Interesse am Schutz des Rechtsguts durch die Behörde gleich groß ist. Im übrigen könnte die Behörde sich durch eine geschickte Verteilung der Zuständigkeiten der Gefahr jeder strafrechtlichen Verfolgung ihrer Amtsträger entledigen. Sollte man allerdings zur Vermeidung der beschriebenen Inkonsequenz sowohl für den Fall der vorhandenen wie der fehlenden Personenidentität eine Garantenstellung annehmen, so wäre es schon unter Ordnungsgesichtspunkten wenig sinnvoll, den einen Fall der Garantenstellung aus Ingerenz, den anderen einer weiteren Gruppe zuzuschlagen. Der eigentliche Grund, eine Garantenstellung anzunehmen, kann nämlich — wenn überhaupt — in beiden Fällen nur die aus dem früheren, der Behörde zuzurechnenden, Verhalten folgende jetzige Aufgabe der Behörde sein. Dies hat gerade der induktive Ansatz gezeigt. Damit ist eine Ablehnung der Bedeutung der Überwachergarantie aus Ingerenz für Amtswalter verbunden.

Bezüglich der Fallgruppe der Beschützergarantie sind zwischen den einander ähnelnden Ansätzen von Horn und Rudolphi gravierende Unterschiede festzustellen. Beide sind unterschiedlicher Auffassung über die Beschützergarantie von Amtswaltern für Umweltgüter, woraus sich aber allgemein gültige Argumente für eine Garantenstellung für Rechtsgüter der Allgemeinheit ablesen lassen. Wenn Horn nämlich meint, daß ein solches Rechtsgut keinen Träger habe, daher zum Schutze eines Garanten bedürfe, den es in Gestalt der Behörde auch finde, so müßte dies für alle „trägerlosen" Rechtsgüter gelten, zu deren Schutz Amtswalter berufen sind. Diese weitreichenden Konsequenzen wecken Bedenken an dem zugrundeliegenden Ansatz. Daher berührt die diesbezügliche Kritik Rudolphis sicher den empfindlichen Punkt in Horns Ansatz. Ob sie allerdings durchschlägt, hängt von der Grundstruktur der Garantenstellungen ab, die bisher noch nicht ausgemacht ist, so daß eine solche Stellungnahme noch voreilig wäre.

Rudolphi stützt sich bei seiner Ablehnung der Beschützergarantenstellung bei rechtswidrigem Bürgerverhalten zudem auf die Analyse, daß Gefahren allein vom Bürger drohen. Dies wird als solches nicht zu bestreiten sein. Sehr fraglich ist hingegen schon ohne Rücksicht auf die Grundstruktur der Garantenstellungen die aus der Analyse abgeleitete Folgerung, daß in Wahrheit insoweit keine Beschützergarantie, sondern eine Überwachergarantie in Rede stehe, so daß, wenn die Voraussetzungen der Überwachergarantie nicht gegeben seien, die Annahme einer Beschützergarantie eine nicht akzeptable Ausdehnung bedeute. Rudolphi widerspricht damit letzten Endes zugleich dem bisher nicht angegriffenen Satz, daß, wenn eine Garantenstellung der einen Gruppe nicht vorläge, immer noch die der anderen Gruppe eingreifen kann[153]. Nun gesetzt den Fall, ein Amtswalter wäre Beschützergarant, so bedeutet die Erkenntnis, daß er nur bestimmte Gefahren abzuwehren hat, aber zunächst nur eine inhaltliche Einschränkung seiner Beschützergarantenstellung, aber noch nicht die Ausdehnung einer Überwachergarantie. Die Argumentation Rudolphis geht damit von der falschen Vorstellung aus, als könne eine Beschützergarantie nur zum Schutz vor verschiedenen unbestimmten Gefahrenquellen existieren. Eine solche Garantie kann aber erst recht dann existieren, wenn ein bestimmtes Rechtsgut außerdem auch nur vor Gefahren aus bestimmten Gefahrenquellen zu schützen ist. Aber auch schon die Formulierung von der Überwachung der „Gefahrenquelle Mensch" ist nicht ganz korrekt. Da-

[153] Wie es im Grundsatz auch *Horn*, NJW 81, S. 9 vertritt.

mit wird nämlich von der Ähnlichkeit der abzuwehrenden Gefahren unzulässig darauf geschlossen, daß es auch nur eine Gefahrenquelle gebe. Wie schon gesagt[154], sind aber die Gefahrenquellen beim rechtswidrigen Bürgerverhalten letztlich nicht bestimmbar, da eben alle Bürger als potentielle Gefahrenquellen in Betracht kommen, wenn auch die von diesen unbestimmten Gefahrenquellen ausgehenden Gefahren im Hinblick auf ein bestimmtes Rechtsgut immer gleich oder zumindest sehr ähnlich sein werden. Dies liegt einfach daran, daß die unterschiedlichen Gefahrenquellen einander gleichen und so ähnliche Gefahren aussenden. Erkennt man dies aber, so liegt schon deswegen die Annahme einer „verkappten Überwachergarantie" fern, weil es gar nicht um die Überwachung einer bestimmten Gefahrenquelle, sondern allenfalls um die Überwachung bestimmter Gefahren geht. Alles in allem ist die Annahme einer Beschützergarantenstellung jedenfalls nicht schon aus dem von Rudolphi vorgetragenen Grunde abzulehnen.

III. Rechtsprechung

Gerade für den Bereich der Rechtsanwendung und daher auch für die Rechtsprechung ist ein deduktiver, von Obersätzen ausgehender, Lösungsansatz typisch. Also ist auch die Rechtsprechung zum Amtswalterunterlassen hier von Belang. Hierbei werden im Unterschied zur Literatur auch Urteile berücksichtigt, die noch vor Naglers Erkenntnis über Garantenstellungen ergangen sind. Dies bietet sich deswegen an, weil eine durchgängige und reichhaltige Rechtsprechung hierzu nicht existiert.

1. Darstellung

1898 hatte das RG über einen Fall zu entscheiden, in dem der Amtsrichter es nicht verhinderte, daß die zu verbüßende Dauer der Gefängnisstrafe überschritten wurde[155]. Nachdem das Gericht zunächst die Frage einer entsprechenden Pflicht der Strafvollstreckungsbehörde bejaht, kommt es deswegen zu einer Verantwortlichkeit des Amtsrichters[156], lehnt eine Bestrafung nur wegen mangelnder Schuld ab.

Eine Begünstigung durch Unterlassung nimmt das RG hingegen an für den Zugführer, der einem Dieb das gestohlene Gut nicht abnimmt und diesen nicht anzeigt[157]. Das RG trennt hier die Untersuchung beider

---

[154] s. oben 1. b), 2. b).

[155] RGSt 30, 135 (135 ff.).

[156] RGSt 30, 135 (138).

[157] RGSt 53, 108 (108 f.) von 1920.

Pflichten wohl im Hinblick auf sachliche und persönliche Begünstigung. Die Pflicht zur Abnahme des gestohlenen Gutes ergebe sich aus der Pflicht der Eisenbahn und damit des Zugführers hinsichtlich des Umgangs mit dem Frachtgut[158], während für die Anzeigepflicht die Pflicht als Bahnpolizeibeamter maßgeblich sei[159].

RGSt 53, 292 befaßt sich mit einem Hilfsaufseher in einem Zuchthaus, der einen Diebstahl durch einen Gefangenen nicht hindert[160]. Es geht dabei auf die Aufgabe des Strafvollzuges und besonders auf den Sicherungszweck ein und meint, daß der Aufseher ohne Rücksicht auf seine Beamteneigenschaft an dessen Verwirklichung mitzuwirken habe[161]. Da somit eine Rechtspflicht existiere, sei wegen Beihilfe zum Diebstahl zu bestrafen.

1927 hatte das RG zu beurteilen, ob § 351 a. F. (schwere Amtsunterschlagung) durch Unterlassen bzw. ob ein unrichtiges Führen von Büchern durch Unterlassen möglich sei[162]. Es bejahte dies aufgrund der Pflicht, unrichtig gewordene Eintragungen richtigzustellen, und zieht dazu den Zweck der zu führenden Nachweisungen heran, ohne diesen allerdings näher zu bezeichnen[163].

Nach Ansicht des RG ergibt sich die Pflicht der Straßenbahnbediensteten, Betriebsunfälle zu vermeiden, ohne weiteres aus der dienstlichen Stellung[164]. Daneben wird die entsprechende Aufgabe der Bahnverwaltung angesprochen, die nur durch das im Dienst befindliche Personal zu erfüllen sei.

1936 wies das RG kurz darauf hin, daß § 343 a. F. durch Geschehenlassen nur dann erfüllt sei, wenn eine Dienstpflicht zum gegenteiligen Verhalten besteht[165].

Der Schiffsoffizier, der einen Schmuggel der Mannschaft nicht unterbindet, soll wegen Beihilfe zur Zollhinterziehung strafbar sein[166]. Die Pflicht des Offiziers soll nicht auf den besonderen Dienstzweig beschränkt sein, der dem einzelnen Offizier übertragen ist, sondern umfasse auch die Pflicht, den Kapitän bei der Verhinderung von Dienstpflichtverletzungen zu unterstützen. Aus diesen öffentlich-rechtlichen

158 RGSt 53, 108 (108 f.).

159 RGSt 53, 108 (109).

160 Ebenfalls im Jahre 1920.

161 RGSt 53, 292 (293).

162 RGSt 60, 11 (11 f.).

163 RGSt 60, 11 (12); ähnlich im Ergebnis auch RGSt 72, 193 (196), wo der Inhaber einer Poststelle die Eintragung in ein zur Kontrolle der Einnahmen bestimmtes Buch oder Register unterläßt.

164 RG JW 32, 2087.

165 RG JW 36, 3004.

166 RGSt 71, 176 (176 f.).

Vorschriften ergebe sich schon die Verpflichtung zur Verhinderung des Schmuggels[167].

Vom RG[168] war sodann zu entscheiden, ob der Polizeibeamte strafbar ist, weil er einen trunkenen Kapitän festzunehmen hat, wenn nur auf diese Weise die von dem Betrunkenen für die Allgemeinheit oder einzelne ihrer Mitglieder ausgehende Gefahr beseitigt werden kann. Eine entsprechende Dienstpflicht wird hierbei aus der Aufgabe der Polizei hergeleitet[169].

Der OGH hatte darüber zu befinden, ob der Angehörige der freiwilligen Feuerwehr, der auf Weisung die Löscharbeiten an einer Synagoge nicht fortsetzt, wegen Brandstiftung durch Unterlassen zu bestrafen sei[170]. Das Amt des Feuerwehrführers sei freiwillig übernommen worden, so daß eine Pflicht zur Brandbekämpfung bestehe[171]. Die Ausführungen des OGH machen den Eindruck, als hätte dies zur Verurteilung ausgereicht, wenn nicht aufgrund der Art der Weisung gar keine Möglichkeit zur Bekämpfung des Brandes mehr bestanden hätte. Der ebenfalls vom OGH zu beurteilende Fall des Kommandanten des Konzentrationslagers, der aus § 340 wegen Verwirklichung des Merkmals Begehenlassen bestraft wird[172], betrifft nicht eigentlich ein Unterlassen. Dort wird nämlich gesagt, daß das eigene Beispiel des Kommandanten die Mißhandlungen der Bewachungsmannschaften gefördert habe und schon daher ein Begehenlassen sei.

Der BGH hatte sich 1951 im Rahmen der Anwendung des § 60 Nr. 3 StPO mit dem Unterlassen des Aufsichtsführenden im Polizeigefängnis zu befassen[173]. Dieser hatte die Mißhandlung und die Aussageerpressung von Häftlingen nicht verhindert. Ein Geschehenlassen sei für den Zeugen aber nicht anzunehmen, da schon keine Rechtspflicht bestanden habe, die Handlungen des Angeklagten, der einem anderen Dienstzweig angehörte, zu verhindern.

Wiederum bei § 60 Nr. 3 StPO tauchte das Unterlassen eines Amtswalters auf[174]. Ein Zollbeamter hatte bei einem Kaffeediebstahl nichts unternommen. Der BGH meint nun, dies sei genügend Anlaß für den Verdacht der Teilnahme durch Unterlassen seitens des Beamten, ohne allerdings eine Garantenstellung ausdrücklich zu bejahen[175].

---

167 RGSt 71, 176 (177).

168 RG JW 39, 543 f.

169 RG JW 39, 544; so auch *Mittelbach*, JW 39, 545.

170 OGHSt 1, 316 (316 ff.).

171 OGHSt 1, 316 (317).

172 OGH JR 50, 565.

173 BGH NJW 51, 324 f.

174 BGHSt 8, 186 (186 ff.).

175 BGHSt 8, 186 (189 f.).

Des weiteren findet sich ein obiter dictum aus dem Jahre 1952 zum Unterlassen von Amtswaltern beim BGH[176]. Eine Pflicht zur Hilfe und Gefahrabwendung könne gewissen Polizeibeamten, dem Feuerwehrmann, dem Schwimmlehrer, einem Lehrer überhaupt, dem Vorstand einer Erziehungsanstalt, dem Leiter eines Internats, eines Gefängnisses, einem Krankenpfleger, einem Kindermädchen erwachsen. Allerdings will der BGH offenbar eine generelle Strafbarkeit wegen Unterlassens dieser Personen nicht annehmen, da er auf jeweils bestimmte, wechselnde Umstände hinweist und den Umfang und Inhalt von Pflichten solcher Art im einzelnen dahinstehen läßt[177].

Aus dem Urteil des BGH, der den Leiter einer Dienststelle wegen § 357 bestrafen will[178], verdient folgende Passage Beachtung. Der Dienststellenleiter habe sowohl seine Pflicht als Dienstvorgesetzter wie als Polizeibeamter verletzt, als er den Untergebenen an der rechtswidrigen Tötung nicht hinderte[179].

Außerdem hält der BGH unproblematisch einen Fahrdienstleiter wegen fahrlässiger Tötung für strafbar, weil er den Schrankenwärter nicht von einer Fahrplanabweichung unterrichtet hat[180]. Es tauchte auch der Fall des Sachbearbeiters in der Aufsichtsbehörde auf, der die Überprüfung des Betriebes einer Privatseilbahn unterläßt, ohne daß hier allerdings bis zum Garantenproblem vorgestoßen wird[181].

Für das Unterlassen durch Beamte der Kriminalpolizei, strafbare Handlungen zu erforschen, nimmt der BGH die Tatbestandsmäßigkeit i. S. d. § 346 a. F. (Begünstigung im Amt) an[182]. Er weist in diesem Zusammenhang auf die Pflicht des Beamten hin, die ihm übertragenen Aufgaben zu erledigen.

Zu erwähnen ist auch der Fall des Polizeibeamten, der im Dienststrafverfahren die Unwahrheit sagt und deswegen eine Rechtspflicht zur Verhinderung eines Meineides einer Zeugin haben könnte[183]. Der BGH meint nun, daß die Verletzung der Wahrheitspflicht eine dem Dienstherrn gegenüber obliegende Treuepflicht sei, die nur dienststrafrechtliche Folgen haben könne, nicht aber geeignet sei, eine über den beamtenrechtlichen Pflichtenkreis hinausgehende allgemeine Handlungspflicht i. S. der Tatbegehung durch Unterlassen zu begründen. Es

---

176 BGHSt 2, 150 (153).
177 BGHSt 2, 150 (153).
178 BGHSt 3, 349 (349 ff.) von 1953.
179 BGHSt 3, 349 (350 f.).
180 BGHSt 6, 1 (2).
181 BGHSt 10, 404 (404).
182 BGHSt 15, 18 (22).
183 BGH NJW 58, 956 f.

sei nämlich keine besondere Gefahr der Falschaussage der Zeugin geschaffen worden[184].

Schließlich erhält der BGH eine Verurteilung wegen fahrlässiger Tötung und Körperverletzung im Fall des Vorgesetzten aufrecht, der die Einteilung eines weiteren Sicherheitsoffiziers zum Übungsschießen unterläßt[185].

Aus neuerer Zeit stammt das schon oben erwähnte[186] Urteil des OLG Karlsruhe[187] zum Fall eines Vorarbeiters, der einen Diebstahl des Untergebenen nicht gehindert hat. Das OLG nimmt dies zum Anlaß, sich grundsätzlicher mit der Garantenhaftung für das Handeln dritter Personen zu beschäftigen[188]. Diese könne sich zum einen aus gesetzlichen Vorschriften wie § 357, § 41 WStG, § 108 SeemannsG und aus den §§ 52 f. BBG ergeben. Erwähnung verdient noch, daß die Verletzung der Treuepflicht nach Ansicht des OLG gegenüber dem Arbeitgeber allenfalls als Grundlage einer Garantenpflicht für Interessen des Betriebsinhabers oder des Betriebes in Betracht kommt, da dies ja dann wohl ebenfalls für die Treuepflicht der Amtswalter gegenüber dem Staat zu gelten hätte. Eine Garantenhaftung für das Handeln dritter Personen komme nur in Frage bei einem besonderen Autoritäts- und Vertrauensverhältnis[189].

2. Zusammenfassung und Kritik

Der Blick auf die Rechtsprechung verdeutlicht, welche Unsicherheit auch dort bei der Behandlung des Amtswalterunterlassens herrscht. Dies zeigt schon das genannte obiter dictum des BGH[190], das vieles offenläßt[191].

Allerdings fällt auf, daß die Rechtsprechung auch zu der Zeit, zu der die Strafbarkeit wegen Unterlassens noch vom Rechtspflichtdogma[192] beherrscht war, und auch später die Pflicht häufig aus der Aufgabe des Staates bzw. der Behörde und damit des Amtswalters hergeleitet hat. Besonders deutlich wird dies in RGSt 53, 292, wo die Aufgabe des Straf-

---

184 BGH NJW 58, 956.

185 BGHSt 20, 315 (320).

186 s. oben II 3. a) aa).

187 GA 71, 281.

188 GA 71, 283.

189 s. oben II 3. a) aa).

190 BGHSt 2, 150 (153).

191 s. oben bei Fn. 176.

192 Vgl. die ausführlichen Darstellungen der Dogmengeschichte bei *Welp*, Vorangegangenes Tun, S. 25 ff., und *Rudolphi*, Gleichstellungsproblematik, S. 4 ff., und *Schünemann*, Grund und Grenzen, S. 218 f.

vollzuges analysiert wird[193]. Auch RG JW 32, 2087 und RG JW 39, 543 sprechen deutlich von der Aufgabe der Bahnverwaltung bzw. der Aufgabe der Polizei. Dies setzt sich beim OGH fort, wo die Aufgabe der Brandbekämpfung wichtig wird. Auch der BGH hält offenbar die Trennung von verschiedenen Aufgaben des Beamten[194] und damit die Betrachtung der Aufgabenerledigung selbst[195] für relevant. Diese Linie in der Rechtsprechung, auf die als solche aber niemals ausdrücklich hingewiesen wird, setzt sich fort, wenn der BGH die Treuepflicht gegenüber dem Staat gerade nicht als Garantenpflicht zur Verhinderung eines Meineids ansieht[196]. Daraus läßt sich nämlich im Umkehrschluß ableiten, daß zur Begründung einer entsprechenden Garantenpflicht mehr als die Treuepflicht erforderlich ist, möglicherweise aber eine Pflicht zur Wahrnehmung einer staatlichen Aufgabe genügt. Auch die Bemerkungen des OLG Karlsruhe[197] lassen sich in dieser Weise deuten. Insoweit befindet sich die Rechtsprechung in Übereinstimmung mit dem oben auf induktivem Wege gefundenen Ergebnis, daß, wenn überhaupt, nur eine Amtswahrnehmungspflicht, d. h. eine an den Amtswalter zur Wahrnehmung weitergeleitete Aufgabe des Staates, zur Begründung einer Garantenhaftung tauglich ist.

Darüber hinaus sind der Rechtsprechung allerdings kaum brauchbare Kriterien zur Lösung der Garantenfrage zu entnehmen. Zwar werden auch in der Rechtsprechung Kriterien angesprochen, die zudem in der Literatur auftauchen. So sprechen das RG[198] die dienstliche Stellung und der OGH[199] die freiwillige Übernahme an. Beim BGH klingt schließlich der Gedanke der Gefahrschaffung an[200]. Es wird aber nie deutlich, inwieweit diese Kriterien bei der Bewertung Bedeutung erlangen oder welchen Stellenwert sie haben sollen. Insoweit ist Wagner zuzustimmen, wenn er die Rechtsprechung zum Amtswalterunterlassen letztlich für wenig ergiebig hält[201].

---

[193] Vgl. aber auch RGSt 30, 135: Aufgabe der Überwachung der Strafvollstreckung; s. auch die Trennung der verschiedenen Aufgaben des Zugführers in RGSt 53, 108 (108).

[194] Vgl. BGHSt 3, 349 (350 f.), wo die Pflicht des Dienstvorgesetzten von der des Polizeibeamten abgehoben wird.

[195] s. auch BGHSt 15, 18 (22).

[196] BGH NJW 58, 456.

[197] GA 71, 283.

[198] JW 32, 2087.

[199] OGHSt 1, 316 (317).

[200] BGH NJW 58, 956.

[201] Vgl. *Wagner*, Amtsverbrechen, S. 244.

B. Lösung Wagners zur Garantenstellung

Auch Wagner befaßt sich mit der Frage des Amtswaltersunterlassens[1] und damit notwendig auch mit der Garantenstellung des Amtswalters.

I. Darstellung

Die Ausführungen nehmen indessen nicht von der allgemeinen Unterlassungsdogmatik ihren Ausgang, vielmehr wird insoweit nur die eigene Ansicht zugrundegelegt[2]. Die sich auf die Garantenstellung beziehenden Ausführungen Wagners[3] sind aber deshalb als deduktiv zu bezeichnen, weil sie von der zuvor erörterten allgemeinen Struktur der Staatszurechnungsdelikte ausgehen.

Das bringt es mit sich, daß Wagners Ansicht auch nur für solches von Amtswaltern durch Unterlassen verwirklichtes Unrecht Gültigkeit beanspruchen kann, das in einer dem Staat zuzurechnenden Individualrechtsgutsverletzung besteht. Seinen Ansatz ausnutzend, erklärt Wagner, daß die in den §§ 340 ff. vertatbestandlichten Unterlassungen völlig mit dem Staatszurechnungsunrecht außerhalb des 28. Abschnitts a. F. (= 29. Abschnitt n. F.) übereinstimmten. Offenbar weil der Gesetzgeber in den §§ 340 ff. keine besonderen Voraussetzungen für die Strafbarkeit der Unterlassungen von Amtswaltern aufgestellt habe, seien diese auch für sonstiges Staatszurechnungsunrecht nicht zu verlangen. Es genüge deshalb schon die Zurechenbarkeit des Amtswalterunterlassens zum Staat als solche, weitere Voraussetzungen seien nicht aufzustellen[4]. Diese Zurechnung wiederum sei allein abhängig davon, daß das Unterlassen in einem inneren Zusammenhang mit der Ausübung des anvertrauten öffentlichen Amtes steht[5].

II. Kritik

Die Ausführungen Wagners im Hinblick auf das Garantenproblem sind einmal durch die bei seinem Ansatz notwendige, auf einen Teilbereich des Amtswalterunterlassens beschränkte Aussagekraft gekennzeichnet[6].

---

1 *Wagner*, Amtsverbrechen, S. 242 ff.

2 S. 250 Fn. 37.

3 S. 255.

4 S. 256.

5 S. 254.

6 s. oben I.

Zudem mögen der Schluß von der allgemeinen Struktur des Staatszurechnungsunrechts, dem das durch Unterlassen verwirklichte Unrecht in den §§ 340 ff. entspricht, auf das gesamte Staatszurechnungsunrecht durch Unterlassen und die behauptete Identität zutreffen. Zweifelhaft ist allerdings, ob damit für das Garantenproblem schon viel gewonnen ist. Es steht nämlich noch nicht fest, ob das Unterlassen in den §§ 340 ff. auch der Struktur des Unterlassens in Garantenstellung entspricht. Etwas überspitzt könnte man formulieren, daß das Amtswalterunterlassen in den §§ 340 ff. zwar Staatszurechnungsunrecht sein mag, es aber erst zu prüfen ist, ob es auch Garantenunrecht ist.

In Anbetracht des Gedankens des Staatszurechnungsunrechts[7] liegt es sogar nahe, daß dem Amtswalter manche Individualrechtsgutsverletzung schon dann zuzurechnen ist, wenn und weil er ihre Zurechnung zum Staat bewirkt hat. Umgekehrt wäre danach die Aussage nicht richtig, daß die Individualrechtsgutsverletzung dem Staat nicht deswegen und nur dann zugerechnet wird, weil der Amtswalter Garant für das Individualrechtsgut ist. Vielmehr erfolgt die Zurechnung zum Staat schon dann, wenn der Amtswalter die staatliche Pflicht, das Individualrechtsgut des Bürgers zu achten, verletzt[8]. Dazu ist es aber gerade nicht notwendig, daß der Amtswalter eine eigene, dem Bürger gegenüber bestehende Garantenpflicht verletzt. Die Zurechnung der Individualrechtsgutverletzung auch zum Amtswalter erfolgt daher schon dann, wenn der Amtswalter seine dem Staat gegenüber[9] bestehende Pflicht verletzt hat.

Man könnte daraus dann zwar folgern, daß sich diese Pflicht als Garantenpflicht gegenüber dem Staat darstellt, nicht aber kann man den Schluß ziehen, daß eine Garantenstellung jedes Amtswalters in bezug auf das Individualrechtsgut des Bürgers besteht. Natürlich ist damit nicht ausgeschlossen, daß manchen Amtswaltern eine solche Garantenstellung zukommt. Nur muß dann zumindest ihr Amt gerade in der Wahrnehmung der Aufgabe der Verhinderung von Individualrechtsgutsverletzungen bestehen. Schon diese Mindestvoraussetzung verlangt nun Wagner für das Vorliegen von Staatszurechnungsunrecht gerade nicht[10]. Damit bestätigt es sich, daß das Staatszurechnungsunrecht nicht unbedingt auch auf das Individualrechtsgut des Bürgers bezogenes, vom Amtswalter verwirklichtes Garantenunrecht sein muß.

---

[7] Zu den zugrundeliegenden Pflichtbeziehungen vgl. *Wagner*, S. 157 f.

[8] Vgl. dazu *Wagner*, S. 165; s. auch S. 249, wo auch die Pflicht des Staates zum Schutz individueller Rechtsgüter in Rede steht.

[9] Vgl. zur Pflichtbeziehung zwischen Amtswalter und Staat *Wagner*, S. 161, 165.

[10] *Wagner*, S. 104: ... hat sich ... Ansicht, eine dem Staat zuzurechnende Unrechtshandlung liege nur vor, wenn der Amtswalter innerhalb seiner Zuständigkeit handelt, als zu eng herausgestellt, ...

Dies mag auch der Grund sein, weshalb Wagner nicht ausdrücklich von der Garantenstellung spricht, sondern von der Handlungsäquivalenz des Unterlassens. Dies hätte dann nämlich lediglich im Hinblick auf die Äquivalenz von Tun und Lassen für das Staatszurechnungsunrecht zu gelten.

C. Eigene Lösung zur Garantenstellung

Eine eigene Lösung erweist sich deswegen als notwendig, weil die bisher dargestellten Lösungen entweder nicht restlos überzeugen können oder zumindest der Ergänzung bedürfen. Bei der Entwicklung der eigenen Lösung ist aber von der Grundlage der bisher gefundenen Ergebnisse zu den deduktiven Ansätzen auszugehen. So wurden Stand und Beruf als entscheidende Kriterien zur Ermittlung der Garantenstellungen von Amtswaltern verworfen[1]. Außerdem hat sich auch die Garantenstellung aus Ingerenz in der von Horn und Rudolphi verwendeten Fassung als nicht tauglich herausgestellt[2].

Es haben sich aber auch erfolgversprechende Ansätze in der Literatur gezeigt, deren weitere Verfolgung lohnend erscheint. Das gilt für den Vertrauensgedanken ebenso wie für den Hinweis auf die besondere Stellung und Verantwortung des Amtswalters[3]. Auch der Gedanke der zumindest rudimentären Gefahrschaffung ist hier einzureihen[4]. Die oben dargestellten grundsätzlichen Ansätze haben die Voraussetzungen verdeutlicht, die erfüllt sein müssen, damit Aspekte wie Vertrauen, Stellung, Verantwortung oder Gefahrschaffung zur Ermittlung der Garantenstellung von Amtswaltern als tauglich angesehen werden können. Diese Gesichtspunkte sind daher auf ihre Gültigkeit für den gesamten Bereich der Garantenstellungen zu überprüfen[5]. Außerdem sollten sie auch auf die Tatbestandsverwirklichung durch Handeln übertragbar sein[6]. Die erste Voraussetzung gewährleistet nämlich eine hinreichende Wertungsgleichheit innerhalb der verschiedenen Garantenstellungen und stellt so jede Lösung auf eine breitere und festere Grundlage, während über die zweite Voraussetzung der herzustellende Wertungszusammenhang zur Tatverwirklichung durch Handeln Berücksichtigung findet.

---

1 s. oben A I 2.

2 s. oben A II 3. b).

3 s. oben A II 1. b).

4 s. oben A II 2. b).

5 So insbesondere *Arzt*, s. oben A II 2. a) dd).

6 Darin stimmen die Ansätze von *Androulakis*, *Schünemann* und *Herzberg* überein, s. oben A II 2. a) aa), bb), cc).

I. Kriterium des Vertrauens

Schon während der Darstellung der Stellungnahmen zum Amtswalterunterlassen tauchte immer wieder der Vertrauensgedanke auf. Es wurde also für wesentlich gehalten, ob auf das Handeln eines Amtswalters vertraut wird bzw. darauf vertraut werden durfte. Dieser Gesichtspunkt wird nun als allgemein gültig für alle Garantenstellungen von Blei angesehen[7]. Blei geht von der Garantenstellung aufgrund der freiwilligen Übernahme einer Pflichtenstellung aus und erklärt, daß das Erfordernis des faktischen Antritts der Pflichtenstellung für das Entstehen einer Garantenpflicht ebensowenig konstitutiv sei wie die Wirksamkeit des Vertrages[8]. Entscheidend sei, daß durch ein Versprechen oder einen Antritt einer Stellung mit Schutzfunktion Vertrauen geschaffen werde, so daß anderweitige Schutzvorkehrungen unterbleiben[9]. Ähnliches gelte auch für die Garantenpflichtbegründung durch besondere persönliche Verbundenheit[10] und ebenfalls für den Komplex der Gefahrgemeinschaften[11]. Blei deutet auch ausdrücklich die Verwendbarkeit des Vertrauensgedankens für die Ausübung bestimmter Berufe an[12]. Das garantenpflichtschaffende Vertrauen sei aber nicht als ein psychischer Vorgang zu verstehen, es genüge vielmehr die objektiv begründete Erwartung eines bestimmten Folgeverhaltens[13].

Allerdings kommt auch Blei nicht ohne weitere Kriterien aus. Dies wird schon an seinen eigenen Ausführungen deutlich. So sagt er etwa, daß das Vertrauen eine Gefahr für das zu schützende Rechtsgut schaffen könne[14]. Im gewissen Gegensatz dazu stehen die Äußerungen, der Gefährdungscharakter des Vorverhaltens bei der freiwilligen Übernahme ließe sich vielleicht gewagt konstruieren[15], und der Hinweis, daß in bestimmten Fällen eine an der Gefahrherbeiführung orientierte Auffassung dieses Kriterium ins unverbindlich Floskelhafte verschwinden lassen müsse[16]. Aber auch diese kritischen Anmerkungen leugnen die Tauglichkeit des Gefährdungsgedankens nicht generell. Im Gegenteil scheint Blei sich nämlich nur gegen die isolierte Verwendung dieses Gedankens zu wenden. Dies zeigt sich, wenn er bei der freiwilligen Übernahme darauf hinweist, daß sich die Einführung des Kriteriums

[7] *Blei*, H. Mayer-Festschrift, S. 119 ff.
[8] S. 121.
[9] S. 122.
[10] S. 126 ff., 137.
[11] S. 139; weitere Fälle auf S. 139 f., 142.
[12] S. 140.
[13] S. 143.
[14] S. 122.
[15] S. 137.
[16] S. 137 f.

der Gefahr zwanglos ergebe, wenn man die vertrauenschaffende Qualität des Vorverhaltens einbeziehe[17].

Es fragt sich aber darüber hinausgehend, ob das Vertrauenskriterium nicht nur ergänzungsbedürftig, sondern möglicherweise überhaupt nicht zur Ermittlung von Garantenstellungen tauglich ist. Dies vertritt in Auseinandersetzung besonders mit Welp[18] vor allem Schünemann, wenn er sagt, das Vertrauen sei nicht Grund, sondern Folge der Garantenstellung[19]. Ein Teil dieser Aussage ist sicher richtig: Vertrauen ist die Folge der mit einer besonderen Verantwortung ausgestatteten Stellung oder Position einer Person, da eben auf das Verhalten einer Person in ihrer bestimmten Stellung vertraut wird. Deshalb ist es auch berechtigt, bei der Begründung von Garantenstellungen auf eine besondere Verantwortung oder eine Autoritätsstellung zu verweisen[20]. Der andere Teil von Schünemanns Aussage, daß nämlich diese Stellung schon immer eine Garantenstellung sei, ist jedoch nicht erwiesen. Die Position einer Person könnte ebenso erst dadurch zu der eines Garanten werden, daß auf eine bestimmte Handlung vertraut wird. Damit ist dann aber der aus dem Vertrauensmoment, dessen Existenz als solche Schünemann im übrigen nicht bestreitet, basierende Schluß jedenfalls nicht als petitio principii zu kennzeichnen[21].

Wie Schünemann sich gegen Welp wendet, so richten sich die Ausführungen Bärwinkels[22] gegen Böhm, der auch den Vertrauensgedanken ausnutzen will[23]. Zu vordergründig ist aber Bärwinkels Argumentation, Böhm habe das Grund-Folge-Verhältnis verkannt, wenn dieser aus der Innehabung von Rechten folgert, daß dies dann auch eine Verpflichtung zum Gebrauch dieser Rechte beinhaltet. Zwar ist es richtig, daß die Pflichten insoweit das Primäre sind, als erst zu ihrer Erfüllung bestimmte Rechte übertragen werden. Dies allein schließt jedoch nicht aus, daß die primären und als solche schon bestehenden Pflichten noch dadurch verstärkt werden können, daß durch die Übertragung der (sekundären) Rechte nunmehr auch die Möglichkeit zur Erfüllung der Pflichten besteht. Bärwinkels Argumentation greift aber auch deswegen zu kurz, weil er den Zusammenhang zum Vertrauensaspekt nicht hinreichend berücksichtigt[24]. Erst die durch Einräumung bestimmter Rechte

---

17 Vgl. S. 124.

18 Vorangegangenes Tun, S. 239 f.

19 *Schünemann*, Grund und Grenzen, S. 251.

20 Vgl. dazu A II 1. b).

21 *Schünemann*, Grund und Grenzen, S. 251.

22 Garantieverhältnisse, S. 86 f.

23 s. oben A I 1. c).

24 Vgl. aber *Bärwinkel*, Garantieverhältnisse, S. 88, der zugibt, daß die Einräumung von Rechten ein brauchbares Indiz für die Bestimmung einer Garantenstellung sein kann.

geschaffene Möglichkeit rechtfertigt ein Vertrauen auf ein bestimmtes pflichterfüllendes Verhalten einer Person. Damit ist allerdings umgekehrt die Maßgeblichkeit des Vertrauenskriteriums auch noch nicht dargetan.

Das weitere Argument Schünemanns dagegen lautet, daß das Abstellen auf Vertrauen eine Subjektivierung der Gleichstellungskriterien bedeuten würde[25]. Die Begründung selbst, das Vertrauen müsse in zurechenbarer Weise durch einen Akt mit objektivem Erklärungswert hervorgerufen worden sein, und damit auch den Hinweis Bleis[26], das Vertrauen sei nicht als psychischer Vorgang zu verstehen, läßt er nicht gelten. Bei dem von Welp geforderten Akt mit Erklärungswert handele es sich um eine reine Fiktion[27]. Indessen kann nicht bestritten werden, daß der Aspekt der Zurechnung der Vertrauensschaffung objektive und damit tatsächliche Elemente in sich birgt, die nicht als reine Fiktion abgetan werden können. Ob jemandem die Schaffung einer Vertrauenslage zugerechnet werden kann bzw. ob hierauf vertraut werden darf, beurteilt sich nach objektiven Kriterien. Zutreffend ist es allerdings, daß mit der Verlagerung des Vertrauensaspekts auf den Zurechnungsaspekt das Zugeständnis verbunden ist, daß es nicht auf das subjektive Vertrauen allein ankommen kann, wie es von Blei und Welp aber auch nicht vertreten wird. Das bedeutet nun, daß sich aus der Schaffung einer subjektiven Vertrauenslage nicht immer eine Garantenposition ergibt. Dies zeigt auch das von Stree genannte Beispiel des Verunglückten, der darauf vertraut, daß der Wanderer Hilfe herbeiholen werde[28]. Der Wanderer gerät dadurch nicht in eine Garantenstellung, seine Unterlassung beurteilt sich nach wie vor nach § 323 c. Außerdem wäre das Kriterium subjektiven Vertrauens vollends untauglich bei Rechtsgütern der Allgemeinheit, da dann die psychische Empfindung jedes einzelnen zu erforschen wäre.

II. Kriterium der Gefährdung

Damit bleibt es aber dabei, daß das Vertrauenskriterium nicht allein zur Ermittlung der Garantenstellung tauglich ist. Seine gänzliche Untauglichkeit ist allerdings ebensowenig erwiesen. Es hat sich aber an der Notwendigkeit der Objektivierung des Vertrauensaspekts gezeigt, daß es zusätzlicher Kriterien bedarf, die die Schaffung einer subjektiven

---

[25] *Schünemann*, Grund und Grenzen, S. 251 f.

[26] H. Mayer-Festschrift, S. 140.

[27] *Schünemann*, Grund und Grenzen, S. 251.

[28] *Stree*, H. Mayer-Festschrift, S. 154, und S. 152, Fn. 23, wo darauf hingewiesen wird, daß das Beispiel von *Traeger*, Enneccerus-Festgabe, S. 87, entnommen ist.

Vertrauenslage zurechenbar erscheinen lassen. Das subjektiv oder psychisch verstandene Vertrauen ist allerdings als Indiz im Auge zu behalten.

Welp hat die erforderliche Objektivierung des Vertrauensaspekts durch Einführung eines Akts der zurechenbaren Schaffung einer (subjektiven) Vertrauenslage zu vollziehen gesucht. Damit bleiben die Kriterien der Garantenstellung aber letztlich wieder offen, da sich dann die Frage nach den Zurechnungskriterien stellt. Welp deutet damit jedoch die Richtung an, in der die Suche nach weiteren Gleichstellungskriterien fortzusetzen ist. Allgemeingültige Kriterien waren nicht allein beim Opfer bzw. beim Rechtsgutsinhaber zu finden; nach ihnen ist deshalb beim Handlungspflichtigen zu suchen. Darin stimmt der von Welp nur angedeutete Weg mit der von Schünemann verfolgten Lösung überein. Die Herrschaft über den Grund des Erfolges verweist nämlich zunächst auf den Unterlassenden. Gleiches gilt für Merkmale wie besondere Stellung oder Verantwortung[29]. Nur bedürfen diese Kriterien noch weiterer Konkretisierung. Dies könnte mit Hilfe des Begriffs der Gefahr möglich sein, wie dies bereits die Äußerungen von Arzt nahelegen.

1. Anwendbarkeit auf die Übernahme

Besonders stark ausgeprägt findet sich dieser Gedanke bei Stree, der sich zwar nicht mit dem Kreis aller Garanten beschäftigt, sondern mit der Garantenstellung kraft Übernahme[30]. Diese Garantenstellung sei aber für beide materiell ausgerichteten Sammelgruppen von Bedeutung[31], die tatsächliche Übernahme als solche vermöge allerdings noch nicht zu erklären, warum eine Rechtspflicht zum Handeln erwachse[32]. Nachdem Stree zunächst die Unerheblichkeit eines Vertrages herausstellt, macht er die Aussage, daß die Garantenstellung sich auf das Gefahrmoment gründet, das jemand mit seiner Zusage hervorruft, und weist auf eine entsprechende Äußerung Mezgers[33] hin[34]. Die Übernahme einer Schutz- oder Überwachungsposition zeige i. d. R. bestimmte Wirkungen für ein Rechtsgut. Diese könnten darin liegen, daß der Rechtsgutsträger selbst und Schutzpflichtige oder Schutzbereite auf Schutzvorkehrungen verzichten[35]. Darin liege die Bewirkung eines Gefahrmoments, was die Ähnlichkeit zum vorausgegangenen gefährdenden Tun begrün-

29 Vgl. dazu oben A II 1. b).

30 *Stree*, H. Mayer-Festschrift, S. 145 ff.

31 S. 148.

32 S. 149.

33 *Mezger*, Lb, S. 144.

34 S. 151.

35 S. 155.

de[36]. Das Gefahrmoment bestehe darin, daß andere Personen entweder rechtsgutsgefährdend handeln oder eigene Schutz- bzw. Überwachungsmaßnahmen unterlassen[37]. Wie schon erwähnt, meint Blei demgegenüber, daß das Gefahrkriterium bei der Übernahme von Schutzaufgaben in bezug auf bestimmte Objekte oder Gefahrenquellen ins unverbindlich Floskelhafte verschwinde[38]. Indessen wird ja durch diese Stellungnahme die Möglichkeit, eine Gefahrschaffung auch in diesen Fällen zu sehen, nicht ausgeschlossen. Problematisch ist allein die Konkretisierung der Gefahr und ihre Realisierung.

a) Konkretisierung des Gefahrkriteriums

Es ist dabei zwischen verschiedenen Gefahren zu unterscheiden.

aa) Schaffung oder Aufrechterhaltung einer Innengefahr

Zunächst einmal kann es so sein, daß durch die Übernahme selbst eine solche Gefahr geschaffen wird, die darin besteht, daß ein bestimmter strafrechtlich relevanter Erfolg deswegen eintreten kann, weil der Rechtsgutsinhaber auf andere Sicherungsmaßnahmen verzichtet hat. Im Erfolg realisiert sich auf diese Weise nicht nur die Gefahr, die von einer bestimmten zu überwachenden Gefahrenquelle ausgeht, oder eine sonstige von außen drohende Gefahr, sondern auch die Gefahr, die dadurch entsteht, daß der Rechtsgutsinhaber sich nicht anderweitig geschützt hat. Beide Gefahren — die vom Rechtsgutsinhaber geschaffene Innengefahr und die von außen drohende Außengefahr — greifen aber ineinander. Der Erfolg tritt ein, weil die Außen- und die Innengefahr bestehen. Zwischen beiden existiert ein Gefahrverwirklichungszusammenhang. Daraus ergibt sich, daß dem Übernehmenden die Außengefahr und ihre Realisierung dann zugerechnet werden kann, wenn ihm die Innengefahr zugerechnet werden kann. Letzteres kann zumindest dann geschehen, wenn der Übernehmer die Innengefahr durch eine eigene Handlung bewirkt hat. Gerade dies war im vom BGH zu beurteilenden Fall[39] des Betriebsangehörigen, der einen Diebstahl eines untergeordneten Arbeitnehmers nicht verhinderte, nicht festgestellt. Hier war kein Verzicht auf andere Sicherungsmittel dargetan, aus dem eine besondere Gefahr für das Eigentum des Betriebsinhabers hätte entstehen können[40], die dann dem übergeordneten Betriebsangehörigen zuzurechnen gewesen wäre.

---

36 S. 155.

37 S. 158.

38 *Blei*, H. Mayer-Festschrift, S. 137.

39 BGHSt 5, 187 (190).

40 Vgl. dazu *Stree*, H. Mayer-Festschrift, S. 163 f., und auch *Blei*, H. Mayer-Festschrift, S. 134 bei und in Fn. 72.

In vielen Fällen der Übernahme wird aber eine Innengefahr durch Handeln des Übernehmers mindestens mitbewirkt, etwa im klassischen Fall des Kindermädchens, in dem die Eltern andere Sicherungsmittel als das bestellte Kindermädchen gerade nicht einschalten. Erst dieser Verzicht auf weitere Sicherungsmittel schafft die eigentliche Innengefahr. Sie ist deswegen zurechenbar, weil der Übernehmer sie durch eigenes Verhalten verursacht hat. Dies ist auch der Grund, weshalb es an einem garantenpflichtbegründenden Abhängigkeits- und Obhutsverhältnis dann fehlen soll, wenn sich das Opfer ohne Kenntnis der Hilfsbereitschaft erhöhten Gefahren aussetzt[41].

Allerdings bestreitet Stratenwerth dies, da damit die Übernahme-Garantenpflichten zu solchen des vorangegangenen Tuns würden[42]. Dieses Argument überzeugt jedoch solange nicht, als weder dargestellt worden ist, daß Ingerenz- und Übernahmegarantenstellung nicht auf denselben materiellen Gründen beruhen, noch überhaupt der materielle Gleichstellungsgrund der Übernahmegarantenstellung angegeben ist. Im Ergebnis ähnlich hält Maiwald eine Disposition überhaupt nicht für erforderlich, daß also anderweitige Schutzvorkehrungen tatsächlich unterlassen werden[43]. Dabei geht er richtig davon aus, daß die für den Schutz gewonnene Person ihren Dienst nicht tatsächlich angetreten haben muß. Weil weiter schon die verläßliche Zusage den Verzicht auf anderweitigen Schutz verursachen könne, sei nicht die tatsächliche Unterlassung von Schutzvorkehrungen, sondern vielmehr entscheidend, ob der Empfänger der Schutzaussage auf die Einhaltung des Schutzversprechens vertrauen und daher andere Sicherungen unterlassen darf. Doch zum einen darf die tatsächliche Übernahme nicht dem tatsächlichen Verzicht auf andere Schutzvorkehrungen gleichgesetzt werden. Dies zeigt das Beispiel von Maiwald ja gerade, weil dort ein solcher Verzicht bzw. eine Disposition vorliegt. Zum anderen ist durch das Erfordernis der Disposition nicht ausgeschlossen, zusätzlich auf ein „Vertrauen-Dürfen“ abzustellen. Dies zu beurteilen ist jedoch hier noch nicht der Ort[44], während aber andererseits schon festzustellen ist, daß jedenfalls zuerst überhaupt eine Disposition vorliegen muß, weil sonst keine Innengefahr gegeben ist, sondern nur die Gefahr der Entstehung einer Innengefahr.

Zu prüfen ist aber, ob in allen Fällen der Übernahme die Verursachung einer Gefahr vorliegt. Die Übernahme könnte auch in der Weise vor sich gehen, daß der erste Übernehmer einer Schutzaufgabe diese

---

[41] *Rudolphi* in SK, § 13, Rdnr. 59; *Schönke / Schröder / Stree*, § 13, Rdnr. 27.

[42] *Stratenwerth*, AT, Rdnr. 1002; ebenso *Heimann-Trosien*, LK 9. Aufl., Einl., Rdnr. 184.

[43] *Maiwald*, JuS 81, S. 481.

[44] s. aber unten b).

auf einen weiteren zweiten Übernehmer überträgt. Gesetzt den Fall, der Rechtsgutsinhaber hätte keine Kenntnis von dieser zweiten Übernahme, könnte er auch nicht in Anbetracht dieser Übernahme auf andere Sicherungsmittel verzichtet haben. Würde man hier auf ein subjektives Vertrauenskriterium abstellen, so müßte man feststellen, daß dieses zwar beim ersten Übernehmer, nicht aber beim Rechtsgutsinhaber vorliegt. Hierauf kommt es jedoch nicht an. Bedeutsam im Hinblick auf die Garantenstellung ist aber, ob dem zweiten Übernehmer die Schaffung einer Gefahr zugerechnet werden kann. Zu beachten ist jedoch, daß zwar nicht der Rechtsgutsinhaber auf andere Sicherungsmittel verzichtet hat; hingegen hat dies der erste Übernehmer getan, als er nur den zweiten Übernehmer als Sicherungsmittel eingesetzt hat. Diesen zweiten Übertragungsakt, der die durch den ersten Übertragungsakt geschaffene Innengefahr aufrechterhält, hat der nunmehr zuständige Übernehmer durch eine eigene Handlung mitverursacht. Dies ist der Grund, weshalb auch ihm die Realisierung der Außen- und der Innengefahr und damit der Erfolg zugerechnet werden können[45].

bb) Herrschaft über eine Außengefahr

Daneben existiert nun noch die Möglichkeit, daß der Übernahmeakt zwar keine Innengefahr geschaffen oder aufrechterhalten, wohl aber die Herrschaft über eine Außengefahr begründet hat, die einem oder mehreren bestimmten oder unbestimmten Rechtsgütern droht. Hier besteht dann die Innengefahr schon deswegen, weil der Schutz dieser Rechtsgüter gegenüber bestimmten Gefahren ohne anderweitige Sicherung entweder unmöglich oder stark eingeschränkt ist. Beispiele bilden die Übernahme des Streudienstes vom Hausbesitzer und die Sicherung eines Baus vom Bauherrn[46]. Der Grund für die Zurechnung eines Erfolges liegt in diesen und ähnlichen Fällen allein in der Herrschaft über die Außengefahr. Entweder schafft der Übernehmer hierdurch die Gefahr erst, oder er trägt zumindest in gewisser Weise zur Aufrechterhaltung oder gar der Begründung der Gefahr bei, indem er diese einzudämmen versucht und sie dadurch in ihrer bestehenden Form „konserviert".

Es existieren zwei Möglichkeiten der Übernahme. Bei der ersten erlangt der Übernehmer die Herrschaft über die Außengefahr originär, d. h. allein aufgrund eigener Handlung. Beispiele sind die Fälle, die unter dem Gesichtspunkt der Herrschaft über Gefahrenquellen diskutiert werden[47]. Möglich ist zudem, daß der Übernehmer in der Herrschafts-

---

[45] Ob der erste Übernehmer durch den Übertragungsakt aus seiner Schutzposition gänzlich ausscheidet, ist eine weitere Frage, s. dazu die Andeutung unten b).

[46] Vgl. zu den Beispielen OLG Celle, NJW 61, 1939; BGH NJW 64, 1283.

[47] Vgl. nur *Rudolphi* in SK, § 13, Rdnrn. 26 ff.

position erst aufgrund der Mitwirkung und damit einer Disposition eines anderen gelangt, wie z. B. der nunmehr streupflichtige Mieter.

b) Bedeutung des Vertrauenskriteriums

Nunmehr ist auch die Bedeutung des Vertrauenskriteriums klarer. Oben wurde schon auf seine Indizfunktion hingewiesen. Genauer kann jetzt festgestellt werden, daß das Vertrauen des Rechtsgutsinhabers oder des bisher Schutzpflichtigen ein Indiz dafür ist, daß er in bestimmter Weise disponiert hat. Die Disposition spielt in allen Fällen der Übernahme mit Ausnahme der originären Übernahme der Herrschaft über eine Außengefahr eine Rolle. Dabei ist das Vertrauen also ein Durchgangsstadium, weil es einen Motivationsgrund für die Übertragung einer Schutzfunktion und damit für die Schaffung oder Aufrechterhaltung einer Gefahr bildet.

Fraglich ist aber in allen Fällen der Übernahme, in denen eine Disposition vorliegt, die also durch Mitwirkung noch eines anderen als des später Unterlassenden gekennzeichnet sind, ob und in welcher Form das Vertrauen ein nicht nur mögliches, sondern notwendiges Durchgangsstadium darstellt. So ist es im Einzelfall denkbar, daß die Disposition auch darauf beruht, daß der Disponent sich sagt, daß er zum Übernehmer Vertrauen haben dürfe, ohne aber wirklich Vertrauen zu haben. Man wird in diesem Zusammenhang sagen können, daß dann eine Schutzfunktion übertragen werden darf, wenn keine Fahrlässigkeit im Hinblick auf die Nichterfüllung der Funktion des Übernehmers und damit hinsichtlich eines durch dessen Versagen eintretenden Erfolges vorliegt. Sollte aber umgekehrt Fahrlässigkeit des Disponenten vorliegen, so ist das allein in erster Linie nur für seine strafrechtliche Haftung von Bedeutung. Hier kommt es aber primär auf die Haftung des Übernehmers an. Zumindest wird man nicht in allen Fällen, in denen eine solche Fahrlässigkeit des Disponenten festzustellen ist, eine Garantenhaftung des Übernehmers für ausgeschlossen halten dürfen. Sollte nämlich nur eine subjektive, also Sonderkenntnisse und -fähigkeiten berücksichtigende, Sorgfaltswidrigkeit des Disponenten zu konstatieren sein, etwa weil der Disponent besonders argwöhnisch und weitschauend veranlagt ist, so darf dies den Übernehmer nicht entlasten. Ebensowenig darf der Übernehmer nicht schon deswegen mit der Garantenrolle belastet werden, wenn die Kenntnisse und Fähigkeiten des Disponenten die des Durchschnitts unterschreiten.

Möglich bleibt es also, darauf abzustellen, ob eine objektive Sorgfaltswidrigkeit des Disponenten vorliegt. Dann dürfte „man" auf die Erfüllung der Schutzfunktion nicht vertrauen und auch nicht disponieren, indem „man" diese überträgt. Sollte die Übertragung dennoch vollzogen werden, so kann die erst dadurch geschaffene Innengefahr oder dann erst begründende Herrschaft über die Außengefahr dem Übernehmer nicht aufgrund der zwar unbestreitbaren Aufrechterhaltung der Innengefahr oder der Herrschaftsbegründung zugerechnet werden, weil der Zurechnungszusammenhang unterbrochen ist. Es käme dann darauf an, ob der Übernehmer, wenn er schon nicht zur Erfüllung der übertragenen Aufgabe als Garant einzustehen hat, wenigstens zur Rückübertragung der Schutzaufgabe und dazu zudem als Garant verpflichtet ist, wobei wohl die im Rahmen der Ingerenz strittige Frage wichtig würde, ob die Vorhandlung pflichtwidrig sein muß. Dieser Streit dürfte hier aber dadurch entschärft werden, daß auf dem Umweg über die Ingerenz keinesfalls die für die Übernahme erarbeiteten Voraussetzungen umgangen werden dürfen.

Die für die Garantenstellung kraft Übernahme maßgebliche Feststellung, daß bei objektiver Fahrlässigkeit des Disponenten der Zurechnungszusammenhang unterbrochen ist, läßt sich auch und gerade aus der Sicht des Übernehmers begründen. Sollte der Disponent die Schutzaufgabe nämlich übertragen, obwohl ihre Nichterfüllung objektiv voraussehbar ist, so wäre dies aus der Sicht des Übernehmers gerade nicht voraussehbar und damit nicht sorgfaltswidrig. Man kann dies auch so formulieren, daß dann der Übernehmer seinerseits darauf vertrauen darf, daß keine gefahrschaffende oder -aufrechterhaltende Disposition getroffen wird, so daß er innerhalb des erlaubten Risikos bliebe und sich damit eben nicht sorgfaltswidrig verhielte[48]. Eine Ausnahme gilt für den Fall, in dem die unterdurchschnittlichen Fähigkeiten und Kenntnisse des Disponenten für den Übernehmer aufgrund konkreter Anhaltspunkte erkennbar sind und damit auch die gefährliche Übertragung der Schutzfunktion voraussehbar ist.

Die Bedeutung des Vertrauenskriteriums liegt also in seinem Wert für die Zurechnung der Schaffung oder Aufrechterhaltung der Innengefahr bzw. der Begründung der Herrschaft über die Außengefahr im Fall der Mitwirkung eines Disponenten hierbei. Für den Regelfall darf der Disponent auf die Erfüllung der Schutzaufgabe durch den Übernehmer vertrauen, so daß dem Übernehmer die Schaffung der Innengefahr oder die Herrschaftsbegründung oder die Realisierung der Gefahr zuzurechnen ist. Es sind allerdings die oben beschriebenen Ausnahmen zu beachten, in denen dann keine Zurechnung erfolgt.

---

[48] Eine Entsprechung bildet die Entwicklung des Vertrauensgrundsatzes durch die Rspr., BGHSt 4, 47 (50 f.); 4, 182 (184 f.); 7, 118 (121 ff.); 9, 92 (93 f.); 14, 97 (99); 14, 201 (210 f.). Danach darf man darauf vertrauen, daß andere Teilnehmer des Verkehrskreises sich sorgfaltsgemäß verhalten. Auch hier gelten allerdings Einschränkungen, vgl. BGHSt 12, 81 (83); 13, 169 (172 f.); 14, 97 (99); 14, 201 (210 f.).

Letztlich unterscheidet sich diese Auffassung nicht sehr von der Schünemanns, der die Herrschaft des Garanten über den Grund des Erfolges fordert. Eine Herrschaft über die Anfälligkeit des Opfers könne durch eine Situationsveränderung aufgrund der Disposition eines Garanten oder Bedrohten geschaffen werden[49]. Hierin liegt die hier für wesentlich gehaltene Schaffung einer Innengefahr. In Ergänzung zu Schünemann hat sich jedoch zum einen gezeigt, daß nicht jede Schaffung oder Aufrechterhaltung einer Innengefahr zurechenbar ist, so daß dann trotz Disposition und Gefahrschaffung keine Garantenstellung besteht. Zum anderen ist auch die Begründung der Herrschaft über eine Außengefahr in die Betrachtung aufzunehmen. Auch hier taucht das ebenso zu lösende Zurechnungsproblem auf, soweit ein anderer an der Begründung der Herrschaft mitwirkt.

2. Allgemeine Anwendbarkeit

Die Anwendbarkeit des Gefahrkriteriums darf nicht auf die Übernahme selbst beschränkt sein. Zu prüfen ist die Anwendbarkeit nicht nur für den Bereich des Unterlassens in Garantenstellung, sondern auch für den des Handelns[50]. Die Anwendbarkeit auf das Handeln liegt auf der Hand. Wer zurechenbar eine Gefahr durch Handeln schafft, ist für die Realisierung der geschaffenen Gefahr verantwortlich. Darauf weist gerade die Lehre von der objektiven Zurechnung hin.

Es ist daher nur noch zu fragen, ob dies auch im Bereich des Unterlassens in Garantenstellungen so ist. Sowohl bei den Garantenstellungen zur Überwachung einer Gefahrenquelle als auch denen zum Schutz bestimmter Rechtsgüter geht es immer darum, für die Realisierung welcher Gefahren der Handlungspflichtige verantwortlich zu machen ist. Man kann dann zur Begrenzung der zu beherrschenden Gefahren bei den zwei Endpunkten der Gefahrenquelle und des Rechtsguts ansetzen. Die materielle Einteilung ist aber deshalb naturgemäß nur ein Mittel zur Bestimmung desjenigen Gefahrverwirklichungszusammenhangs, den eine bestimmte Person zu unterbinden hat. Diese Hilfe kann aber nicht mehr leisten als die Aussage, welche Gefahren sich abstrakt, d. h. ohne Hinblick auf den einzelnen Fall, in welchen Erfolgen realisieren können. Hierin liegt die inhaltliche Aussagekraft, womit aber auf der anderen Seite die Beziehung des Unterlassenden selbst zur Gefahrenquelle oder zum Rechtsgut noch nicht beschrieben ist.

Eine Hilfe hierbei könnte nun die Fragestellung bieten, auf welchen sozialen Notwendigkeiten die verschiedenen sozialen Schutzverhältnisse

[49] *Schünemann*, Grund und Grenzen, S. 359 f.

[50] s. schon vor I.

basieren[51]. In der Sache sehr ähnlich spricht Roxin davon, daß nur dort eine Gleichstellung des Handelns mit dem positiven Tun erfolgen dürfe, wo es sich um eklatante Pflichtverstöße im Rahmen eines schon vorher bestehenden sozialen Beziehungsverhältnisses handele[52]. Auch die Auffassung von Wolff weist Übereinstimmung mit diesen Ansätzen auf. Wolff meint, die Unterlassung stehe der Handlung dann gleich, wenn eine ursprüngliche Abhängigkeit des Opfers vom Täter bestehe. Diese Abhängigkeit erfordere eine Handlung, die dann zum normalen, bestimmungsmäßigen Leben gehöre und keine besondere Vergünstigung sei[53]. Wenngleich die Kritik Schünemanns an der Ausfüllung dieser These durch Wolff selbst[54] berechtigt sein mag, so ist doch die Brauchbarkeit des Ansatzes, der auch von den sozialen Notwendigkeiten durch Aufnahme des Begriffs der Anhängigkeit ausgeht, nicht widerlegt. Die entsprechende Frage nach den sozialen Notwendigkeiten hat Rudolphi gestellt und auch eine Antwort darauf gegeben[55]. Danach sind primäre und sekundäre Garantenstellungen zu unterscheiden. Ursache der primären Garantenstellungen sei die Unfähigkeit mancher Rechtsgutsträger, sich vor manchen Gefahren zu schützen. Diese Unfähigkeit könne dann entweder an der Beschaffenheit der Gefahr oder an der Eigenschaft des Rechtsguts bzw. der seines Trägers liegen[56]. Die sekundären Garantenstellungen seien dagegen vom Verhalten des Garanten bestimmt. So könne er entweder durch eine Einwirkung auf eine bereits bestehende Schutzinstanz oder durch Schaffung neuer Gefahren einen Zustand der völligen oder teilweisen Schutzlosigkeit hervorrufen[57].

Die Schutzobjekte der primären Garantenstellungen sind danach also schon von vornherein so gefährdet, wie die der sekundären es durch Schaffung neuer Gefahren erst werden. Entweder besteht diese Gefahr wie bei den primären Garantenstellungen schon immer, oder sie wird vom Garanten wie bei den sekundären Garantenstellungen erst noch geschaffen. Daraus erklärt sich aber noch nicht, wieso die Realisierung einer Gefahr einer bestimmten unterlassenden Person zuzurechnen ist. Der Blick auf die sozialen Notwendigkeiten eröffnet allerdings eine Differenzierung zwischen den unterschiedlichen Gefahren.

Am Beispiel der Übernahme hat sich gezeigt, daß ein Erfolg deswegen zuzurechnen ist, weil eine Gefahr zurechenbar geschaffen oder aufrecht-

---

51 s. schon oben 1. Teil C I 1. b) aa).

52 *Roxin*, Kriminalpolitik, S. 18 f.

53 *Wolff*, Kausalität, S. 37.

54 *Schünemann*, Grund und Grenzen, S. 97 ff., der insbesondere das Abstellen auf die formelle Rechtspflicht als Voraussetzung der Abhängigkeit kritisiert.

55 *Rudolphi*, Gleichstellungsproblematik, S. 105 ff.

56 Gleichstellungsproblematik, S. 107 f.

57 Gleichstellungsproblematik, S. 109.

erhalten worden ist. Das Kriterium des Vertrauens in der oben beschriebenen Form hat sich dort als Hilfsmittel zur Beantwortung der Zurechnungsfrage herausgestellt[58]. Es ist aber darüber hinaus überall dort enwendbar, wo noch ein anderer an der Schaffung oder Aufrechterhaltung einer Gefahr mitwirkt[59].

Aber auch bei der Ingerenz ist der Zurechnungsgedanke von Bedeutung. Durch die Vorhandlung wird eine Gefahr durch den später Unterlassenden geschaffen. Diese Gefahr und ein etwa dadurch eintretender Erfolg ist jedoch auch hier nur strafrechtlich erheblich, wenn die Gefahr zurechenbar geschaffen ist, schon weil sonst die erforderliche Wertungseinheit unter den verschiedenen Garantenstellungen nicht gewahrt wäre. Auf diese Weise ergibt sich hier eine Bestätigung der Ansicht, die für die Ingerenz eine bestimmte Pflichtwidrigkeit fordert[60]. Dabei reicht es aber schon aus, wenn die Gefahrrealisierung objektiv vorhersehbar ist, es sei denn, es liegt ein Fall erlaubten Risikos vor[61].

Der Grund für die Zurechnung der Realisierung der Innen- wie der Außengefahr kann aber auch in der zurechenbar erlangten Herrschaft über die Außengefahr bestehen[62]. Wie bei der Gruppe der sekundären Garantenstellungen ist es einerlei, ob die Außengefahr alle Rechtsgüter oder nur eines bedroht. Ebenso ist es unerheblich, ob diese von einer bestimmten Gefahrenquelle ausgeht oder nicht.

Zusammenfassend läßt sich sagen, daß eine Gefahrrealisierung dann zuzurechnen ist, wenn eine Innen- und eine Außengefahr besteht. Entweder muß die Innengefahr bei Bestehen der Außengefahr zurechenbar geschaffen worden sein, oder die Außengefahr muß bei schon bestehender Innengefahr zurechenbar beherrscht werden. Wegen seiner allgemeinen Anwendbarkeit verspricht der Gedanke der zurechenbaren Gefahrverwirklichung somit auch Erfolg für die Frage der Garantenstellung von Amtswaltern.

3. Anwendung auf das Unterlassen von Amtswaltern

Nachdem allgemein die Grundlage der Garantenstellungen aufbereitet ist, gilt es nun im Rahmen des deduktiven Ansatzes diese auf den besonderen Bereich des Unterlassens von Amtswaltern anzuwenden.

58 s. oben 1. b).

59 Vgl. auch die Beispiele bei *Blei*, H. Mayer-Festschrift, S. 139 f.; auch *Arzt*, JA 80, S. 650 f., und *Rudolphi* in SK, § 13, Rdnr. 55, wonach streng genommen die Gefahrengemeinschaft nur ein Unterfall der Garantenstellung kraft Übernahme sei.

60 Vgl. nur *Rudolphi* in SK, § 13, Rdnrn. 38 ff.

61 s. oben 1. b).

62 Beispiele schon oben 1. a) bb).

Sieht man daher auf die besondere Position des Amtswalters, so erhebt sich die Vermutung, daß der Erlangung dieser Stellung eine doppelte oder besser zwei Übernahmen vorausgegangen sind. Zunächst könnte der Staat eine bestimmte Aufgabe übernommen und diese staatliche Aufgabe dann zur Erledigung entweder ganz oder teilweise auf den Amtswalter übertragen haben.

a) Übernahme durch den Staat

Der Amtswalter kann auf dem Wege der Übernahme nur dann in eine Garantenposition eingerückt sein, wenn sich schon der Staat als solcher in einer solchen befand. In der Schaffung oder Übertragung einer staatlichen Aufgabe könnte eine Übernahme liegen. Bei Gebrauch des Wortes der Übernahme schwingt das Element der Freiwilligkeit mit, auf das häufig zur Konkretisierung der Hauptgruppen der Garantenstellungen nach der materiellen Einteilung ausdrücklich hingewiesen wird[63]. Indessen ist dies nicht das konstituierende Element der Garantenstellung kraft Übernahme. Wesentlich ist, daß die Übertragung einer bestimmten Schutzaufgabe tatsächlich erfolgt ist. Insofern ist auch der Hinweis auf die Freiwilligkeit berechtigt, da dies eben der klassische und gerade im Privatrecht relevante Fall der Übertragung einer bestimmten Funktion ist. Im öffentlichen Recht erfolgt die Übertragung einer bestimmten Funktion aber nach spezifisch öffentlich-rechtlichen Kriterien.

Das eigentlich konstituierende Element der Garantenstellung kraft Übernahme ist jedoch die in der Übernahme der Funktion steckende Gefährdung[64]. Damit stellt sich die erste Frage, ob der Staat als Übernehmer einer bestimmten Funktion durch die Übernahme die Schaffung einer Innengefahr mitverursacht hat[65]. Dazu müßte der Rechtsgutsträger bzw. bei trägerlosen Rechtsgütern die Allgemeinheit auf andere Sicherungsmaßnahmen verzichtet haben. Diese Wirkung kann nun die Übernahme einer Aufgabe und damit die Schaffung einer staatlichen Aufgabe in der Tat haben. So kann der Rechtsgutsinhaber und darin eingeschlossen die Allgemeinheit auf eigene private Sicherungsmaßnahmen gerade deshalb verzichten, weil durch die Schaffung einer staatlichen Aufgabe eine entsprechende öffentlich-rechtliche Sicherung installiert worden ist. Es ist dabei nicht notwendig, daß der Rechtsgutsinhaber sich seiner Disposition und der darin liegenden Gefahrschaffung als solcher jeweils bewußt ist. Eine Disposition liegt daher schon dann vor, wenn der Staatsbürger sich auf die Erfüllung der staatlichen

---

[63] s. nur *Jeschek*, AT, S. 506; vgl. auch *Arzt*, JA 80, S. 713.

[64] s. oben 1., 2.

[65] s. oben 1. a) aa).

Aufgaben einrichtet und seinen privaten Lebensablauf danach organisiert.

Diese Disposition und die darin liegende Schaffung einer Innengefahr ist dem Staat dann zuzurechnen, wenn der Disponent auf die Aufgabenerfüllung durch den Staat vertrauen darf. Dieses objektiv zu begreifende Vertrauenskriterium eröffnet die Zurechnung der Schaffung der Innengefahr zum Staat dann, wenn es nicht ausnahmsweise sorgfaltswidrig ist, auf die Erfüllung der Aufgabe durch den Staat zu vertrauen[66]. Gerade wenn der Staat eine Funktion übernimmt, wird eine solche Sorgfaltswidrigkeit aber nur in ganz besonders gelagerten Fällen vorliegen. Dies mag etwa im Spannungs- oder Verteidigungsfall einmal denkbar sein. Im übrigen aber ist das Vertrauen in die staatliche Aufgabenerfüllung berechtigt, so daß dem Staat die durch die Disposition des Rechtsgutsinhabers geschaffene Innengefahr für sein Rechtsgut zuzurechnen ist. Sollte sich eine Außengefahr deshalb verwirklichen, so wäre deswegen dem Staat auch dies zuzurechnen.

Allerdings muß nicht jede Übernahme einer Aufgabe durch den Staat und damit die Schaffung einer staatlichen Aufgabe eine gefahrschaffende Disposition zur Folge haben. Wenn dies i. d. R. wohl anzunehmen sein wird, weil man dann eigene Aufwendungen für private Sicherungsmittel einspart, so kann es doch Ausnahmen geben. Gerade bei Rechtsgütern der Allgemeinheit und auch staatlichen Rechtsgütern kann es vorkommen, daß ein Verzicht auf andere Sicherungsmittel deswegen nicht vorliegt und auch gar nicht vorliegen kann, weil diese alternativen Mittel gar nicht existieren. Dann liegt die Innengefahr aber u. U. schon in der Tatsache begründet, daß das Rechtsgut so schwierig zu schützen ist. Eine Gefahrrealisierung könnte dem Staat dann zwar nicht aufgrund der Übernahme bzw. der Schaffung einer Innengefahr zugerechnet werden, möglicherweise aber deswegen, weil er die Außengefahr beherrscht[67].

b) Übernahme durch den Amtswalter

Mit der Frage der Zurechnung bestimmten durch Unterlassen verwirklichten Unrechts zum Staat ist aber für die strafrechtliche Frage der Zurechnung dieses Unrechts zum Amtswalter noch nicht viel gewonnen.

aa) Bestimmung des Übernahmeaktes

Der Amtswalter könnte allerdings ebenfalls durch eine Übernahme in eine Garantenposition eingerückt sein. So sind auch die Ausführun-

[66] s. oben 1. b).

[67] s. oben 1. a) bb).

gen von Arzt zum speziellen Fall der „amtlichen Retter" zu verstehen[68]. Er scheint allerdings nur an die Möglichkeit einer nach Antritt des Amtes erfolgten Übernahme zu denken. Dieser Sicht liegt die Annahme zugrunde, daß der amtliche Retter selbst das Opfer zu einer gefahrschaffenden Disposition veranlaßt haben müsse[69]. Dies wird deutlich, wenn Arzt von der direkten Beziehung zum Opfer spricht, weil der amtliche Retter i. d. R. erst nach Eintritt der Gefahrlage tätig werde. Wenn auch diese Möglichkeit bei amtlichen Rettern, aber selbst hier wohl nur im Einzelfall, überhaupt bestehen mag, so erscheint dies doch als eine zu geringe Ausnutzung des gefundenen Ansatzes. Der Grund dafür liegt aber wohl darin, daß die erste Übernahme durch den Staat nicht genügend beachtet worden ist.

Sieht man diese, so erkennt man auch, daß die zweite Übernahme durch den Amtswalter möglicherweise schon im Einrücken des konkreten Amtswalters in die betreffende Amtsstelle liegt. Hierdurch wird ein Amt im konkret-funktionalen Sinn vom Staat übertragen bzw. vom Amtswalter übernommen.

Durch diese Übernahme müßte eine gefahrschaffende Disposition verursacht worden sein. Zwar hat der Rechtsgutsinhaber bzw. die Allgemeinheit selbst Kenntnis davon, daß die staatlichen Aufgaben durch dazu berufene Amtswalter erfüllt werden. Da jedoch eine Kenntnis nicht bezüglich der Übernahme durch gerade einen konkreten Amtswalter besteht, kann selbst bei einer vom Staat geschaffenen Innengefahr nicht davon die Rede sein, daß der Rechtsgutsinhaber im Hinblick auf eine spezielle Übernahme durch einen konkreten Amtswalter disponiert hat, indem er auf andere Schutzvorkehrungen verzichtet hat.

Also kann die vom Amtswalter mitverursachte Disposition sowohl bei der Schaffung einer Innengefahr als auch bei der Herrschaft über eine Außengefahr durch den Staat nur darin gesehen werden, daß der Staat durch seinen für die Übertragung jeweils zuständigen Amtswalter die staatliche Aufgabe dem später unterlassenden Amtswalter zur Wahrnehmung überantwortet. Da der betreffende Amtswalter die zweite Disposition mitverursacht hat, ist ihm nunmehr auch die Realisierung der sich dadurch verwirklichenden Außen- und Innengefahren zuzurechnen, sollte er die von ihm übernommene Aufgabe nicht erfüllen. Dies gilt allerdings nur, soweit der Umfang der zweiten Disposition reicht. An einer Gefahraufrechterhaltung ist der Amtswalter nur in dem Umfang beteiligt, in dem die von ihm aufgrund der Übertragung wahrzunehmenden Aufgaben bestehen. Für Erfolge, die sich aufgrund

[68] *Arzt*, JA 80, S. 651.

[69] Vgl. *Arzt*, JA 80, S. 651 bei und in Fn. 13: Vertrauen (ergänze: des Opfers) nur gegenüber der Allgemeinheit.

anderer Gefahren ereignen, ist der Amtswalter nicht verantwortlich. Dieses Ergebnis deckt sich genau mit dem des induktiven Ansatzes, wonach die Garantenstellung als auf den Bereich der amtswahrnehmungsbezogenen Pflichtenstellung beschränkt erkannt wurde[70].

bb) Insbesondere: öffentlich-rechtliche oder privatrechtliche Fehlerhaftigkeit des Übertragungsaktes

Auch bei der Übernahme staatlicher Schutzfunktionen durch den Amtswalter liegt immer eine Disposition des Staates in seiner Mitwirkung bei der Übertragung des Amtes vor. Daher ist auch hier daran zu denken, daß eine Zurechnung entweder der Aufrechterhaltung der Innengefahr nicht in Frage kommt oder die Herrschaft über die Außengefahr nicht zurechenbar erlangt ist.

Eine Zurechnung erfolgt grundsätzlich dann nicht, wenn der Staat die Übertragung objektiv sorgfaltswidrig vorgenommen hat, es sei denn, hierfür liegen Anhaltspunkte vor[71]. Zu prüfen ist aber insbesondere, ob und in welchen Fällen der Fehlerhaftigkeit des Anstellungsverhältnisses eine solche Sorgfaltswidrigkeit besteht. Das Anstellungsverhältnis ist zumeist[72] nämlich mindestens faktische Voraussetzung für die Einweisung in eine Amtsstelle[73]. Sollte ausnahmsweise das Amtswalterverhältnis zuvor begründet sein, so ist zu untersuchen, ob schon hierbei eine Sorgfaltswidrigkeit des Staates unterlaufen ist.

Beim Beamten sind die Nichtigkeit und die Rücknehmbarkeit der Ernennung zu unterscheiden (vgl. §§ 11, 12 BBG). Während die Nichtigkeit nach § 11 I BBG durchgängig auf Fehlern des Staates und damit auf dessen Sorgfaltswidrigkeit beruht, ist dies in den Fällen des § 11 II BBG jeweils im einzelnen zu prüfen. Die Rücknehmbarkeit nach § 12 BBG liegt in der Sphäre des Beamten begründet, so daß i. d. R. von einer Sorgfaltswidrigkeit des Staates nicht die Rede sein kann. Danach müßte jedenfalls im Falle der Nichtigkeit der Ernennung nach § 11 I BBG die Zurechnungsfrage und damit eine Garantenstellung verneint werden. Allerdings verdient noch die Vorschrift des § 14 BBG Beachtung, wonach die Amtshandlung auch bei Nichtigkeit bis zum Verbot der Führung der Amtsgeschäfte nach § 13 BBG Gültigkeit behält. Daraus ergibt sich indessen nur die Möglichkeit der Vornahme von wirksamen Amtshandlungen im Interesse der Rechtssicherheit. Weder von einer Berechtigung und erst recht nicht von einer Verpflichtung des Amtswalters zur

---

70 s. oben 2. Teil C I 9., II 3.

71 Dazu im allgemeinen oben 1. b).

72 Vgl. *Wolff / Bachof*, VwR II, § 73 III c).

73 Anstellungs- und Amtswalterverhältnis können auch in einem Akt zusammenfallen, vgl. *Wolff / Bachof*, VwR II, § 73 III.

Vornahme der Amtshandlung ist hier die Rede. Damit bleibt es dabei, daß der Amtswalter bei Nichtigkeit der Ernennung nach § 11 I BBG kein Garant sein kann. Aufgrund der Sorgfaltswidrigkeit des Staates ist entweder die Aufrechterhaltung der Innengefahr nicht zurechenbar, oder wegen der staatlichen Sorgfaltspflicht ist die Herrschaft über die Außengefahr nicht zurechenbar erlangt.

Sollte das privatrechtliche Anstellungsverhältnis des Angestellten oder Arbeiters fehlerhaft sein, so ist nach den gleichen Grundsätzen zu verfahren. Soweit die Anstellung und damit auch die Einweisung in ein Amt auf einem Fehler bzw. einer Sorgfaltswidrigkeit des Staates beruhen, ist eine Garantenstellung des Amtswalters zu verneinen. Einerlei ist, ob dieser Fehler zur Nichtigkeit (z. B. §§ 134, 138 BGB) oder zur Vernichtbarkeit etwa wegen Anfechtbarkeit führt.

Soweit allerdings trotz vorliegender Fehlerhaftigkeit die Gefahrschaffung oder -aufrechterhaltung dem Amtswalter zuzurechnen ist, kann trotz von Anfang an nicht bestehender oder rückwirkend aufgehobener Pflichten, die dem Amtswalter gegenüber dem Staat obliegen, eine Garantenstellung bestehen. Der Amtswalter ist dann so zu behandeln, als sei er wirklich in eine amtswahrnehmungsbezogene Pflichtenstellung eingerückt, da er eine Gefahr gleichen Umfangs für die betreffenden Rechtsgüter aufrechterhalten hat. Auf diese Weise behält das induktiv gewonnene Ergebnis auch hier begrenzende Wirkung.

c) Ergebnis

Auch auf deduktivem Wege zeigt sich das Ergebnis, daß der Amtswalter nur im Hinblick auf seine amtswahrnehmungsbezogene Pflichtenstellung und in dem dadurch gesteckten Umfang Garant sein kann.

Es müssen allerdings zusätzliche Voraussetzungen vorliegen. Entweder muß der Amtswalter aufgrund der Übernahme seines Amtes eine Gefahr zurechenbar aufrechterhalten, die der Staat durch Übernahme der staatlichen Aufgabe ebenfalls zurechenbar mitbewirkt hat.

Bei der zweiten Möglichkeit der Erlangung einer Garantenstellung durch einen Amtswalter beherrscht dieser kraft seines Amtes bestimmte Außengefahren, die entweder von bestimmten Gefahrenquellen ausgehen oder die bestimmten Rechtsgütern drohen. Die Herrschaft muß zurechenbar aufgrund der Übernahme vom Staat erlangt sein.

Es hat sich also gezeigt, daß der Staat durch die Übernahme bestimmter Aufgaben und damit durch die Schaffung bestimmter Rechtsordnungen gleichzeitig seinen Amtswaltern eine soziale Rolle zuweisen kann, von deren Erfüllung manche Rechtsgüter in ihrer Existenz abhängen[74]. Dieser Vorgang kann in Umkehrung des bekannten Wortes von Jellinek[75] als „faktische Kraft des Normativen" gekennzeichnet werden. Sogleich zeigt sich aber damit, daß das normative Element allein nicht von entscheidender Bedeutung für die Begründung eines Abhängigkeitsverhältnisses ist[76]. Hinzukommen muß immer das faktische Element. Dieses liegt in der Gefahrenlage begründet, in der sich einzelne Rechtsgüter in bestimmten Situationen befinden.

III. Folgerungen für einzelne Verwaltungsbereiche

Nachdem die Garantenstellung von Amtswaltern theoretisch gesichert und allgemein definiert ist, sind die Folgerungen für einzelne Verwaltungsbereiche zu ziehen. Wenig sinnvoll wäre es schon im Interesse der Übersichtlichkeit, nun auf jeden einzelnen Verwaltungsbereich einzugehen. Richtiger erscheint es, die Anwendung der auch für Amtswalter gefundenen Garantenformel an spezifischen Beispielen zu erläutern und zu überprüfen. Dabei steht bereits jetzt fest, daß der Amtswalter in die Stelle und damit eventuell in eine Garantenposition einrückt, die der Staat als Amtsstelle durch seine Organisation geschaffen hat. Auf die diesbezüglichen Zurechnungserwägungen braucht hier nur verwiesen zu werden[77].

Es kommt daher hier darauf an, ob der Staat im Verhältnis zu einzelnen Rechtsgütern zurechenbar eine Innen- oder Außengefahr geschaffen oder aufrechterhalten hat. Der zuständige Amtswalter ist dann Garant.

Bei der Darstellung ist zweckmäßig davon auszugehen, welchen Rechtsgütern die jeweilige Tätigkeit der Verwaltung dienen soll.

1. Individuelle Rechtsgüter

Zunächst kann es so sein, daß die Tätigkeit der Verwaltung individuellen Rechtsgütern der Bürger dient.

a) Sachliche Gefahren

So kann der Staat Inhaber eines Betriebes sein, der Gefahren aussendet. Hier stellt sich die Position der zur Überwachung der ausgesendeten Gefahren zuständigen Person als Überwachung einer sachlichen

---

[74] So schon das Ergebnis des induktiven Ansatzes, oben 2. Teil C I 1. b) aa).

[75] Allgemeine Staatslehre, S. 338.

[76] Darin liegt der Mangel bei der Ausfüllung des Begriffs der Abhängigkeit durch *Wolff* und die Berechtigung der Kritik von *Schünemann* hieran, s. oben bei und in Fn. 53, 54.

[77] s. oben II 3.

Gefahrenquelle dar. Da der Staat durch die Tätigkeit des Betriebes eine bestimmte Außengefahr geschaffen hat, ist er bzw. der zuständige Amtswalter Garant für die durch die ausgesendeten Gefahren in spezifischer Weise gefährdeten individuellen Rechtsgüter der Bürger. Doch steht dieser erste Fall nicht in vorderster Linie des staatlichen Unterlassens, da entsprechende Gefahren auch von privaten Betrieben ausgehen können[78].

Von größerer Bedeutung ist aber das Beispiel der Tätigkeit der Straßenbehörden, soweit sie für den verkehrssicheren Zustand der Straßen zu sorgen haben[79]. Die Entstehung einer Garantenstellung erklärt sich hier daraus, daß der Staat bzw. die Straßenbehörde eine Herrschaft über eine Außengefahr, nämlich den Zustand der Straße, hat. Daneben ist darauf hinzuweisen, daß sich der Bürger nur deswegen in den Straßenverkehr begibt und sich damit auch seinen Gefahren aussetzt, weil er auf die Herrschaft des Staates über die bestimmte Außengefahr vertraut. Hierin liegt zusätzlich die zurechenbare Schaffung einer Innengefahr. Daran zeigt sich, daß die beiden alternativen Möglichkeiten zur Begründung der Garantenstellung auch kumulativ vorliegen können. Dies liegt daran, daß die Herrschaft über eine Außengefahr den Verzicht auf eigene Schutzmaßnahmen zur Folge haben kann, so daß dadurch eine weitere Gefahr entsteht, die sich allerdings nur in den gleichen Erfolgen realisieren kann. Das Beispiel der Straßenbehörde läßt sich auf alle die Verwaltungsbereiche übertragen, in denen der Staat eine Herrschaft über sachliche Außengefahren hat.

b) Personale Gefahren

Zur Zuständigkeit bestimmter staatlicher Amtswalter kann es jedoch auch gehören, daß sie Herrschaft über Personen ausüben müssen.

aa) Gesetzlich nicht geregelte Fälle

Typisch ist in diesem Zusammenhang das Unterlassen des Gefangenenaufsehers, der Herrschaft über seine Gefangenen besitzt. Auch im StrafVollzG ist das Unterlassen des Einschreitens des Aufsichtsbeamten gegen Straftaten der Gefangenen nicht erwähnt. § 2, 2 StrafVollzG nennt allerdings das eine Vollzugsziel des Schutzes der Allgemeinheit vor weiteren Straftaten. Schon lange vor Erlaß des StrafVollzG leitete das RG[80] aus dem Strafzweck der Sicherung zutreffenderweise eine Aufgabe des Staates und der zuständigen Beamten ab. Auch hier verläßt sich der Bürger deswegen mit Recht auf die ordnungsgemäße Erfüllung

---

[78] Vgl. dazu auch *Göhler*, Dreher-Festschrift, S. 611 ff.

[79] Beispiel von *Schünemann*, Grund und Grenzen, S. 217 Fn. 78.

[80] s. oben A III 1.

dieser Aufgabe und verzichtet daher auf eigene Sicherungen. Für die aus der Nichterfüllung der staatlichen Sicherungsaufgabe entstehenden Beeinträchtigungen von Rechtsgütern der Bürger hat der zuständige Amtswalter daher als Garant einzustehen.

Zweifelhaft ist dagegen, ob Lehrer eine Garantenstellung für ihre Schüler als Gefahrenquellen haben. Aufgabe des Lehrers ist nämlich in erster Linie die Erziehung der Schüler und der Schutz der Schüler vor Gefahren. Zwar wird der Lehrer daneben auch darauf zu achten haben, daß seine Schüler während der Zeit, in der sie unter seiner Aufsicht stehen, keine Gefahren schaffen oder gar Straftaten begehen. Eine Garantenstellung hängt jedoch davon ab, ob entweder eine zurechenbare Innen- oder eine Außengefahr besteht.

Im vergleichbaren Fall der Pflicht des Ehegatten zur Verhinderung von Straftaten des anderen Ehegatten ist dies zu verneinen. Früher neigte die Rechtsprechung allerdings hier dazu, eine Garantenstellung zu bejahen[81]. Inzwischen scheint diese Rechtsprechung jedoch zumindest an Festigkeit zu verlieren[82]. Der Annahme einer Garantenstellung des Ehegatten zur Verhinderung von Straftaten des Partners ist jedenfalls die Eigenverantwortung des die Straftat begehenden Ehegatten entgegenzuhalten[83]. Weil diese Eigenverantwortung besteht, vertraut die Gemeinschaft bzw. der einzelne Bürger nicht darauf, daß der Partner die Straftat verhindern werde, und wird nicht deshalb eigene Sicherungen unterlassen. Somit liegt hier zumindest keine zurechenbare Innengefahr vor. Aber auch eine Herrschaft über eine Außengefahr kann aus ähnlichen Gründen nicht angenommen werden. Dies liefe nämlich auf eine Herrschaft über den Ehepartner hinaus, eine Vorstellung, die dem Prinzip der Eigenverantwortung zuwiderliefe und sich mit der Vorstellung einer gleichberechtigten Partnerschaft in der Ehe schon gar nicht vereinbaren ließe. Eine Garantenstellung des Ehegatten zur Verhinderung von Straftaten seines Partners ist daher abzulehnen[84].

Mit dem Fall des Lehrers zu vergleichen ist auch die mögliche strafrechtliche Verantwortlichkeit der Eltern dafür, daß ihre Kinder keine Straftaten begehen. Zu der den Eltern obliegenden Aufgabe der Er-

[81] RGSt 74, 283 (285); BGH NJW 53, S. 591;vgl. auch BGHSt 6, 322 (323), wo zusätzlich auf tatsächliche Elemente der Lebensgemeinschaft abgestellt wird; im Ergebnis auch BGH bei *Dallinger*, MDR 73, S. 369, und OLG Schleswig, NJW 54, S. 285; nicht in diesem Zusammenhang gehören RGSt 64, 273 (276 ff.), und BGH NJW 51, S. 204 f., die eine Pflicht zur Verhinderung einer Straftat des Ehepartners aus Versicherungsvertrag herleiten.

[82] Vgl. BGHSt 19, 295 (297), wo die Deutung der bisherigen Rechtsprechung offengelassen, aber als problematisch angesehen wird; s. auch BGH GA 67, S. 115, wo das Problem selbst ausdrücklich dahingestellt bleibt.

[83] *Rudolphi* in SK, § 13, Rdnr. 33.

[84] Vgl. zu allem auch *Geilen*, FamRZ 61, S. 157 ff.

ziehung gehört es auch, daß die Kinder nicht straffällig werden. Insoweit kommt den Eltern, d. h. jedem Elternteil einzeln, eine Sicherungsaufgabe zu. Die Möglichkeit, diese Aufgabe zu erfüllen, ergibt sich aus dem Familienrecht. Daher darf der einzelne Bürger darauf vertrauen, daß die Eltern ihre Sicherungsaufgabe erfüllen. Soweit die Kinder allerdings volljährig sind, greift wieder das Prinzip der Eigenverantwortlichkeit ein, so daß eine Garantenstellung zur Verhinderung von Straftaten von diesem Zeitpunkt ab zu verneinen ist.

Ähnlich liegt es nun bei Lehrern. Jedenfalls eine Garantenstellung für die Nichtbegehung von Straftaten ihrer volljährigen Schüler besteht nicht. Bei minderjährigen Schülern tritt der Staat und in der Folge der Lehrer als Amtswalter in die Position der Eltern ein. Die Gemeinschaft der Bürger, deren Rechtsgüter durch die Schüler verletzt werden können, richtet sich mit Recht darauf ein, daß der Lehrer die Sicherungsaufgabe der Eltern während der Zeit erfüllt, in der die Schüler ihm zur Aufsicht übertragen sind. Eine Garantenstellung des Lehrers ist daher in dem beschriebenen Umfang anzuerkennen.

bb) Gesetzlich geregelte Fälle

Es soll außer den erwähnten Fällen noch weitere, überdies kodifizierte Regelungen des Unterlassens in Garantenstellung geben, bei denen es um personale, d. h. um von Menschen ausgehende, Gefahren geht.

Ein solches Beispiel ist angeblich § 41 WStG. Als einziger zweifelt Stratenwerth daran, daß § 41 WStG dem Schutz Dritter dient und damit zugleich daran, daß hier eine Garantenstellung kodifiziert sei[85]. Schon die Strafdrohung des § 41 WStG gibt für diese kritische Interpretation der Vorschrift eine deutliche Stütze, da sie starr und nicht etwa von der Strafdrohung für den Untergebenen abhängig ist. Die Regelung des § 41 WStG erfaßt danach im wesentlichen nur den Unwert einer Aufsichtspflichtverletzung[86], wenngleich hinsichtlich der schwerwiegenden Folge i. S. d. § 2 Nr. 3 WStG wenigstens Fahrlässigkeit vorliegen muß. Dieses Erfordernis ist aber auch ohne Hinzuziehung des Garantengedankens verständlich. Die Verletzung der Aufsichtspflicht wiegt eben dann besonders schwer, wenn sich aus ihr rechtsgutsverletzende Folgen ergeben haben. Damit scheinen die Zweifel Stratenwerths an der üblichen Deutung des § 41 WStG durchaus berechtigt.

Sie werden bestätigt, wenn man den für die Garantenstellung maßgeblichen Gefährdungsgedanken heranzieht. Der Bürger verzichtet

---

[85] *Stratenwerth*, AT, Rdnr. 994; vgl. oben A II 1. a) aa).

[86] Dies ist auch bei § 130 OWiG der Fall, vgl. dazu *Schünemann*, Unternehmenskriminalität, S. 69.

nämlich nur insoweit auf private Sicherungsmaßnahmen, als er auf die Erfüllung der Amtswahrnehmungspflicht vertraut[87]. Die Pflicht zur Aufsicht ist aber nur in dem Umfang eine Pflicht zur Wahrnehmung des Amtes, als es um die Aufsicht über die amtliche Tätigkeit des Untergebenen geht. Für eine Beschränkung auf die Verletzung der Aufsichtspflicht über die amtliche Tätigkeit bestehen in § 41 WStG aber keine Anhaltspunkte, so daß es sich nicht um einen Fall einer kodifizierten Garantenstellung aufgrund zurechenbarer Innengefahr handelt.

Darüber hinaus besteht auch nicht etwa von vornherein eine spezifische Unfähigkeit der Bürger, sich gegen Straftaten von untergebenen Amtswaltern zur Wehr zu setzen. Wäre dies der Fall, könnte eine Garantenstellung nämlich u. U. auf den Gedanken der Herrschaft über eine Außengefahr gestützt werden. Die Unfähigkeit ist aber nicht größer als hinsichtlich anderer Straftäter, so daß insoweit genau wie dort nicht etwa die vorgesetzten Amtswalter, sondern Polizisten als Garanten in Betracht kommen[88].

Soweit allerdings der untergebene Amtswalter zur Begehung der Straftat gerade sein Amt durch Mißbrauch wahrnimmt, besteht diese Unfähigkeit der Bürger, sich zur Wehr zu setzen, nun doch. Insoweit wird auch vom Bürger darauf vertraut, daß der vorgesetzte Amtswalter seiner Amtswahrnehmungspflicht in der Form der Aufsicht über die amtliche Tätigkeit des Untergebenen nachkommt. Das bringt es mit sich, daß der Vorgesetzte Garant nur für dasjenige vom Untergebenen verletzte Rechtsgut ist, dem die Tätigkeit von Vorgesetztem und Untergebenen zu dienen bestimmt ist. Sollte dieses Rechtsgut strafrechtlich geschützt sein, ist der Vorgesetzte dann aus diesem Tatbestand zu bestrafen. Wenn ein spezieller Tatbestand existiert, der die Verletzung der Aufsichtspflicht, und zwar auch der Aufsichtspflicht über die amtliche Tätigkeit erfaßt, so stellt sich die Frage der Konkurrenz beider verwirklichten Tatbestände. Sie ist wie immer bei der Konkurrenz von Gefährdungs- zu Verletzungsdelikt bzw. unechter zu echter Unterlassung dahingehend zu entscheiden, daß das echte Unterlassungsdelikt, das die Verletzung der Aufsichtspflicht erfaßt, verdrängt wird.

Zu prüfen ist, ob § 357 wie § 41 WStG auszulegen ist oder mit der ganz h. M. als Kodifikation einer Garantenstellung des vorgesetzten Amtswalters zu begreifen ist. Die entscheidende Auslegungshilfe ist der von der Strafdrohung für den Untergebenen abhängige Strafrahmen des § 357. Diese flexible Strafdrohung scheint mit dem Gedanken nicht vereinbar zu sein, daß § 357 wie § 41 WStG nur das Unrecht einer Aufsichtspflichtverletzung enthält. Jedoch reicht diese Beweisführung allein

---

[87] s. oben II 1. b).

[88] s. dazu unten c).

nicht aus, da der Gesetzgeber sich entschieden haben könnte, im Unterschied zu § 41 WStG mit seinem Verweis auf § 2 Nr. 3 WStG nicht nur das „Ob“ in der Strafbarkeit von den verwirklichten Folgen, sondern auch das „Wie“ der Strafe hiervon abhängig zu machen.

Es hatte sich indessen gezeigt, daß auch in der Verletzung einer Aufsichtspflicht die Verletzung einer Amtswahrnehmungspflicht liegen kann. Dafür, daß dies bei § 357 so ist, gibt der Wortlaut einen deutlichen Anhalt. § 357 spricht nämlich von der Tat des Untergebenen als rechtswidriger Tat im Amte[89]. Daraus folgt, daß § 357 nur dann verwirklicht ist, wenn der Untergebene entweder amtlich tätig wird oder amtlich unterläßt. Wenn aber das vom Untergebenen verwirklichte Unrecht in der Verletzung seiner Amtswahrnehmungspflicht liegt, so ist dies beim Vorgesetzten ebenso. Er verletzt dann nämlich seine Pflicht zur Aufsicht über die amtliche Tätigkeit des Untergebenen und damit seine Amtswahrnehmungspflicht. Diese Auslegung stützt im übrigen die Ansicht, unter rechtswidrigen Taten im Amte seien nicht nur die Amtsdelikte zu verstehen. Die Verletzung der Amtswahrnehmungspflicht kann nämlich prinzipiell all die Tatbestände erfüllen, deren Schutzzweck mit dem des betreffenden Amtes übereinstimmt.

Der Vorgesetzte ist danach nur dann aus § 357 zu bestrafen, wenn der Untergebene entweder bei seiner amtlichen Handlung seine Amtsbefugnisse mißbraucht oder trotz einer von seinem Amt geforderten Handlung untätig bleibt. Wäre der Untergebene in diesen beiden Fällen immer als Garant für das angegriffene Rechtsgut anzusehen, wäre auch der Vorgesetzte Garant. Es verhielte sich dann ähnlich wie in den Fällen der Beratungs- und Unterstützungspflicht des Untergebenen, die unter bestimmten Voraussetzungen auch zu einer Garantenpflicht werden kann[90]. Soweit der Amtswalter die Straftat gerade durch Mißbrauch seiner Amtsstellung begeht, ist er in der Tat Garant, soweit man bereit ist, diesen Begriff auf den Handelnden zu übertragen. Sollte der untergebene Amtswalter aber unterlassen, obwohl sein Amt ihn zur Handlung verpflichtet, ist er nur dann Garant, wenn die im deduktiven Teil erarbeiteten zusätzlichen Voraussetzungen gegeben sind. Diese zusätzlichen Voraussetzungen müssen bei § 357 in der Person des Untergebenen aber immer gegeben sein, weil sonst nicht von einer rechtswidrigen Tat im Amte gesprochen werden kann.

Somit ist der Vorgesetzte ebenso wie der Untergebene für den Bereich des § 357 immer Garant. Allerdings ist bei § 357 für die Garantenstellung nicht entscheidend, daß der Untergebene in die Gefahrverwirklichung eingeschaltet ist, daß er also eine zu überwachende Gefahren-

[89] Hierauf hat bereits *Androulakis* hingewiesen, vgl. oben A II 2 a) aa).

[90] s. oben 2. Teil C I 4.

quelle bildet. Der vorgesetzte Amtswalter ist nicht Garant, weil er die personale Außengefahr des Untergebenen zu überwachen hat, sondern weil ihm aufgrund seines Amtes entweder die Aufrechterhaltung einer Innengefahr oder die Herrschaft über eine Außengefahr zugerechnet werden muß. Deswegen ist § 357 zwar ein Fall von kodifizierten Garantenstellungen, nicht aber ein Fall der Überwachung einer personalen Gefahrenquelle.

Ob eine Besonderheit in der Behandlung des Amtswalterunterlassens bei § 357 darin liegt, daß der Vorgesetzte immer schon dann die Täterstrafe verwirklicht hat, wenn der Untergebene als Täter zu bestrafen ist, ist hier noch nicht zu entscheiden[91].

Zu prüfen bleibt, ob auch im übrigen Bereich der Amtsdelikte kodifizierte Garantenpflichten existieren. Anders als § 357 ist § 340 2. Alt. aber kein Fall einer kodifizierten Garantenpflicht. Zwar wird der Amtsträger bestraft, der eine Körperverletzung entgegen seiner Verhinderungspflicht geschehen läßt. Diese Verhinderungspflicht muß jedoch nicht notwendig eine Garantenpflicht sein, weil sie nicht einmal eine Amtswahrnehmungspflicht sein muß. Auch der Amtsträger, der bei einer Körperverletzung durch einen anderen Amtsträger nur zugegen ist, kann aufgrund seiner ihm dem Staat gegenüber obliegenden, nicht amtswahrnehmungsbezogenen Pflichtenstellung gehalten sein, dies zu verhindern, auch wenn er weder Untergebener noch Vorgesetzter des die Körperverletzung begehenden Amtsträgers ist. Er wird bestraft, weil er die Zurechnung der Körperverletzung zum Staat nicht gehindert hat. Deshalb wird ihm dies Unrecht insgesamt zugerechnet, nicht etwa wird dem Staat die Körperverletzung nur dann zugerechnet, wenn der Amtswalter Garant ist[92].

Bei der durch Unterlassen zu erfüllenden Rechtsbeugung eines Richters zum Nachteil einer Partei gem. § 336 2. Alt. könnte insoweit Garantenunrecht vorliegen, als ein Rechtsgut des Bürgers nachteilig betroffen ist. Daß hier eine Innengefahr aufgrund der Übernahme der staatlichen Aufgabe der Rechtsprechung zurechenbar geschaffen ist, dürfte kaum zu bestreiten sein. Die Rechtsprechung ist geradezu ein typisches Beispiel dafür, daß zur Wahrung der Rechte auf private Mittel verzichtet und dem Staat eine entsprechende Aufgabe übertragen wird. Zudem besteht anders als bei § 340 die Rechtsbeugung durch Unterlassen immer in der Verletzung einer Amtswahrnehmungspflicht, da die Aufgabe des Richters positive Rechtsanwendung ist.

Außerdem setzt die Bejahung einer Garantenstellung zusätzlich, wenn nicht gar vorrangig die erwähnte Schutzzweckübereinstimmung vor-

[91] s. dazu unten 4. Teil.

[92] s. schon oben B II.

aus[93]. Zwar dient die Rechtsanwendung nicht nur der Rechtspflege, sondern auch den Rechtsgütern der Beteiligten. Zweifelhaft ist aber, ob dieser zweite Schutzzweck von § 336 2. Alt. tatbestandlich erfaßt ist. Dies leuchtet nämlich angesichts der gleichen Strafdrohung der 1. und der 2. Alternative des § 336 nicht ein[94].

Auf dieser Grundlage ist nun auch zu beantworten, ob § 108 SeemannsG eine kodifizierte Garantenpflicht enthält. Danach haben der Kapitän und die anderen Vorgesetzten Verstößen gegen die Gesetze entgegenzutreten. Damit zeigt sich aber zugleich, daß § 108 SeemannsG nicht nur die Verletzung der Aufsichtspflicht über die amtliche Tätigkeit der Untergebenen ins Auge faßt. Im Gegenteil ergeben sich für eine solche beschränkende Auslegung keinerlei Hinweise. Zweck der Vorschrift ist in erster Linie die Disziplin der Besatzungsmitglieder, damit ein Zusammenleben und eine Zusammenarbeit auf dem Schiff möglich bleibt. Allein dies ist der Grund, weshalb die Gesetze eingehalten werden müssen, nicht etwa der, daß dem Kapitän oder den anderen Vorgesetzten eine Garantenstellung in bezug auf die von den Gesetzen geschützten Rechtsgüter zukommt. Eine Garantenstellung ergibt sich für die Vorgesetzten aus § 108 SeemannsG allerdings insoweit, als dort davon die Rede ist, daß die Jugendlichen vor Körperverletzungen, Züchtigungen und Mißhandlung durch andere Besatzungsmitglieder zu schützen sind. Diese Pflicht ist Amtswahrnehmungspflicht der Vorgesetzten, auf deren Erfüllung zu Recht vertraut wird.

c) Polizei

Im Mittelpunkt der Frage nach der Garantenstellung von Amtswaltern für die Rechtsgüter der Bürger steht die Frage nach der Position der Polizisten. Ihr Tätigkeitsbereich weist die Besonderheit auf, daß er die Aufgabe umfaßt, sowohl sachliche als auch personale Gefahren einzudämmen. Einerlei, ob eine Person die Rechtsgüter der Bürger gefährdet oder ob dies die Natur tut oder sonstige sachliche Gefahren bestehen, immer muß die Polizei eingreifen. Dieser weite Zuständigkeitsbereich stellt die Problematik ihrer Garantenstellung in den Blickpunkt.

Diese Problematik wurde schon mehrfach angerissen. Dabei wurde die Garantenstellung unter dem Gesichtspunkt der Überwachung bestimmter Gefahrenquellen verneint[95]. Nach der materiellen Einteilung

---

[93] s. bereits oben 2. Teil vor A.

[94] Dies weckt zugleich Bedenken, daß § 336 2. Alt. das unstreitig verwirklichte Staatszurechnungsunrecht und damit das Unrecht einer Individualrechtsgutsverletzung auch tatbestandlich erfaßt, so aber *Wagner*, Amtsverbrechen, S. 209 ff.

[95] s. oben A II 1. b).

bleibt danach nur noch die Möglichkeit einer Obhutsgarantie zum Schutz bestimmter Rechtsgüter, d. h. hier für die Rechtsgüter der Bürger. Es hat sich jedoch gezeigt, daß die materielle Einteilung wohl in der Lage ist, den Inhalt der Garantenstellung bestimmen zu helfen, nicht aber den Grund ihrer Entstehung angeben kann. Die Stellungnahmen zur Garantenstellung der Polizisten[96] sind daher daraufhin zu untersuchen, ob sie dem Grundgedanken der Entstehung einer jeden Garantenstellung, dem Gefährdungsgedanken[97], gerecht werden.

Grünwald, Schünemann und Rudolphi verneinen eine solche Garantenstellung. Während Grünwald und Schünemann übereinstimmend äußern, es handele sich um eine strafwürdige echte Unterlassung, die aber nur der Gesetzgeber unter Strafe stellen könne, meint Rudolphi u. a.[98], es fehle das Verhältnis tatsächlicher Obhut, wie es für eine Beschützergarantenstellung vorauszusetzen sei[99].

Dieses wäre aber nur dann richtig, wenn keine Innengefahr bestünde[100]. Dann bestünde in der Tat nur die „Gefahr der Gefahr“, was einer abstrakten Gefährdung entspräche, zu deren Sanktionierung dann nur der Gesetzgeber befugt wäre. Das der Staat aber durch Übernahme der Aufgaben der Polizei eine Innengefahr geschaffen hat, zeigt schon eine einfache Überlegung. Man muß dazu nämlich lediglich die Übernahme der Aufgaben der Polizei durch den Staat hinwegdenken. Die hypothetische Folge ist, daß der Bürger wieder auf private Sicherungsmaßnahmen angewiesen ist, um seine Rechtsgüter vor sachlichen und personalen Gefahren zu bewahren. Darin, daß der Bürger diese privaten Sicherungsmaßnahmen nun nicht ergreift, liegt die gefahrschaffende Disposition, die dem Staat und dann auch dem zuständigen Polizisten zuzurechnen ist[101]. Es bleibt darauf zu verweisen, daß das aktuelle Bewußtsein des Bürgers im Hinblick auf seine gefahrschaffende Unterlassung ohne Bedeutung ist. Vielmehr genügt es, daß der Bürger sich rein faktisch auf die staatliche Sicherung, die in der Übernahme der Aufgabe liegt, einstellt[102].

---

96 Vgl. schon oben A I, II.

97 s. oben II.

98 Zu anderen Argumenten *Rudolphis* s. oben A II. 3. b).

99 *Rudolphi* in SK, § 13, Rdnr. 54 b.

100 Vgl. dazu II 1. a), wonach die bloße Existenz einer Innengefahr, wenn auch nicht deren primäre Zurechenbarkeit, auch für die Fallgruppe der Herrschaft über eine Außengefahr vorauszusetzen ist.

101 In der Konsequenz tauchen daher Zweifel bei der Anerkennung der Garantenstellung eines Polizisten auf, wenn private Bürgerwehren existieren. Vgl. zu der sich ergebenden rechtlichen und rechtspolitischen Problematik privater Bürgerwehren *Arzt*, Schaffstein-Festschrift, S. 77 ff.

102 s. oben II 3. a).

Rudolphi stützt seine Ablehnung einer Garantenstellung von Polizisten zudem aber auf weitere Argumente. Zunächst scheint er in Frage zu stellen, ob Polizisten ihre Schutzaufgabe einverständlich übernehmen[103]. Demgegenüber genügt der Hinweis, daß der Innehabung der konkreten Aufgabe des Amtswalters zwei einverständliche Übernahmen, nämlich die des Staates und die des Amtswalters, vorausgehen[104]. Gewichtiger erscheint dann schon der Hinweis auf eine uferlose Ausdehnung der Garantenstellung[105]. Nicht mehr undenkbar sei dann die strafrechtliche Garantenstellung des Gesetzgebers[106]. Letztere Gefahr besteht indessen aus mehreren Gründen nicht. Zum einen steht dem schon der materielle Strafaufhebungsgrund der Indemnität entgegen. Zudem ist die Gesetzgebung geradezu der typische Fall der Vorbereitung einer staatlichen Aufgabe, da durch sie die staatliche Aufgabe ja erst geschaffen wird. Die Unterlassung der Vorbereitung einer staatlichen Aufgabe ist aber niemals garantenpflichtwidrig. Eine Garantenstellung besteht nämlich allenfalls dann, wenn die Vornahme der Handlung schon zur Erfüllung der staatlichen Aufgabe gehört[107]. Anders könnte es liegen hinsichtlich der Strafgesetzgebung, die selbst schon Erfüllung der Aufgabe des Staates, die Rechtsgüter des Bürgers zu schützen, sein könnte. Ungeachtet der problematischen Frage, ob überhaupt eine Pflicht des Staates zur Strafgesetzgebung besteht[108], kann jedenfalls festgestellt werden, daß die Errichtung einer bloßen Strafdrohung allein noch nicht zum Rechtsgüterschutz genügt. Hinzukommen muß die Anwendung der Strafgesetze durch Staatsanwaltschaft, Polizei, Judikation und Rechtspflege. Daran zeigt sich, daß auch die Strafgesetzgebung nur Vorbereitung einer staatlichen Aufgabe ist, deren Unterlassen zumindest nicht garantenpflichtwidrig und damit schon deswegen nicht strafrechtlich erheblich sein kann.

Wenn auch die Gegenargumente Rudolphis danach nicht überzeugen können, so ist schon wegen des durch die polizeiliche Generalklausel eingeräumten Ermessens damit noch nicht endgültig entschieden, wann Polizisten Garanten sind. Wagner meint, dies sei immer bei schweren Gefahren für elementare Rechtsgüter der Fall, was aus der Menschenwürde abzuleiten sei[109]. Doch ist auch hier wieder zu beachten, daß Wagner in erster Linie danach fragt, wann Staatszurechnungsunrecht durch Unterlassen verwirklicht ist und dann auf ebenfalls vorhandenes Ga-

---

103 Vgl. *Rudolphi* in SK, § 13, Rdnr. 54 b a. E.

104 s. oben II 3. a), b).

105 *Rudolphi* in SK, § 13, Rdnr. 54 b.

106 *Rudolphi*, Dünnebier-Festschrift, S. 580.

107 s. oben 2. Teil C I 1. b) bb).

108 BVerfGE 39, 1 (94 ff.) zu § 218.

109 *Wagner*, Amtsverbrechen, S. 250 ff., 256.

rantenunrecht schließt[110]. Wagner will zudem Staatszurechnungsunrecht stets bejahen, wenn Verbrechen und möglicherweise auch wenn Vergehen drohen[111]. Hiermit ist das eine für die Ermessensreduktion wichtige Kriterium, nämlich die Bedeutung des verletzten Rechtsguts, angesprochen. Dieses Kriterium findet im Strafrecht im übrigen auch schon insoweit Berücksichtigung, als die Höhe der Strafdrohung des verwirklichten Tatbestandes von der Bedeutung des verletzten und vom Tatbestand geschützten Rechtsguts abhängig ist.

Hinzu kommt aber ganz wesentlich das Kriterium des Gewichtes und des Grades der drohenden Gefahr[112]. So räumen neuere Gesetze[113] selbst bei privatrechtlichen Ansprüchen den Polizei- und Ordnungsbehörden Ermessen ein und eröffnen auf diese Weise auch hier die zumindest theoretische Möglichkeit einer Ermessensreduktion. Die Zulässigkeit des Einschreitens der Polizei wird hier davon abhängig gemacht, ob gerichtlicher Schutz nicht rechtzeitig zu erlangen ist und ob ohne polizeiliche Hilfe die Gefahr besteht, daß die Verwirklichung des Rechts wesentlich erschwert wäre[114]. Diese Absenkung der Anforderungen für die Zulässigkeit des Eingreifens kann nun nicht ohne Auswirkungen auf die Frage der Ermessensreduktion bleiben. Hiermit deckt es sich, wenn Götz zu einer Ausweitung der Fälle der Ermessensreduktion kommt, indem er auf den Sinn der Einräumung von Ermessen zurückgeht[115].

Somit ist davon auszugehen, daß eine Ermessensreduktion bei allen privaten Rechten in Betracht kommt. Eine solche Reduktion wird jedoch nur dann anzunehmen sein, wenn zumindest die Voraussetzungen vorliegen, die bei privaten Ansprüchen schon zur Zulässigkeit des Eingriffs gegeben sein müssen. Zusätzlich wird man fordern müssen, daß außer der gerichtlichen auch sonst keine Hilfe, d. h. weder private noch von Amtswaltern mit besonderer Zuständigkeit zu leistende, möglich sein darf.

---

110 Vgl. oben B II.

111 *Wagner*, Amtsverbrechen, S. 254.

112 BVerwGE 11, 95 (97); *Drews / Wacke / Vogel / Martens*, Gefahrenabwehr, 1. Bd., S. 168; *Götz*, Polizei- und Ordnungsrecht, S. 74; vgl. auch *Wagner*, Amtsverbrechen, S. 253.

113 z. B. § 175 shLVwG.

114 Ähnlich schon *Baur*, JZ 62, S. 76.

115 *Götz*, Polizei- und Ordnungsrecht, S. 74, und nach Ansicht von BVerwGE 37, 112 (112 ff.), ist die Möglichkeit der Ermessensreduktion größer als noch nach BVerwGE 11, 95 (97); vgl. zu dieser Entscheidung *Ossenbühl*, DÖV 76, S. 468, der einerseits vom singulären Charakter der Entscheidung spricht, andererseits aber meint, daß sich an ihr Situationen verdeutlichten, in denen der einzelne sich gegen Beeinträchtigungen Dritter selbst nicht helfen könne, sondern des Schutzes auch der Verwaltung bedürfe; vgl. auch *Frotscher*, DVBl. 76, S. 703, und wohl auch *Martens*, DÖV 76, S. 460.

Die bezeichneten Bedingungen der polizeilichen Eingriffsverpflichtungen zum Schutz der Rechtsgüter der Bürger zeigen nun, daß mit ihnen dann zugleich die für eine Garantenstellung notwendige Innengefahr besteht. Ohne Eingreifen der Polizei wäre der Rechtsgutsträger hilflos, weshalb er in solchen Situationen zu Recht auf das Eingreifen der Polizei vertrauen darf. Insoweit und natürlich nur, wenn zudem eine Möglichkeit der Hilfe für die Polizei besteht, ist eine Garantenstellung der Polizisten für die gefährdeten Rechtsgüter der Bürger zu bejahen, einerlei, ob die Gefahr von einer Person oder von einer sachlichen Gefahrenquelle droht. Es kommt dabei ebenfalls nicht darauf an, ob der Polizist einen Diebstahl nicht hindert oder bei einer bevorstehenden Tötung untätig bleibt. Der sich schon aus den differierenden Erfolgen ergebende unterschiedliche Unrechtsgehalt findet hinreichend über die unterschiedlichen Strafdrohungen für die jeweils anzuwendenden Tatbestände Berücksichtigung.

Neben der Polizei haben noch andere Amtsträger Aufgaben der Gefahrenabwehr. Die für die Gewerbeaufsicht und Bauaufsicht[116] zuständigen Amtsträger haben bestimmte in der Gewerbeordnung und in den Landesbauordnungen festgelegte Kompetenzen, die sie zu Garanten für Individualrechtsgüter werden lassen können. Auf die genannten Amtsträger verlassen sich die Bürger ebenso wie auf die allgemeinen Gefahrenabwehrbehörden, worin die zurechenbare Schaffung von Innengefahren liegt. Daher sind diese Innengefahren und die Außengefahren, die vom Bau oder vom Gewerbe ausgehen, den zuständigen Amtsträgern als Garanten zuzurechnen.

2. Überindividuelle Rechtsgüter

Die Tätigkeit der Verwaltung kann schließlich auch überindividuellen Rechtsgütern dienen. Rudolphi zufolge kommt eine Garantenstellung von Amtswaltern der juristischen Personen des öffentlichen Rechts nur für Rechtsgüter des Staates in Betracht[117]. Keine Garantie bestehe für sonstige überindividuelle Rechtsgüter. Aus dem Zusammenhang wird deutlich, daß Rudolphi die Garantenstellung für Rechtsgüter des Staates auf den Gedanken gründet, daß die Garantie das Korrektiv für die Handlungsunfähigkeit der juristischen Person sei, sowie darauf, daß das jeweilige Organ durch die Übernahme seiner Stellung die Aufgabe zum Schutz der Rechtsgüter der juristischen Person übernommen hat[118]. Wenn schon den bisherigen Ausführungen Rudolphis, die für Indivi-

[116] Beide Aufsichtsarten werden auch von *Horn*, NJW 81, S. 9, erwähnt.

[117] *Rudolphi* in SK, § 13, Rdnrn. 54 a, 54 b.

[118] So *Rudolphi* in SK, § 13, Rdnr. 54, ausdrücklich für Organe der juristischen Personen des Privatrechts.

dualrechtsgüter und überindividuelle Rechtsgüter in gleicher Weise gelten, nicht gefolgt werden kann[119], so könnte doch seiner Differenzierung zwischen verschiedenen überindividuellen Rechtsgütern zuzustimmen sein.

Das im Aspekt der Übernahme steckende Argument ist nun sicher richtig, nur ist es in gleicher Weise wie für staatliche Rechtsgüter für sonstige überindividuelle Rechtsgüter und auch für Individualrechtsgüter gültig. Die Übernahme eines Schutzes kann nämlich für jedes Rechtsgut übertragen werden, wobei dann die Annahme einer Garantenstellung davon abhängt, ob der Übernehmer in eine Herrschaftsposition über eine Außengefahr gelangt oder ob eine Innengefahr infolge eines Verzichts auf andere Schutzmaßnahmen anzunehmen ist[120].

Wenn weiter die herausgehobene Behandlung der staatlichen Rechtsgüter auf die Notwendigkeit eines Korrektivs zur Handlungsunfähigkeit der juristischen Person gestützt wird, so ist auch dies nur ein Teilgesichtspunkt, der in einem übergreifenderen Zusammenhang zu sehen ist. Dieser Gesichtspunkt konkretisiert nämlich nur die Innengefahr, die für jede Garantenstellung vorauszusetzen ist. Der Unterschied zwischen den beiden Gruppen der Garantenstellungen besteht lediglich darin, daß einmal diese Innengefahr bei Bestehen der Außengefahr zurechenbar geschaffen oder aufrechterhalten wird, während bei der anderen Gruppe die Herrschaft über eine Außengefahr bei Bestehen der Innengefahr zurechenbar übernommen wird.

Jedenfalls schließen die Argumente Rudolphis eine Garantenstellung von Amtswaltern für nicht staatliche, überindividuelle Rechtsgüter nicht aus. Vielmehr gelten für alle Rechtsgüter die gleichen Kriterien. Soweit allerdings festgestellt ist, daß Zweck der Tätigkeit der Verwaltung der Schutz überindividueller Rechtsgüter ist, stellt sich die weitere, schon jetzt in den Blickpunkt zu stellende Frage, ob die Tätigkeit nicht auch Individualrechtsgüter schützen soll.

a) Polizei

Auch bei der Garantie für überindividuelle Rechtsgüter ist wieder die Position der Polizei zu betrachten. Polizisten können aufgrund der Generalklausel im Einzelfall auch verpflichtet sein, zugunsten von überindividuellen Rechtsgütern einzuschreiten. Für die Ermittlung einer Garantenstellung gelten zunächst die gleichen Kriterien wie bei Individualrechtsgütern[121]. Hingewiesen sei hier noch darauf, daß jeweils genau

---

119 Vgl. oben 1. c).

120 Zu den einzelnen Voraussetzungen oben II 1. a).

121 s. oben 1. c).

zu prüfen sein wird, ob der Schutz eines überindividuellen Rechtsguts nicht schon Amtsträgern anderer Behörden vorrangig anvertraut ist. Dies hätte dann zur Konsequenz, daß deren Handlungen, nicht aber die der Polizei im betreffenden Fall die Aufrechterhaltung des Rechtsguts zu garantieren hätten. Entweder wäre ein Verzicht auf andere private Sicherungsmaßnahmen dann nicht wegen der Übernahme durch die Polizei, sondern wegen der Übernahme durch die andere Behörde erfolgt, oder die andere Behörde, nicht aber die Polizei hätte durch ihre Amtsträger eine Herrschaft über eine Außengefahr erlangt.

b) *Wasserbehörden*

Im Mittelpunkt der letzten Diskussion um die Strafbarkeit von unterlassenden Amtswaltern stehen die Angehörigen der Wasserbehörden. Zunächst bedarf es in diesem Zusammenhang des Hinweises, daß Rechtsgut des insoweit relevanten § 324 jedenfalls nicht nur Leben und Gesundheit sind, sondern auch die reine Umwelt und als ihr Teil das reine Wasser[122]. Dies ergibt sich auch schon aus der Überschrift des neuen 28. Abschnitts. Bei diesem den Rechtsgütern Leben und Gesundheit gewissermaßen vorgelagerten Rechtsgut handelt es sich aber um ein überindividuelles Rechtsgut.

Damit ergibt sich die endgültige Fragestellung in der Weise, ob den Amtsträgern in den Wasserbehörden eine Garantenstellung für das überindividuelle Rechtsgut des „reinen Wassers" zukommt. Diese Frage ist nun mit Hilfe der entwickelten Kriterien zu lösen. Zu diskutieren ist daher, ob den Wasserbehörden eine Innengefahr oder eine Außengefahr zuzurechnen ist. Es liegt nun nahe, das Vorliegen einer Innengefahr schon deswegen zu bejahen, weil es sich beim Rechtsgut „reines Wasser" um ein ökologisches Rechtsgut handelt, dem zunächst kein konkreter Rechtsgutsträger zugewiesen werden kann[123]. Es wurde aber schon darauf hingewiesen, daß dies dann für alle „trägerlosen" oder überindividuellen Rechtsgüter zu gelten hätte[124], was für sich genommen schon die Überzeugungskraft der vorgetragenen Argumentation schwächt. Gleiches gilt auch für die entgegengesetzte Auffassung Rudolphis, der die Allgemeinheit als Rechtsgutsträger ausgemacht zu haben meint und daraus folgert, eine Schutzlosigkeit des Rechtsguts sei ebenso zu verneinen wie die Garantenstellung der zuständigen Amtswalter hierfür[125].

---

[122] *Rudolphi*, ZfW 82, S. 197 ff.; *Horn* in SK, vor § 324, Rdnr. 2; vgl. zum Problem *Triffterer*, Umweltstrafrecht, S. 33 ff.; vgl. auch schon *Herrmann*, ZStW 79, S. 297.

[123] So *Horn*, NJW 81, S. 6; vgl. oben A II 3. a) bb).

[124] s. oben A II 3. b).

[125] s. oben A II 3. a) cc), b).

Aus dieser möglichen Argumentation läßt sich nun ableiten, daß einerseits eine Innengefahr nicht schon deshalb bejaht werden darf, weil ein überindividuelles Rechtsgut betroffen ist, andererseits eine Innengefahr nicht schon deshalb verneint werden darf, weil doch ein Träger, nämlich die Allgemeinheit, gefunden ist. Zu prüfen ist danach differenzierter, ob eine gefahrschaffende Disposition der Allgemeinheit als Rechtsgutsträger festzustellen ist. Als gefahrschaffende Disposition kommt hier nun wieder die Übertragung der Aufgabe auf die Wasserbehörden in Frage. Damit fragt sich entscheidend, welche Aufgaben den zuständigen Amtswaltern zugewiesen sind, da nur in diesem Umfang eine Innengefahr für das Rechtsgut geschaffen werden kann.

Nach dem WHG haben die Wasserbehörden die Aufgaben, Erlaubnisse und Bewilligungen zur Benutzung von Gewässern unter Bedingungen und Auflagen zu erteilen. Ggf. können die Erlaubnisse und Bewilligungen aufgehoben werden (vgl. §§ 5, 7, 12 WHG). Auf dieses kurz skizzierte Instrumentarium sind die Wasserbehörden aber auch beschränkt. Sie haben daher nicht die Möglichkeit, z. B. die unerlaubte Benutzung eines Gewässers durch einen Bürger selbst faktisch zu hindern. Allein die fehlerhafte Erlaubnis zu beseitigen sind sie aufgrund des WHG befugt. Sollte der Bürger gar keine Erlaubnis haben oder nach deren Beseitigung mit der unerlaubten Benutzung fortfahren, sind die Wasserbehörden auf die Hilfe der Polizei- und Ordnungsbehörden angewiesen. Natürlich werden die Wasserbehörden häufig mit den Ordnungsbehörden identisch sein, was jedoch schon hinsichtlich der im Behördenaufbau zuständigen Amtsträger keineswegs so sein muß. Wenn die zuständigen Amtsträger sich nun auf die polizeiliche Generalklausel stützen, werden sie aber jedenfalls als Angehörige der Ordnungsbehörden tätig, so daß sich das Problem ihrer Garantenstellung genauso wie bei diesen und nicht nur als auf die Zugehörigkeit zur Wasserbehörde verkürzt darstellt. Nicht bestritten werden soll damit aber, daß der Amtsträger in der Wasserbehörde verpflichtet sein kann, die Hilfe der Polizei- und Ordnungsbehörden herbeizuholen, soweit ihm die eigene Kompetenz fehlt.

Die gefahrschaffende Disposition, die die Garantenstellung konstituiert, liegt jedenfalls darin, daß die Allgemeinheit auf andere Sicherungsmittel als die Schaffung von kompetenten Wasserbehörden verzichtet. Gerade das sich verändernde Umweltbewußtsein zeigt deutlich, daß der Umweltrechtsgüterschutz nicht damit sein Bewenden hat, daß der einzelne Bürger eigene Gewässerverunreinigungen unterläßt und solche Verunreinigungen bekämpft, die im eigenen sozialen Herrschaftsbereich liegen[126]. Daß dies auf der anderen Seite immerhin schon eine

---

[126] Vgl. aber *Rudolphi*, Dünnebier-Festschrift, S. 579.

wichtige Sicherung des Rechtsguts „reines Wasser“ ist, soll nicht bestritten werden. Allerdings wäre auch der Schutz von Individualrechtsgütern zu gering, würde man nur auf die Rechtstreue der Bevölkerung vertrauen. Zudem belegt doch gerade die Umweltdiskussion, daß, wären die Wasserbehörden mit ihrer Zuständigkeit nicht schon institutionalisiert, dies im Interesse eines effizienten Schutzes noch zu geschehen hätte[127]. Daher sind die Amtsträger in den Wasserbehören Garanten für das Rechtsgut „reines Wasser“. Ihnen kommt eine besondere Verantwortung zu, die als Indiz einer Gefahrschaffung und damit einer Garantenstellung anzusehen ist[128].

Aus der vorgetragenen Begründung der Garantenstellung der Amtsträger in Wasserbehörden folgt zugleich, daß diese unabhängig davon ist, ob die Behörde etwa früher eine Erlaubnis zur wasserrechtlichen Benutzung erteilt hatte oder nicht[129]. Auf die sich ergebenden Brüche der Konstruktion einer Garantenstellung mit Hilfe der Ingerenz braucht hier nur hingewiesen zu werden[130]. Hinzu kommt, daß das konstituierende Element der hier in Frage stehenden Garantenstellung die Schaffung einer Innengefahr ist, die in der Übertragung der staatlichen Aufgabe des Gewässerschutzes liegt. Daher ist es einerlei, auf welche Weise sich eine Pflicht zum Einschreiten im einzelnen Fall konkretisiert, weil die Allgemeinheit eben unabhängig vom früheren Verhalten der Behörde auf deren jetziges Einschreiten vertrauen darf.

Problematisch ist aber, wann sich eine solche Pflicht zum Einschreiten nach dem WHG ergibt. Zu prüfen ist zunächst die Bedeutung einer Verwaltungspraxis, die zugunsten der Verschmutzer Rücksicht auf wirtschafts- und sozialpolitische Gesichtspunkte nimmt, indem sie dem Grundsatz „verhandeln statt anordnen“ folgt[131]. Die Mannheimer Staatsanwaltschaft meint in ähnlichem Zusammenhang, daß der Behörde ein relativ weiter Ermessensspielraum eingeräumt werden müsse, der ihr auch die weitere Abklärung der Gesamtlage trotz aktueller rechtswidriger Zustände gestatte[132]. Soweit solche Praktiken tatsächlich bestehen und sich nach einer Übergangszeit auch nicht ändern, muß

[127] Vgl. das Umweltprogramm der Bundesregierung vom 21. 9. 1971 in Umweltpolitik, S. 19, das eine Unvollkommenheit und Uneinheitlichkeit der Gesetzgebung feststellte.

[128] Vgl. zum Zusammenhang zwischen Verantwortung und Gefahr oben A II 1. b) und oben II vor 1.

[129] s. oben A II 3. b).

[130] s. oben A II 3. b).

[131] Ausdruck von *Herrmann*, ZStW 79, S. 293; vgl. speziell zum Vollzugsdefizit im Wasserrecht *Winter*, Vollzugsdefizit und allgemeine Vollzugsprobleme der Umweltpolitik, herausgegeben vom Rat der Sachverständigen für Umweltfragen, 1978.

[132] StA Mannheim, NJW 76, S. 588.

aber darauf hingewiesen werden, daß sie rechtswidrig sind, sich insbesondere nicht auf das WHG stützen können[133]. Eine vorherige Abklärung bei gleichzeitiger Unterlassung behördlichen Einschreitens ist nur insoweit zulässig, als dies der Klärung der Eingriffsvoraussetzungen oder der Art des Eingriffs dient. Auf die strafrechtliche Beurteilung kann eine darüber hinaus gehende Praxis also nur den Einfluß haben, daß für eine Übergangszeit den zuständigen Beamten ein Irrtum zugebilligt werden kann. Dieser Irrtum wäre allerdings u. U. als Tatbestandsirrtum zu qualifizieren, da die Unkenntnis der Verpflichtung zu einer bestimmten Handlung die Kenntnis der der eigenen Garantenstellung zugrundeliegenden Umstände ausschließen kann.

Zu ergänzen bleibt, daß eine Garantenstellung der Behörde nicht schon daraus hergeleitet werden darf, daß der Verschmutzer des Gewässers sich einer Straftat schuldig macht[134]. Aufgabe der für die Ausführung des WHG zuständigen Amtsträger ist nämlich nicht die Verhinderung von Straftaten, sondern die Reinhaltung der Gewässer. Letztlich würde bei der vorgetragenen Argumentation verkannt, daß den Wasserbehörden bzw. ihren Amtsträgern nur die Innengefahr für das ökologische Rechtsgut zugerechnet werden darf und deshalb auch nur hierfür spezifische Gesichtspunkte zur Begründung der Garantenstellung herangezogen werden dürfen.

Die Amtsträger der Wasserbehörden sind also ganz allgemein Garanten für das ökologische Rechtsgut. Obwohl dieses ein den Rechtsgütern Leib und Leben vorgelagertes Rechtsgut ist, da es zumindest auch der Art und Weise des Lebens dient[135], sind die Amtsträger damit noch nicht etwa Garanten für diese Rechtsgüter. Für den Fall, daß ein Körperverletzungserfolg oder gar ein Todeserfolg infolge der Verschmutzung des Gewässers eintritt, kommt daher keine Bestrafung aus den §§ 223 ff. oder §§ 212 ff. wegen Unterlassens in Betracht. Dies liegt zum einen daran, daß die Institutionalisierung der Wasserbehörden zunächst eben nur den Zweck hat, eine den elementaren Rechtsgütern vorgeschaltete Schutzzone zu schaffen. Zudem reichen die Kompetenzen der Wasserbehörden auch nicht aus, um eine solche weitreichende Garantenstellung zu tragen. Im Falle schwerwiegender Gefährdungen von Leib und Leben, die von Gewässern ausgehen, sind ohnehin die Polizei- und Ordnungsbehörden zum Einschreiten verpflichtet. Auf ihren Einsatz und nicht etwa den der Amtsträger in den Wasserbehörden vertraut die Gesamtheit der Bürger insoweit, als ihre Individualrechtsgüter gefährdet sind. Deshalb ist den Amtsträgern in den Wasserbehörden hinsicht-

---

[133] *Herrmann*, ZStW 79, S. 293.

[134] So aber AG Hechingen, NJW 76, S. 1223.

[135] *Horn* in SK, vor § 324, Rdnr. 2; vgl. auch *Herrmann*, ZStW 79, S. 282: Umweltschutz ist mittelbarer Schutz des Menschen.

lich der Rechtsgüter Leib und Leben auch keine Inengefahr zuzurechnen, so daß eine diesbezügliche Strafbarkeit wegen Unterlassens auszuscheiden hat.

c) *Gesundheitswesen*

Den Wasserbehörden entsprechen andere Behörden in einem weitgefaßten Begriff des Gesundheitswesens. In vielen Fällen ist die Herstellung und der Vertrieb bestimmter Stoffe von staatlicher Seite überwachungsbedürftig. So liegt es etwa bei Arzneimitteln, Lebensmitteln und den übrigen im LMBG genannten Gegenständen. Auch die u. a. im FleischbeschauG geregelte Veterinärüberwachung ist ein ähnlich gelagertes Beispiel. Vereinzelt ist schon der Verstoß gegen den vorgeschriebenen Umgang mit den betreffenden Gegenständen unter Strafe gestellt. Die §§ 51, 52 LMBG sind hierfür ein Beispiel. Diesen Strafdrohungen geht es letztlich natürlich darum, Schäden an Leib und Leben der Bürger zu verhindern. Rechtsgut der Vorschriften ist jedoch das „geordnete Lebensmittelwesen" selbst. Daraus ergibt sich dann, daß die zuständigen Amtsträger der Lebensmittelbehörden nicht strafrechtlich als Garanten für einen Verletzungserfolg an Leib oder Leben eines Bürgers einzustehen haben, wenn sie die Überwachung, die ihre einzige Eingriffsmöglichkeit ist, entgegen § 41 LMBG unterlassen. In Betracht kommt lediglich eine Strafbarkeit auch der unterlassenden Amtsträger nach §§ 51, 52 LMBG.

Das BSeuchenG enthält für Amtsträger Vorschriften sowohl zur Verhütung als auch zur Bekämpfung übertragbarer Krankheiten. Zu überprüfen ist, inwieweit sich Amtsträger strafbar machen können, soweit sie die vorgeschriebenen Handlungen unterlassen. Dazu ist zuerst die Vorfrage zu klären, ob die den zuständigen Amtsträgern obliegenden Handlungspflichten auch den Schutzzweck beinhalten, Leib und Leben der von der Seuche Bedrohten zu schützen. Anders als bei den vorhergehenden Beispielen wird man dies mit der Konsequenz zu bejahen haben, daß diese Handlungspflichten zur Begründung einer Garantenstellung auch insoweit in Betracht kommen. Zwar enthält auch das BSeuchenG eigene Strafvorschriften in den §§ 63 ff. Die Existenz von strafrechtlichen Sondervorschriften wie etwa bei § 324 oder §§ 51, 52 LMBG traf aber bisher immer mit der Erkenntnis zusammen, daß daneben andere Rechtsgüter oder Strafvorschriften nicht in Betracht kamen. Hier liegt es jedoch anders. Zum einen ist schon zweifelhaft, ob §§ 63 ff. BSeuchenG überhaupt ein eigenes überindividuelles Rechtsgut schützen oder nicht vielmehr besonders gefährliche Verhaltensweisen für Leib und Leben unter Strafe stellen. Der entscheidende Punkt ist aber, daß die zuständigen Amtsträger selbst weitreichende Kompetenzen nach dem BSeuchenG innehaben, die erheblich über eine bloße

Überwachung hinausgehen. Das bringt es mit sich, daß den Inhabern dieser Kompetenzen auch eine weitreichendere Garantenstellung zukommt. Der Schutz der individuellen Rechtsgüter von Leib und Leben vor Seuchen ist gerade ihnen anvertraut und niemand anders, worin die zurechenbare Schaffung einer Innengefahr auch für die Rechtsgüter Leib und Leben liegt. Überdies läßt sich dies Ergebnis auch auf den Gedanken der Herrschaft über eine Außengefahr stützen. Wenn jemand nämlich überhaupt die von Seuchen drohende Außengefahr für Leib oder Leben beherrscht, so sind dies die zuständigen Amtsträger, denen das im BSeuchenG vorgesehene Instrumentarium zur Verfügung steht.

d) Immissionsschutz

Auch der Immissionsschutz ist zu einem guten Teil Schutz der Gesundheit. Darüber hinaus geht es aber auch um den Schutz von Umweltgütern. Deshalb stellt sich auch hier die Frage, für welche Rechtsgutsverletzungen die zuständigen Amtswalter als Garanten einzustehen haben.

In Betracht kommt zunächst der Tatbestand des § 325. Dieser setzt jedoch die Verletzung verwaltungsrechtlicher Pflichten voraus. Daher kann ein Amtsträger schon aus diesem Grund nicht diesen Tatbestand erfüllen. Möglich erscheint aber eine Bestrafung aus den Tatbeständen der §§ 223 ff., der §§ 211 ff. und des § 303, soweit der Amtsträger die ihm nach dem BImSchG obliegenden Aufgaben nicht erfüllt. Dazu müssen allerdings zwei Voraussetzungen gegeben sein. Zunächst muß dem Amtsträger eine Garantenstellung in bezug auf die in §§ 223 ff., §§ 211 ff., § 303 geschützten Rechtsgüter zukommen. Sodann darf die in § 325 aufgestellte Voraussetzung der Verletzung verwaltungsrechtlicher Pflichten für die hier in Rede stehenden Tatbestände keine Sperrwirkung entfalten.

Für die erste Voraussetzung der Garantenstellung kommt es wieder entscheidend auf die im BImSchG eingeräumten Kompetenzen an, da sich daran die maßgeblichen Gefährdungskriterien konkretisieren lassen. Bei genehmigungsbedürftigen Anlagen soll die zuständige Behörde z. B. nach § 17 I 2 BImSchG nachträgliche Anordnungen treffen, wenn nach Erteilung der Genehmigung festgestellt wird, daß die Allgemeinheit vor schädlichen Umwelteinwirkungen oder sonstigen Gefahren, erheblichen Nachteilen oder erheblichen Belästigungen nicht ausreichend geschützt ist. Bei Nichtbefolgen dieser Anordnung oder einer Auflage kann die Behörde nach § 20 BImSchG den Betrieb der Anlage untersagen, stillegen oder beseitigen. Es besteht auch die Möglichkeit des Widerrufs der Genehmigung nach § 21 BImSchG. Wesentliche Eingriffsermächtigungen stehen der Behörde auch bei nichtgenehmigungsbedürftigen Anlagen nach §§ 24, 25 BImSchG zur Verfügung. Schon die Schilderung dieses Instrumentariums zeigt, in welchem Maße der Immissionsschutz von der Wahrnehmung der Aufgaben durch die zuständigen Amtswalter nach dem BImSchG abhängt. Hierin liegt die Zurechenbarkeit einer Innengefahr begründet. Nimmt man noch die Zielsetzung des Gesetzes, die in § 1 BImSchG verankert ist, hinzu, so ergibt sich, daß die zur Ausführung des Gesetzes zuständigen Amtsträger auch als Garanten für die Verletzung solcher Rechtsgüter einzustehen haben, die durch Immissionen verletzt werden, obwohl diese mit Hilfe der Möglichkeiten, die das BImSchG bietet, vermieden hätten werden können.

Eine Strafbarkeit gem. den §§ 223 ff., 211 ff., 303 kommt aber, wie erwähnt, nur in Frage, wenn § 325 nicht insoweit eine Sperrwirkung entfaltet. Sinn der Aufnahme der Voraussetzung der Verletzung verwaltungsrechtlicher Pflichten ist zunächst eine Anbindung des Strafrechts an das Verwaltungsrecht. Die zuständige Behörde muß bei der Aufstellung der verwaltungsrechtlichen Pflichten schon einmal über die Auswirkungen der Anlage nachgedacht haben. Bei der Verwaltungsrechts-Akzessorietät dieser Art wurde nun allerdings als Nebenfolge die Tatbestandserfüllung durch einen Amtsträger ausgeschlossen, ohne daß hierfür ein einleuchtender Grund vorhanden gewesen wäre[136], zumal Parallelen hierzu bei den §§ 324, 326 nicht bestehen. Daraus ergibt sich dann aber, daß erst recht kein Grund besteht, über den Gedanken einer Sperrwirkung auch die Erfüllung anderer Tatbestände durch Amtsträger auszuschließen. Festzustellen ist also, daß sich die zur Ausführung des BImSchG zuständigen Amtsträger als Garanten nach den §§ 223 ff., 211 ff., 303 strafbar machen können.

e) Bankenaufsicht

Bei der Bankenaufsicht durch das Bundesaufsichtsamt für das Kreditwesen stellt sich wiederum die Frage, ob die Kreditaufsicht der Ordnung des Kreditwesens als überindividuellem Rechtsgut dient[137] oder auch einem Individualrechtsgut[138]. Geschützt sein könnten nämlich auch die Vermögenswerte der Kunden der überwachten Kreditinstitute.

Daß ein geordnetes Kreditwesen überhaupt ein Rechtsgut ist, wird nicht zu bestreiten sein. Hierum geht es auch der Strafvorschrift des § 54 KWG. Darüber hinaus verfolgt die Kreditaufsicht aber gem. § 6 KWG u. a. den Zweck, Mißständen im Kreditwesen entgegenzuwirken,

---

136 Vgl. *Horn*, NJW 81, S. 1 Fn. 4: Kurioserweise gilt das aber nur für das Rechtsgut „reine Luft".

137 So *Tiedemann*, Neuordnung, S. 45.

138 s. *Horn*, NJW 81, S. 9 bei und in Fn. 103.

die die Sicherheit der den Kreditinstituten anvertrauten Vermögenswerte gefährden können. Zur Sicherstellung der Erfüllung dieser und anderer in § 6 KWG genannten Aufgaben ist gem. § 32 KWG das Erfordernis der Erlaubnis zum Betreiben von Bankgeschäften aufgestellt. Diese Erlaubnis kann das Bundesaufsichtsamt nach § 35 II KWG unter bestimmten Voraussetzungen zurücknehmen. Darüber hinaus stehen ihm im Interesse der anvertrauten Vermögenswerte zur Abwendung der Gefahr für die Erfüllungen der Verpflichtungen eines Kreditinstituts gegenüber seinen Gläubigern einstweilige Maßnahmen nach § 46 KWG zu.

Diese geschilderten Zugriffsmöglichkeiten sind deutlich an der Sicherung der Vermögenswerte der Kunden selbst und nicht nur an der Ordnung des Kreditwesens als solchem orientiert. Zudem sind die Kompetenzen der Kreditaufsicht sehr umfassend angelegt. All dies zeigt zunächst, daß die Pflicht zur Kreditaufsicht, die sich zu bestimmten Handlungspflichten konkretisieren kann, den Vermögenswerten der Kunden der Kreditinstitute dient[139]. Zudem wird durch Schaffung einer Kreditaufsicht gerade einem Sicherungsbedürfnis der Kunden Rechnung getragen. Diese übergeben ihr Vermögen nur deshalb einer Bank, weil sie auch auf die Kreditaufsicht vertrauen. Es sei hier noch einmal daran erinnert, daß es hierbei nicht um ein konkret-aktuelles Vertrauen gehen muß, damit den Amtsträgern im Bereich der Kreditaufsicht die Innengefahr für die Vermögenswerte der Kunden, die diese durch Übergabe dieser Werte an ihre Kreditinstitute selbst schaffen, zugerechnet werden kann. Als durch die Angehörigen der überwachten Kreditinstitute verwirklichte Tatbestände kommen im wesentlichen der Betrug und die Untreue in Betracht. Davon dürfte hier allerdigs nur die Untreue auch für die Aufsichtsbeamten praktisch werden können[140], da eine Mitwirkung bei einer Täuschungshandlung oder auch nur die Kenntnis hiervon kaum einmal anzunehmen sein wird.

f) Staatliche Rechtsgüter

Im großen Kreis der überindividuellen Rechtsgüter steht der kleinere der staatlichen Rechtsgüter, mit deren Betrachtung der Blick auf einzelne Verwaltungsbereiche abzuschließen ist. Zu den staatlichen Rechtsgütern zählt in erster Linie die Rechtspflege, deren Schutz durch das Strafrecht sich etwa in den §§ 258, 336 zeigt. Hier besteht die für eine

---

139 Vgl. zur drittschützenden Funktion der Kreditaufsicht auch BGHZ 74, 144 (147 ff.) und BGHZ 75, 120 (122 ff.). Beide Urteile betreffen die Ansprüche der Kunden der ‚Herstatt-Bank' nach deren finanziellem Zusammenbruch wegen eines Fehlverhaltens des Bundesaufsichtsamtes gegen die Bundesrepublik.

140 Vgl. auch *Tiedemann*, Neuordnung, S. 45, der deshalb nur die Untreue anspricht.

Garantenstellung wichtige Besonderheit, daß der Bestand etwa des Rechtsguts der Rechtspflege als Beispiel eines staatlichen Rechtsguts abhängig ist von (Rechts-)Regeln, die die in der Rechtspflege tätigen Amtswalter einzuhalten haben[141]. Diese Regeln schaffen das Rechtsgut erst und damit gleichzeitig schon dessen Schutzlosigkeit, da schon von der Existenz des Rechtsguts ohne die Einhaltung der Regeln nicht gesprochen werden könnte. Der Staat bringt durch seine Gesetzgebung das Rechtsgut also überhaupt erst zur Entstehung und vertraut den Amtswaltern die Aufrechterhaltung an. Aufgrund der Übernahme durch die Amtswalter bleibt die für eine Garantenstellung charakteristische Innengefahr bestehen. Dies ist den Amtswaltern zuzurechnen. Deutlich dürfte aber darüber hinaus werden, daß es die Amtswalter selbst sind, die die Außengefahr bilden. Sie sind es nämlich, die die für das Bestehen des Rechtsguts essentiellen Regeln einhalten müssen.

Die Kumulation der Voraussetzungen für eine Garantenstellung eröffnet das Verständnis dafür, weshalb man sich bei der Anerkennung der Garantenstellungen von Amtswaltern zumindest für manche staatliche Rechtsgüter anscheinend leichter tut. So stimmt auch Rudolphi einer Garantenstellung des Strafverfolgungsbeamten zu, der entgegen seiner Strafverfolgungspflicht die Strafverfolgung eines Straftäters unterläßt[142]. Zuzustimmen ist im Ergebnis auch der Beurteilung, der Steuerbeamte mache sich der Steuerhinterziehung strafbar, wenn er Steuern nicht erhebe[143]. Auch der Amtsträger, der eine in seinen Zuständigkeitsbereich fallende Falschbeurkundung durch einen Extraneus[144] nicht berichtigt, ist nach § 348 strafbar. Die Wahrheit öffentlicher Urkunden hängt von der Pflichterfüllung durch den Amtsträger ab, der insoweit auch wieder selbst eine Außengefahr darstellt. Ob der Amtsträger auch schon strafbar ist, wenn er die Falschbeurkundung durch den Extraneus bloß nicht hindert[145], hängt hingegen davon ab, ob ihm im Hinblick auf die Verhinderung der Beurkundung durch den hier die Außengefahr bildenden Extraneus besondere amtliche Möglichkeiten zustehen, wie dies hinsichtlich der Berichtigung der Fall ist.

---

141 Vgl. oben 2. Teil C II 2. vor a).

142 *Rudolphi* in SK, § 13, Rdnr. 54 a.

143 *Rudolphi* in SK, § 13, Rdnr. 54 a. Hinsichtlich einer auch erfüllten Untreue ist zu ergänzen, daß es sich dabei nicht um ein staatliches Rechtsgut, sondern um die Verletzung eines Rechtsgutsobjekts, das dem Staat zusteht, handelt. Eine Garantenstellung wird gleichwohl zu bejahen sein, da bezüglich des Vermögens als individuellem Rechtsgut das Vorliegen des Gefährdungskriteriums in gleicher Weise zu bejahen ist.

144 Beispiel von *Schönke / Schröder / Stree*, § 13, Rdnr. 31.

145 So *Schönke / Schröder / Stree*, § 13, Rdnr. 31.

Der Ergänzung bedürftig erscheint auch ein weiteres Beispiel, das den Schutz der Staats- und Amtsgeheimnisse betrifft[146]. Eine Garantenstellung ist hier wie auch sonst nur dann anzuerkennen, wenn der Geheimnisschutz gerade eine Amtswahrnehmungspflicht des Amtsträgers ist[147]. Daher unterliegt auch die Auffassung Zweifeln, derzufolge der Tatbestand des § 354 durch den Postbediensteten verwirklicht werde, der es geschehen läßt, daß sich andere von der dem Post- und Fernmeldegeheimnis unterfallenden Tatsache Kenntnis verschaffen[148]. Hier liegt schon die für andere staatliche Rechtsgüter charakteristische Kumulation der Voraussetzungen einer Garantenstellung nicht vor[149], da die Außengefahr hier von der Person ausgeht, die sich die Kenntnis von der geheimen Tatsache verschafft. Doch ist diese Häufung der Voraussetzung auch nicht notwendig. Hinzu kommt aber entscheidend, daß Amtswahrnehmungspflicht der Postbediensteten nur die postdienstlichen Verrichtungen sind. Die Wahrung des Postgeheimnisses (vgl. auch § 5 PostG) ist nur eine, wenn auch sehr bedeutsame nicht amtswahrnehmungsbezogene Nebenpflicht. Überdies kommen den Postbediensteten auch keine besondern Kompetenzen zur Verhinderung der Verletzung des Postgeheimnisses zu, so daß auf ihren Einsatz in besonderer Weise vertraut werden dürfte. Eine Strafbarkeit wegen Unterlassens im oben geschilderten Fall ist also mangels Garantenstellung abzulehnen.

Hiermit findet die Behandlung der Garantenproblematik ihren Abschluß. Die für einzelne Verwaltungsbereiche gezogenen Folgerungen dürften die Verwendbarkeit der auf verschiedenen Wegen gefundenen Kriterien verdeutlicht haben. Die weitere Auswertung der deduktiv entwickelten, also allgemein anwendbaren Kriterien verspricht zudem über den Bereich des Amtswalterunterlassens hinaus Erfolg.

---

146 Vgl. *Rudolphi* in SK, § 13, Rdnr. 54 a.

147 s. oben 2. Teil C I 9., II 3. und oben II 3. c).

148 So *Schönke / Schröder / Lenckner*, § 354, Rdnr. 9, und *Schönke / Schröder / Stree*, § 13, Rdnr. 31.

149 Zu einem anderen aus § 354 selbst hergeleiteten Bedenken vgl. *Samson* in SK, § 354, Rdnr. 19.

Vierter Teil

Täterschaft und Teilnahme beim Amtswalterunterlassen

Die Frage der Strafbarkeit des unterlassenden Amtswalters hängt wesentlich von seiner Täterschaft und seiner Teilnahme ab. Wenn auch das „Ob“ seiner Strafbarkeit mit der Klärung der Garantenproblematik beantwortet zu sein scheint, so gilt dies noch nicht ohne weiteres für das „Wie“ der Strafbarkeit. Die Auflösung der hierfür maßgeblichen Beteiligungsproblematik beim Unterlassen ist bekanntlich trotz ausführlichster Behandlung noch immer nicht hinreichend gelungen. Überdies könnten für Amtswalter besondere Regeln gelten. Die Bedeutung der Beteiligungsproblematik ergibt sich aus der obligatorischen Strafmilderung der Beihilfe gem. § 27 Abs. 2 gegenüber der nur fakultativen gem. § 13 Abs. 2 und auch aus der Straflosigkeit der versuchten Beihilfe. Das Beteiligungsproblem stellt sich immer dann, wenn bei einem strafrechtlich erheblichen Erfolg nicht nur ein Handelnder, sondern zumindest ein Unterlassender beteiligt ist. Da es hier um das Amtswalterunterlassen geht, interessiert immer die Strafbarkeit des Unterlassenden und damit die Beteiligung durch Unterlassen, die u. U. gleichzeitig Beteiligung am Unterlassen sein kann. Demgegenüber ist die Beteiligung eines handelnden Amtswalters und erst recht die eines handelnden Privaten von minderer Bedeutung.

Wenn nun zwar Garanten- und Beteiligungsproblematik die unterschiedlichen Fragen des „Ob“ und des „Wie“ der Strafbarkeit behandeln, so könnte doch die Lösung der Beteiligungsproblematik von der Lösung der Garantenproblematik abhängig sein, so daß auf die zuvor dazu hergeleiteten Ergebnisse zurückgegriffen werden könnte. Deshalb muß das mögliche Abhängigkeitsverhältnis von vornherein in den Blick genommen werden.

A. Abhängigkeit der Beteiligungs- von der Garantenproblematik

Schon die Abhängikeit der Garanten- von der Beteiligungsproblematik als solche ist bei der Beteiligung durch Unterlassen umstritten. Dies gilt zudem unabhängig von den dann erzielten Ergebnissen. Weitergehend muß man sogar sagen, daß diejenigen, die übereinstimmend die

Abhängigkeit als solche bestreiten, in den Ergebnissen am weitesten voneinander abweichen und die Extrempositionen markieren[1]. Umgekehrt zeichnet sich bei denjenigen, die eine Abhängigkeit bejahen, zumindest eine einheitliche Tendenz ab[2]. Dies alles gibt natürlich noch keine Argumente für die eine oder andere Lösung her, verschafft aber einen angesichts der Fülle der Literatur hilfreichen Überblick.

I. Ablehnung der Abhängigkeit wegen Maßgeblichkeit anderer Kriterien

Nagler, der die Garantenstellung als Erfordernis der Strafbarkeit wegen Unterlassens herausgestellt hatte, erkannte eine Abhängigkeit der Beteiligungsproblematik nicht an, sondern wollte zwischen Ursachen und bloß ermöglichenden Bedingungen unterscheiden. „Durchschnittlich“ werde eine solche ermöglichende Bedingung bei der Nichthinderung eines von einem anderen herbeigeführten Unrechtserfolges vorliegen[3]. Auch diejenigen, die im weiteren Verlauf der Unterlassungsdogmatik eine Abhängigkeit der Beteiligungs- von der Garantenproblematik nicht anerkennen, leiten dies aus der Maßgeblichkeit anderer Kriterien her. Sollten sich solche Kriterien finden, wäre dies zwar kein zwingendes, immerhin aber ein nicht außer acht zu lassendes Argument gegen die Abhängigkeit der Beteiligungsproblematik von der Garantenproblematik.

1. Tatherrschaft

Viele Autoren halten die Tatherrschaft auch bei der Beteiligung durch Unterlassen für entscheidend.

a) Darstellung

Als erster ist hier Gallas zu nennen. Er meint, anstelle der Garantenstellung sei vielmehr auch bei der Beteiligung durch Unterlassen die Tatherrschaft maßgeblicher Gesichtspunkt[4]. Diesem Ansatz folgen viele Vertreter der älteren Literatur[5], die allerdings in der Definition der Tatherrschaft bzw. in der Umformulierung für das Unterlassen im einzelnen voneinander abweichen.

---

1 Vgl. unten I 1. a) und I 3.

2 Vgl. unten B.

3 *Nagler*, GS 111, S. 73.

4 *Gallas*, JZ 52, S. 372, und JZ 60, S. 687.

5 *Kielwein*, GA 55, S. 227; *Maurach*, AT, S. 693; *Löwenheim*, Anstiftung, S. 52 ff.; *F. C. Schroeder*, Der Täter hinter dem Täter, S. 105 ff.

Die Äußerungen von Gallas beziehen sich auf ein Urteil des BGH zur unterlassenen Selbstmordverhinderung. Hierbei müsse die Sachherrschaft des Selbstmörders Berücksichtigung finden[6], von der wiederum die Täterschaft des unterlassenden Hintermanns abhänge[7]. Von der Tatherrschaft des Unterlassenden könne allerdings nur im Sinne einer Möglichkeit die Rede sein. Diese potentielle Tatherrschaft gehöre aber schon zum Begriff der Unterlassung, könne also nicht zugleich dazu dienen, die Beteiligungsformen voneinander zu unterscheiden[8]. Trotz dieser Erkenntnis verliert das Kriterium der Tatherrschaft nun aber nicht jede Bedeutung für die Argumentation von Gallas. Dies ergibt sich daraus, daß er aus der konkurrierenden Tatherrschaft des Handelnden schließt, der Unterlassende werde hierdurch in eine dienende Rolle gedrängt[9] Anders als durch die Berücksichtigung von Tatherrschaftsaspekten auch auf der Seite des Unterlassenden ist dies nämlich nicht zu erklären[10].

Kielwein[11] bekennt sich zur Maßgeblichkeit der materiell-objektiven Lehre noch einschränkungsloser als Gallas. Sobald der Eintritt des strafrechtlichen Erfolges ausschließlich vom Verhalten des Garanten abhänge, werde dieser kraft seiner Stellung im Gesamtgeschehen zum Täter der Delikte. Auch Maurach will die Frage, ob Täterschaft oder Beihilfe vorliegt, allein nach dem Ausmaß der Tatherrschaft entscheiden. Diese werde allerdings vielfach mit der Möglichkeit der Erfolgsverhinderung übereinstimmen[12].

Auch Löwenheim sagt ähnlich wie Gallas zunächst ausdrücklich, daß beim Unterlassen die Lenkung des Kausalgeschehens nicht in der Hand des Beteiligten liegt, sondern das Geschehen von selbst in eine bestimmte Richtung laufe[13]. Er selbst will deshalb den Unterlassenden als Täter ansehen, dessen erwartete Handlung einen unmittelbaren Schutz für das Rechtsgut dargestellt hätte. Teilnehmer seien daher diejenigen,

---

6 *Gallas*, JZ 52, S. 372 l. Sp.

7 Gegen das Kriterium der Tatherrschaft bei der unterlassenen Selbstmordhinderung wendet sich *Meister*, GA 53, S. 171, dem es aber in erster Linie um die Berücksichtigung des eigenverantwortlichen Entschlusses des Selbstmörders geht. Bei Fehlen eines solchen Entschlusses komme eine Umdeutung in eine Tötung durch fremde Hand, also in Täterschaft, in Betracht, vgl. GA 53, S. 169.

8 *Gallas*, JZ 52, S. 372 r. Sp.; deutlicher noch JZ 60, S. 686 Fn. 56.

9 *Gallas*, JZ 52, S. 372 r. Sp., und JZ 60, S. 687 r. Sp.: Solange der aktiv Handelnde den Tatverlauf durch sein Tun beherrsche, „verstelle er dem untätig bleibenden Garanten den unmittelbaren Zugang“ zum strafbaren Erfolg.

10 Dies berücksichtigt *Busse*, Täterschaft, S. 199 ff., bei seiner Darstellung nicht hinreichend.

11 GA 55, S. 227.

12 *Maurach*, AT, S. 693.

13 *Löwenheim*, Anstiftung, S. 49.

deren erwartete Handlung das Rechtsgut nur mittelbar geschützt hätten[14]. Dies stimme in der ratio mit der materiell-objektiven Theorie, wie sie beim positiven Tun von M. E. Mayer vertreten wurde[15], überein. Wenn auch diese Theorie sich nicht durchgesetzt hat, so weist sie doch Gemeinsamkeiten mit der Tatherrschaftslehre auf[16]. Dies zeigt sich bei geringer Abwandlung der Lösung Löwenheims. Danach muß dann gefragt werden, ob die erwartete Handlung mit Tatherrschaft und damit in Täterschaft ausgeführt wurde oder nicht. Damit zeigt sich, daß Löwenheim in Wahrheit keinen weit vom Kriterium der Tatherrschaft abweichenden Ansatz gewählt hat. Deutlich wird dies auch an der Anwendung der Lösung auf die Fälle, in denen auch ein Handelnder beteiligt ist[17]. Löwenheim erklärt hierzu, daß auch vom Begehungstäter ein bestimmtes Verhalten erwartet werde, nämlich sein Unterlassen. Dieses Unterlassen — so Löwenheim — würde das Rechtsgut regelmäßig besser schützen als die vom Unterlassenden erwartete aktive Verhinderung der Handlung[18]. Hierbei kommt der Vergleich der Beherrschung des Geschehens durch Handelnden und Unterlassenden zum Ausdruck[19].

Auch F. C. Schroeder will den Begriff der Tatherrschaft auf das Unterlassen anwenden, indem er ihn „materialisiert“[20]. Als Beispiel nennt er den Fall des kraftstrotzenden Mannes, der der Tötung seines Kindes zusehe, im Vergleich zu dem zitternden schmächtigen Mann, der die wenig Erfolg versprechende Gegenwehr unterläßt und damit die Tat fördere[21].

Auch die neuere Literatur greift zur Lösung der Beteiligungsproblematik beim Unterlassen auf Tatherrschaftsgesichtspunkte zurück.

Zu nennen ist hier Jescheck, der die Abgrenzung zur Beihilfe i. d. R. für unproblematisch hält, und dies ähnlich wie schon Gallas damit begründet, daß neben dem die Tatherrschaft ausübenden Täter der Tatbeitrag des die Tat nicht hindernden Garanten grundsätzlich nur die Bedeutung von Beihilfe besitze[22]. Weitgehend mit Gallas stimmt auch

---

14 *Löwenheim*, S. 52.

15 *M. E. Mayer*, AT, S. 472 f.

16 *Löwenheim*, S. 46 Fn. 148.

17 *Löwenheim*, S. 54 ff.

18 *Löwenheim*, S. 55.

19 Vgl. auch *Löwenheim*, S. 53, der das „Prinzip der vergleichenden Betrachtung der einzelnen Tatbeiträge“ heranzieht und in diesem Zusammenhang auf die Theorie von der Tatherrschaft hinweist.

20 *F. C. Schroeder*, Der Täter hinter dem Täter, S. 106.

21 *F. C. Schroeder*, S. 105 f.

22 *Jescheck*, AT, S. 567; vgl. auch *Maurach / Gössel / Zipf*, AT 2, S. 255 f.

Schmidhäuser überein[23]. Auch er rekurriert auf die Tatherrschaft des Handelnden, neben dem der unterlassende Garant nur die Verhinderungsmöglichkeit habe und daher nur Gehilfe sei[24]. Im Unterschied zu Gallas will Schmidhäuser bei der Sicherungsgarantie jedoch immer Täterschaft des Garanten annehmen. Es ist jedoch angesichts der ausdrücklichen Bezugnahme auf Gallas[25] anzunehmen, daß nach der Auffassung Schmidhäusers mit dieser Art der Garantie eine Tatherrschaft über die Gefahrenquelle notwendig verbunden sei, so daß deshalb immer Täterschaft anzunehmen ist. Ob letzteres zutrifft, ist hier nicht zu entscheiden. Hier kommt es vielmehr auf den erkennbar übereinstimmenden Ausgangspunkt an. Diesen teilt auch Langer. Er hält nämlich ebenfalls die für die Abgrenzung von Täterschaft und Teilnahme entwickelten Kriterien auf das Unterlassen für anwendbar[26].

Auch Busse erkennt die zumindest teilweise Gültigkeit des Tatherrschaftsprinzips für Unterlassungsdelikte an[27]. Seine Ausführungen sind dennoch hier noch nicht mit einzubeziehen, da er die Reichweite des Tatherrschaftsprinzips stark beschränkt[28], aus ihm also gerade nicht den Schluß zieht, die Art der Garantenstellung sei deshalb für die Beteiligungsproblematik gänzlich unmaßgeblich.

Als letzter Vertreter der Meinung, die Garantenstellung bestimme nicht die Lösung des Beteiligungsproblems, ist Arzt zu nennen. Er will die Lehre von der Tatherrschaft für das Unterlassen modifizieren. Dementsprechend sei zwischen Eingriffsmöglichkeiten unterschiedlicher Gewichtung zu differenzieren[29].

b) Kritik

Wäre die Tatherrschaft in ursprünglicher oder abgewandelter Form nun in der Tat ein auch für das Unterlassen verwendbares Kriterium, wie die Vorgenannten meinen, so wäre dies ein starkes Argument gegen die zusätzliche Maßgeblichkeit anderer Kriterien und damit gegen die Abhängigkeit der Beteiligungs- von der Garantenfrage.

Von besonderem Interesse für die Maßgeblichkeit der Tatherrschaft bei Unterlassungsdelikten ist die Stellungnahme Roxins hierzu, der der

---

[23] Vgl. *Schmidhäuser*, AT, 17/12 Fn. 6.

[24] *Schmidhäuser*, AT, 17/12, der im übrigen seine Ganzheitstheorie vertritt, vgl. AT, 14/156 ff., die aber mit der der Tatherrschaftslehre zumindest insoweit übereinstimmt, als sie auch objektive Gesichtspunkte berücksichtigt. Zur Kritik vgl. *Roxin*, ZStW 83 (1971), S. 394 ff.

[25] Vgl. Fn. 4.

[26] *Langer*, Sonderdelikt, S. 508.

[27] *Busse*, Täterschaft, S. 261 ff., 267.

[28] *Busse*, S. 289 ff., 350 ff.

[29] *Arzt*, JA 80, S. 558.

Tatherrschaftslehre für das Begehen durch positives Handeln zum Durchbruch verhalf. Roxin meint jedoch, der Tatherrschaftsgedanke habe bei den Unterlassungsdelikten von vornherein keinen Raum[30]. Im wesentlichen wird dies mit den Argumenten begründet, die auch schon Gallas erwähnte. Die Tatherrschaft in ihrer ursprünglichen Form scheide deswegen aus, weil sich der Handlungsablauf durch Nichtstun nicht aktiv gestalten lasse[31]. Daher bleibe die Eingriffsmöglichkeit als Unterlassungsherrschaft. Da aber die Möglichkeit der Erfolgsabwendung Voraussetzung der Strafbarkeit jeden Unterlassens ist, stellt sich die Kernfrage, ob und in welcher Weise zwischen verschiedenen Erfolgsabwendungsmöglichkeiten differenziert werden kann. Für Roxin gibt es eine solche Möglichkeit der Differenzierung insbesondere im Hinblick auf die größere oder leichtere Schwierigkeit der Erfolgsabwendung nicht[32].

Zwar wird eine solche Art der Unterscheidung von niemand genau in dieser Formulierung vorgeschlagen. Es finden sich allerdings auch bis heute nur wenig konkrete Vorschläge. Gallas hatte zwar das Problem gesehen, hatte sich aber noch nicht mit der Differenzierung im einzelnen befaßt, sondern sich mit dem Hinweis auf die konkurrierende Tatherrschaft zufriedengegeben. Dem fiktiven Differenzierungsvorschlag Roxins kommt jedoch die Ansicht F. C. Schroeders sehr nahe. In seinen abstrakten Ausführungen begnügt er sich zwar mit dem Hinweis auf eine Materialisierung des Tatherrschaftsgedankens, bringt dann jedoch den Vergleich der Unterlassungen eines kraftstrotzenden und eines zitternden schmächtigen Mannes anläßlich der Straftat eines anderen. Hiermit ist jedoch eine sichere Abgrenzung nicht zu leisten. Zuviel unsichere Faktoren wie Ausmaß der nötigen Kraft, Art der vorzunehmenden Handlung, Kraft und Stärke des Handelnden spielen hier hinein.

In anderer Weise versucht Arzt den Gedanken der Tatherrschaft fruchtbar zu machen. Er meint, daß es für die Rollenverteilung und Rollengewichtung der Beteiligten keinen fundamentalen Unterschied machen könne, ob Kapitän und Offiziere das Schiff auf die Klippen steuerten oder auf die Klippen treiben ließen[33]. Aus seinen Ausführungen ergibt sich, daß Arzt hingegen die Matrosen in beiden Fällen als Gehilfen behandeln will. Damit wird in Wahrheit dann jedoch nicht die Tatherrschaft als Kriterium herangezogen, sondern es wird die soziale Rolle der Beteiligten als für die Beteiligungsfrage maßgebend angesehen. Zwar soll und kann hieraus noch nicht gefolgert werden, daß die

30 *Roxin*, Täterschaft, S. 462.

31 *Roxin*, S. 463.

32 *Roxin*, S. 464.

33 *Arzt*, JA 80, S. 558.

soziale Rollenverteilung auf die Beteiligungsfrage ohne Einfluß ist. Jedenfalls aber sind die Aussagen von Arzt nicht geeignet, eine Differenzierung zwischen verschiedenen Erfolgsabwendungsmöglichkeiten und damit die Maßgeblichkeit von Tatherrschaftskriterien aufzuzeigen, da er auf andere Unterscheidungsmerkmale ausweicht. Allerdings ist der Aspekt der sozialen Rolle, der auch schon von Gallas erwogen, aber nicht weiter verfolgt wurde[34] und den auch Roxin untersucht[35], für spätere Untersuchungen im Gedächtnis zu behalten.

Zur Entwicklung einer Differenzierung zwischen verschiedenen Erfolgsabwendungsmöglichkeiten verbleibt noch der abgewandelte Vorschlag Löwenheims[36]. Seine Lösung hat im Gegensatz zur fiktiven Differenzierung Roxins und der F. C. Schroeders nicht den Nachteil der schwierigen Praktikabilität[37]. Der einzige Unterschied bei der Frage nach der Täterschaft ist, daß die Tatherrschaft bei der Unterlassung für eine hypothetische Handlung zu prüfen ist. Man wird dieser Lösung nicht ohne weiteres vorwerfen können, den Schwerpunkt der strafrechtlichen Betrachtung zu sehr vom rechtswidrigen auf das rechtmäßige Tun zu verlagern[38]. Allerdings beinhalten entsprechende Bedenken einen richtigen Kern. Es müßte nämlich nachgewiesen werden, daß der Schluß von der Qualität der möglichen Handlung auf die Qualität der Unterlassung falsch oder unzulässig ist. Sicher ist, daß ein solcher Schluß allenfalls möglich ist, wenn Handlung und Unterlassung in irgendeiner Weise gleichen Strukturen folgen. Solange also ein Handlung und Unterlassung übergreifendes Zurechnungsprinzip nicht herangezogen wird, bleibt die Verifizierung oder Falsifizierung der oben aufgezeigten Lösung bloße Spekulation. Verdeutlicht wird dies durch die provokante These, der Unterlassende habe im Gegenteil „Tatherrschaft", wenn er „nur" eine Handlung als Teilnehmer vorzunehmen habe. Begründen ließe sich dies Ergebnis nämlich damit, daß dem Unterlassenden eine Teilnahmehandlung leichter fallen müsse als eine Täterhandlung, weswegen eine mildere Bestrafung nicht erfolgen könne[39]. Die Frage, inwieweit die Tatherrschaft bei der Vornahme der erwarteten Handlung von Bedeutung ist, muß hier also noch offengelassen werden.

---

34 *Gallas*, JZ 52, S. 372 r. Sp., der erwägt, daß das Untätigbleiben an sozialem Gewicht der Erfolgsherbeiführung durch den handelnden Täter gleichkommen könne.

35 *Roxin*, Täterschaft, S. 465: soziale Tatherrschaft.

36 s. oben unter a).

37 Anders *Busse*, Täterschaft, S. 251.

38 So aber *Busse*, S. 247.

39 Eine ähnliche Überlegung findet sich bei *Kaufmann*, Dogmatik, S. 187, für die Teilnahme am unechten Unterlassungsdelikt.

Es ist allerdings hier festzustellen, daß das Kriterium der Tatherrschaft für sich allein ohne überprüfende Erklärung weder in ursprünglicher noch in abgewandelter Form das Beteiligungsproblem beim Unterlassen lösen kann. Damit ist der Schluß verbunden, daß das Tatherrschaftskriterium die Bedeutung der Garantenstellung für das Beteiligungsproblem nicht entkräften kann.

2. Subjektive Aspekte

Wie auch bei der Begehung durch Handlung will die Rechtsprechung ebenso beim Unterlassen auf ihre subjektive Theorie zurückgreifen[40]. Damit wird inzident die Maßgeblichkeit der Garantenstellung für die Beteiligungsproblematik geleugnet. Die Argumente, die schon allgemein gegen die subjektive Theorie sprechen[41], sollen hier nicht noch einmal aufgewärmt werden. Nur zwei für das Unterlassen wichtige Punkte seien angemerkt.

Bekanntlich schließt die Rechtsprechung den Täterwillen aus Indizien wie dem Interesse am Taterfolg[42] und eigenhändiger Tatbestandserfüllung[43]. Von Bedeutung ist aber auch der Wille zur Tatherrschaft[44], der i. d. R. — d. h. soweit kein Irrtum vorliegt — mit dem objektiven Geschehen übereinstimmen wird. Daher gelten die obigen Anmerkungen zum Kriterium der Tatherrschaft insoweit auch hier.

Angemerkt sei schließlich, daß es die Überzeugungskraft der subjektiven Theorie gerade für den Unterlassungsbereich nicht gerade stärkt, wenn sie in dem Anwendungsfall, der Literatur und Rechtsprechung bisher aufs intensivste beschäftigt hat, aufgegeben werden muß. So erklärte der BGH, daß subjektive Kriterien zur Lösung der Beteiligungsproblematik beim Selbstmord ungeeignet seien, es komme auf die Tatherrschaft an[45].

Keinesfalls lassen subjektive Aspekte den Schluß zu, die Garantenstellung sei für die Abgrenzung von Täterschaft und Teilnahme beim Unterlassen unmaßgeblich.

---

[40] So wohl auch RGSt 53, 292 (293); deutlicher RGSt 58, 244 (246 f.); RGSt 64, 273 ((275) und RGSt 66, 71 (74 f.); vgl. auch RGSt 69, 349 (349 f.) und RGSt 73, 53 (53 f.). Der BGH folgt der Rechtsprechung des RG, vgl. BGHSt 2, 20 (21); 13, 162 (166); BGH LM Nr. 10 zu § 47 a. F.; BGH MDR 60, S. 939 f.; BGH NJW 66, S. 1763.

[41] Vgl. dazu nur *Roxin* in LK, § 25, Rdnrn. 22 ff.

[42] RGSt 74, 84 (85); RG JW, S. 2509; BGHSt 6, 226 (229).

[43] BGHSt 8, 70 (73); 8, 393 (396).

[44] BGHSt 8, 70 (73); 8, 393 (396, 398); 13, 162 (166 f.).

[45] BGHSt 19, 135 (138 f.). Vgl. auch schon BGHSt 2, 150 (156).

3. Struktur der Unterlassung

Die Gegenthese zu derjenigen, die Beteiligungsproblematik sei mit Hilfe des Tatherrschaftsgedankens zu lösen, stellen Grünwald und Kaufmann dadurch auf, daß sie nachdrücklich auf die ausschließliche Bedeutung der Struktur der Unterlassung hinweisen.

Wäre dieser Hinweis richtig, so ergebe sich für die z. Z. in Rede stehende Frage das gleiche wie bei Berücksichtigung des Tatherrschaftsgedankens. Die Struktur der Unterlassung ist nämlich einheitlich, so daß auch nur einheitlich entweder Täterschaft oder Teilnahme durch Unterlassen angenommen werden können. Damit ist dann aber zugleich dargetan, daß die Art der Garantenstellung für die Lösung der Beteiligungsproblematik nichts hergibt, wie dies auch diejenigen behaupten, die ausschließlich die Tatherrschaft für entscheidend halten.

Grünwald erklärt nun, das Unterlassen sei neben Täterschaft und Teilnahme durch Handeln die dritte Beteiligungsform. Sie unterscheide sich von den beiden ersten dadurch, daß der Unterlassende nur eine potentielle Beziehung zu dem Geschehen habe[46]. Danach gibt es dogmatisch keine Teilnahme durch Unterlassen[47]. Im übrigen wiege die Unterlassung im Unrecht weniger schwer als selbst die Beihilfe[48]. Grünwald befindet sich aber, als er diesen Schluß zieht, nach eigener Aussage schon im Bereich der reinen Wertung des Unrechts. Anhaltspunkt und Vergleichsmaßstab ist für ihn dabei die Beihilfe durch Handeln[49]. Welche Schlüsse die Existenz der Beihilfe auch immer hergeben mag, so kann sie doch die Struktur der Unterlassung nicht erklären. M. a. W. bei der Heranziehung der Beihilfe handelt es sich um von der Struktur der Unterlassung unabhängige Argumente. Zur Struktur selbst ist nämlich zunächst nicht viel mehr zu erklären, als daß der Unterlassende das Geschehen nicht beherrscht, sondern nur die Möglichkeit der Erfolgsabwendung hat.

Für Kaufmann ergibt sich die fehlende dogmatische Funktion der Beihilfe durch Unterlassen ergänzend daraus, daß die unechte Unterlassung nicht unter den Tatbestand des Begehungsdelikts falle. Deshalb ließen sich die Fälle der unechten Unterlassung auch nicht als Teilnahme zum Begehungsdelikt konstruieren, eine solche gebe es gar nicht[50]. Dieses Argument ist aber nicht überzeugend. Zwar mag man Kaufmann insoweit folgen, als die Gebote nicht schon durch die Tat-

---

[46] *Grünwald*, Unterlassungsdelikt, S. 97 f., 101; GA 59, S. 111.

[47] So auch *Kaufmann*, Dogmatik, S. 295, und auch *Welzel*, Lb, S. 222.

[48] *Grünwald*, Unterlassungsdelikt, S. 103; GA 59, S. 112.

[49] *Grünwald*, Unterlassungsdelikt, S. 102 f.

[50] *Kaufmann*, Dogmatik, S. 295.

bestände des Besonderen Teils sanktioniert sind[51]. Zumindest bedarf es heute der Berücksichtigung des § 13, der auf das zusätzliche Erfordernis der Garantenstellung hinweist. Die Regelung des § 13 könnte aber auch schon auf die der §§ 26, 27 zu beziehen sein. Dann wären mit den §§ 26, 27 nicht nur die Verbote des Hilfeleistens und des Bestimmens, sondern auch die entsprechenden Gebote geregelt. Zwar ist damit noch nicht entschieden, wie das Hilfeleisten und wie das Bestimmen durch Unterlassen zu fassen ist. Wenn demnach insoweit eine solche Begriffsbildung konstruktiv möglich ist[52], so fragt sich doch, ob sie notwendig und sinnvoll ist.

Obwohl Kaufmann schon aus den erörterten konstruktiven Gründen für jedes Unterlassen bei Vorliegen irgendeiner Garantenstellung den Tatbestand der Täterschaft durch Unterlassen bejahen will[53], wendet auch er sich trotzdem dieser axiologischen Frage zu. Er fragt nämlich, ob nicht manche Unterlassungen nur der aktiven Beihilfe gleichzustellen seien[54]. Dieser Vergleich verschiedener Unterlassungen miteinander, dem auch Grünwald nachgeht[55], könnte nun im Unterschied zum Vergleich von Handlung und Unterlassung in der Tat etwas für die Struktur der Unterlassung hergeben. Kaufmann verwirft eine unterschiedliche Behandlung der Gleichstellungsfrage für verschiedne Unterlassungen. Ob dies zu Recht geschieht, interessiert hier weniger als der Grund dafür. Dieser liegt darin, daß Kaufmann beim Unterlassen in erster Linie die Beziehung des Garanten zum geschützten Rechtsgut ins Auge faßt. Deutlich wird dies, wenn er sagt, daß sich im Unterschied zur aktiven Beihilfe die Unterlassung des Garanten nicht auf die Tathandlung beziehe, sondern ausschließlich auf das garantierte Rechtsgut, das zu schützen unterlassen wird[56]. Aber auch dies ist kaum mehr als die Beschreibung der Erfolgsabwendungsmöglichkeit bei Grünwald, der die Differenzierung zwischen verschiedenen Garantenstellungen allein mit dem Hinweis verneint, daß die Art der Beherrschung des Geschehens in allen Fällen gleich sei[57].

Die Struktur der Unterlassung stellt in Wahrheit lediglich die Rückseite der Medaille dar, deren Vorderseite von denjenigen betrachtet wird, die die Tatherrschaft für allein entscheidend halten. Deswegen gilt dasselbe, was sich für die alleinige Maßgeblichkeit des Tatherr-

---

[51] Nicht angesprochen ist damit die im 1. Teil erörterte Frage, ob Ver- und Gebote im Strafgesetz selbst ihren Ursprung finden.

[52] Vgl. auch *Roxin*, Täterschaft, S. 493, und *Busse*, Täterschaft, S. 12, 14 f.

[53] *Kaufmann*, Dogmatik, S. 294.

[54] *Kaufmann*, S. 295 ff.

[55] *Grünwald*, Unterlassungsdelikt, S. 105 f.; GA 59, S. 114 f.

[56] *Kaufmann*, Dogmatik, S. 298.

[57] *Grünwald*, Unterlassungsdelikt, S. 106.

schaftsgedankens als Kritik ergeben hatte, nun auch hier. Solange übergreifende Zurechnungsprinzipien von Handlung und Unterlassung nicht erkannt oder nicht ausgeschlossen sind, kann die andersartige Struktur der Unterlassung allein nicht zum Anlaß genommen werden, die Unterlassung als dritte Beteiligungsform immer nur als Täterschaft oder nur als Teilnahme zu bestrafen und damit jede Bedeutung der Art der Garantenstellung zu leugnen.

4. Zusammenfassung

Bisher haben sich also keine Kriterien gezeigt, mit Hilfe derer die Unterscheidung zwischen Täterschaft und Teilnahme beim Unterlassen vorzunehmen oder auszuschließen wäre. Damit bleibt nach wie vor die Möglichkeit der Abhängigkeit der Beteiligungs- von der Garantenproblematik bestehen.

II. Anerkennung der Abhängigkeit

Roxin, Rudolphi und Stratenwerth erkennen die Abhängigkeit der Beteiligungs- von der Garantenproblematik an.

1. Pflichtverletzung

Die Unterlassungsdelikte seien Pflichtdelikte. Wer eine Handlungs- oder Garantenpflicht verletze, erfülle den Tatbestand des Unterlassungsdelikts als Täter[58]. Damit ist indessen die Möglichkeit der Teilnahme durch Unterlassen in Ausnahmefällen noch nicht ausgeschlossen[59].

Hardwig meint, das Kriterium der Garantenpflicht sei nicht so stark, daß es bei der Beteiligung mehrerer Personen die Herrschaftsstellung wettmachen könne[60]. Der Polizist, der die Körperverletzung nicht verhindere, sei deswegen nicht Täter. Mit dieser Kritik setzt Hardwig jedoch die Gültigkeit des Tatherrschaftsgedankens in reiner Form auch für das Unterlassungsdelikt voraus, was erst zu beweisen ist.

Allerdings ist umgekehrt der Hinweis auf die für Unterlassungen angeblich wesentliche Pflichtverletzung allein noch nicht geeignet, die

[58] *Roxin*, Täterschaft, S. 459 ff.; *Rudolphi*, Gleichstellungsproblematik, S. 139, 144, und in SK, § 13, Rdnr. 37; *Stratenwerth*, AT, Rdnr. 1062.

[59] *Roxin*, Täterschaft, S. 476 ff.; *Rudolphi*, Gleichstellungsproblematik, S. 143, und in SK, § 13, Rdnrn. 41 ff.; *Stratenwerth*, AT, Rdnrn. 1076 ff.

[60] *Hardwig*, JZ 65, S. 670; hingegen *Roxin*, JZ 66, S. 295, wogegen sich wiederum *Hardwig / Buschendorf*, JZ 67, S. 87, wenden.

Abhängigkeit der Beteiligungs- von der Garantenproblematik darzutun. Der Hinweis enthält vielmehr, für sich genommen, nur das Zugeständnis, daß es an anderen maßgeblichen Kriterien fehle, die Unterlassung insbesondere nicht mit der Tatherrschaft in den Griff zu bekommen sei. Nimmt man hinzu, daß auch das Handlungsdelikt durch die Verletzung einer Pflicht, nämlich einer Unterlassungspflicht, charakterisiert ist, deren Ursprung sogar derselbe wie der der Handlungspflicht ist[61], so zeigt sich, daß es zur Darlegung der starren, prinzipiell Täterschaft begründenden Abhängigkeit der Beteiligungsform von der immer bestehenden Garantenpflicht weiterer Gründe bedarf.

2. Berücksichtigung der Beihilferegelung

Die vorangegangenen Erörterungen haben gezeigt, daß es sich bei der Beteiligungsproblematik des Unterlassens mindestens insoweit um ein Wertungsproblem handelt, als die gesetzliche Wertung mancher Beteiligung als Beihilfe vergleichsweise zu berücksichtigen ist. Hierauf haben auch schon Grünwald und Kaufmann aufmerksam gemacht[62].

Soll diese Betrachtungsweise einen Sinn haben, so sind mehrere Fragen auseinanderzuhalten. Zunächst kann es nicht nur um die ganz allgemeine Frage gehen, inwieweit Unterlassung und Handlung und damit auch die Beihilfe durch Handeln gleich strafwürdig sind. Die grundsätzliche Gleichwertigkeitsfrage ist im übrigen inzwischen einer — wenn auch weiten — gesetzlichen Regelung durch die fakultative Strafmilderung des § 13 Abs. 2 zugeführt.

a) Beihilfe als garantenpflichtbegründende Vorhandlung

Es geht hier vielmehr zunächst um die Ingerenz, genauer darum, wie die auf die aktive Beihilfe folgende Unterlassung zu beurteilen ist und welche Konsequenz hieraus zu ziehen ist. Von der nachfolgenden ist die der aktiven Beihilfe gleichzeitige Unterlassung zu trennen. Dies hat Roxin in seinen Ausführungen aufgezeigt. Deshalb sei seine Stellungnahme zum Fragenkomplex als These vorangestellt. Roxin führt zunächst aus, daß der Unterlassende beim Dazwischentreten eines aktiv tatherrschaftlich Handelnden immer zweierlei sei. Er sei aufgrund seiner Unterlassung gleichzeitig Täter eines (Unterlassungs-)Pflichtdelikts als auch Gehilfe bei einem Herrschaftsdelikt[63]. Nach unbestrittenen Konkurrenzgrundsätzen trete die Gehilfenschaft hinter der Unterlassungstäterschaft zurück, allerdings dann wieder hervor, wenn eine

---

[61] Vgl. oben 1. Teil und auch *Roxin*, Täterschaft, S. 460.

[62] *Grünwald*, GA 59, S. 113, 115; *Kaufmann*, Dogmatik, S. 215 f.

[63] *Roxin*, Täterschaft, S. 483.

Unterlassungstäterschaft tatbestandlich ausscheide[64]. Von diesem Fall unterscheidet Roxin den des aktiven Gehilfen, der nachher seine Erfolgsabwendungsmöglichkeit ungenutzt läßt[65]. Für Roxin, der grundsätzlich jeden Pflichtigen als Unterlassungtäter ansieht, stellt sich hier das Problem zu vermeiden, daß derjenige, der aktive Hilfe leistet, milder bestraft wird als derjenige Garant, der weniger tut und nicht einmal das Unrecht der Beihilfe erfüllt. Roxin verwirft zunächst die bereits von Grünwald angedeutete und ebenfalls abgelehnte „Aufrollung der Teilnahmelehre vom Unterlassungsdelikt her"[66], verwirft also die Annahme einer Bestrafung des aktiv Helfenden als Begehungstäter, hält aber gleichwohl die Annahme einer Unterlassungstäterschaft aufrecht. Die Lösung müsse über die — inzwischen gesetzlich geregelte — Strafmilderungsmöglichkeit beim Unterlassen erfolgen[67]. Eine mildere Strafe entspreche nicht nur der Wertung, sondern lasse sich dann auch dogmatisch begründen, wenn wie bei der aktiven Beihilfe ein Begehungstäter zwischen der nachfolgenden Unterlassung und dem Erfolg stehe: Auch das Unterlassen selbst sei ja eine i. d. R. im Wege der Konkurrenz zurücktretende Beihilfe zum Herrschaftsdelikt.

Es fragt sich, ob Roxins Lösung schlüssig ist, ob sie aufgeht. Für sie könnte sprechen, daß Roxins Forderung nach einer fakultativen Strafmilderung inzwischen Gesetz geworden ist. Dies ist jedoch zu vordergründig, da § 13 Abs. 2 gerade nicht im Hinblick auf eine Lösung der Beteiligungsproblematik geschrieben wurde. Außerdem leuchtet es nicht ein, wieso bei einer Unterlassung mit Beihilfeunwert nur eine fakultative Strafmilderung, bei einer Handlung mit Beihilfeunwert hingegen eine obligatorische Strafmilderung bestehen soll.

Gegen die Schlüssigkeit der Lösung läßt sich weiter ins Feld führen, daß es trotz gleichen Strafrahmens bei einer Ungereimtheit im Schuldspruch bliebe. Der nicht aufgrund vorangegangenen Verhaltens zum Gehilfen gewordene Garant würde als Täter schuldig gesprochen, derjenige aber, der mehr getan, nämlich Beihilfe geleistet hat, nur als Gehilfe. Dem entgeht man nur dadurch, daß man den Unterlassenden wegen Verwirklichung des Tatbestandes schuldig spricht, aus dessen Strafrahmen man ihn auch bestraft, nämlich hier desjenigen der Beihilfe.

Im übrigen trägt auch die von Roxin vorgetragene dogmatische Begründung der Bestrafung als Unterlassungstäter aus dem Strafrahmen der Beihilfe nicht sicher genug. So fragt sich schon, warum entgegen

---

64 *Roxin*, S. 484.

65 *Roxin*, S. 499 ff.

66 *Grünwald*, GA 59, S. 114.

67 *Roxin*, S. 501 f.

sonst gültigen Grundsätzen die strafbare Teilnahme die strafbare Täterschaft verdrängt. Roxin greift zudem selbst zur Begründung der Teilnahmestrafbarkeit wieder auf Tatherrschaftsgrundsätze zurück, die er aber andererseits für Unterlassungsdelikte gerade verwirft. Wenn das Unterlassen zwar als Unterlassungstäterschaft, aber eben mit gleichzeitiger Teilnahme am Begehen gedeutet wird, wird dies wieder nur mit der Herrschaft des Begehungstäters bzw. der daraus folgenden fehlenden Herrschaft des Unterlassenden begründet. Bei Roxin kehrt dieser Gedanke in der Wendung wieder, es stehe ein Begehungstäter zwischen der Unterlassung und dem Erfolg. Schon diese Formulierung erinnert sehr an die von Gallas[68], der die Tatherrschaft auch für die Unterlassung als maßgeblich ansah. Entscheidend ist, daß eine dogmatische Begründung für das als wertungsmäßig richtig empfundene Ergebnis, das der aktiven Beihilfe folgende Unterlassen sei Beihilfeunrecht, durch die Ausführungen Roxins nicht geliefert wird.

Auch Welp hat sich mit der hier neben anderem in Rede stehenden Problematik der Unterlassungsmomente der Begehung beschäftigt[69]. Bei seiner Betrachtung der Ingerenz mußte er notwendig auf die Frage stoßen, ob nicht eine Strafbarkeit wegen vorangegangenen Verhaltens diejenige wegen nachfolgenden Unterlassens ausschließe. Welp meint in Übereinstimmung mit Roxin, daß die nachfolgende Unterlassung im Wege der Konkurrenz hinter der Handlung zurücktrete. Zwischen der Handlung und der Unterlassung bestehe eine Handlungs- und Unterlassungseinheit, so daß die Unterlassung konsumiert werde — ähnlich wie der Versuch von der Vollendung[70]. Mit dieser Art der Betrachtung, nämlich derjenigen des genauen Konkurrenzverhältnisses, ist man nun in der Tat einen Schritt weiter. Unangefochtener und unanfechtbarer Grundsatz der Konkurrenzlehre ist, daß ein Delikt nur dann ein anderes verdrängt, wenn es dessen Unrecht vollständig enthält. Zwingend zu berücksichtigen bei der Beantwortung dieser Frage ist der Strafrahmen der Delikte. Ein Delikt mit einem schärferen Strafrahmen kann niemals von einem Delikt mit einem milderen verdrängt werden. Ein Ausschluß des schärferen Strafrahmens läßt sich nur durch den Gedanken einer Sperrwirkung, nicht aber mit Konkurrenzerwägungen rechtfertigen. Aus allem ergibt sich, daß die der aktiven Beihilfe folgende Unterlassung nicht nur Beihilfeunwert hat, sondern tatsächlich eben nur eine Beihilfe ist, wenn man sie — wie auch Roxin es will — durch

[68] Vgl. Fn. 9.

[69] *Welp*, Vorangegangenes Tun, S. 321 ff.

[70] *Welp*, Vorangegangenes Tun, S. 327 ff.; angemerkt sei, daß eine Konsumtion auch bei Handlungs- bzw. Unterlassungsmehrheit in der Form der — auch von *Welp* angesprochen — mitbestraften Nachtat in Frage käme, vgl. allgemein *Samson* in SK, vor § 52, Rdnr. 14.

die aktive Beihilfe im Wege der Konkurrenz als verdrängt ansehen will. Erkennt man richtig, daß in der Regelung der aktiven Beihilfe die nachfolgende Unterlassung insoweit mit geregelt ist, als daß ihr kein zusätzliches Unrecht zukommen kann, weil sonst die gesetzliche Regelung illusorisch wäre[71], dann darf die nachfolgende Unterlassung eben höchstens den gleichen Strafrahmen wie die aktive Beihilfe erreichen. Weiter folgt daraus, daß diejenigen Vorhandlungen, die das Unrecht der aktiven Beihilfe nicht einmal erreichen, den später Unterlassenden erst recht nur zum Gehilfen machen können. Damit ist der Nachweis der Unterlassungsbeihilfe für einige wenige Fälle erbracht.

b) Andere Garantenstellungen

Fände sich auch nur ein Fall, in dem der Garant Täter wäre, wäre die Ansicht, das Beteiligungsproblem sei von der Garantenstellung unabhängig, erschüttert. Die genaue Art der Abhängigkeit wird damit zwar auch dann noch nicht zur Genüge dargetan. Es gälte noch, die genauen Zurechnungsprinzipien herauszuarbeiten. Diese könnten dann aber in der Tat dieselben Prinzipien sein, die schon der Begründung der Garantenstellungen zugrundeliegen. Die Frage ist aber zuvor, ob es ein Unterlassen gibt, das als Täterschaft zu bestrafen ist.

Grünwald zufolge wiegt jede Unterlassung, welche Garantenstellung ihr auch immer zugrundeliegen mag, weniger schwer als die Beihilfe[72]. Dies soll auch für den unterlassenden „Alleintäter" gelten. Kaufmann hält es für ungereimt, die Nichthinderung des Täters, der vorsätzlich ein Rechtsgut verletzt, wegen „Beihilfe" zu ahnden, wegen „Täterschaft" aber zu strafen, wenn die Verletzung des Rechtsguts ein Werk des Zufalls oder menschlichen Versehens ist[73]. Roxin meint in diesem Zusammenhang, es bestünden keine prinzipiellen Wertunterschiede zwischen den verschiedenen Formen der Unterlassung. Das Nichteinschreiten gegen Menschen sei wie das gegen Naturgewalten zu bewerten[74].

Akzeptiert man die zweifelhafte, zumindest aber beweisbedürftige Gleichbehandlung von Natur- und Menschengewalt, so führt bei grundsätzlicher Anerkennung der Beihilfe durch Unterlassen ein Ausweg nur über die Annahme, die Rechtsfolge auch für den Alleinunterlassungstäter aus dem Beihilfestrafrahmen zu entnehmen und konsequent also auch nur die Erfüllung des Tatbestandes der Beihilfe durch Unterlas-

---

71 So auch *Rudolphi,* Gleichstellungsproblematik, S. 146 f.; *Welp,* Vorangegangenes Tun, S. 333; *Grünwald,* Unterlassungsdelikt, S. 105; GA 59, S. 113, und *Gallas,* JZ 60, S. 686 Fn. 56, S. 687.

72 *Grünwald,* Unterlassungsdelikt, S. 107; GA 59, S. 113 f.

73 *Kaufmann,* Dogmatik, S. 296.

74 *Roxin,* Täterschaft, S. 502.

sen anzunehmen. Diese provokante Auffassung vertritt, soweit ersichtsich ist, nur Lüderssen. Für ihn gibt es die „Teilnahme ohne Täterschaft“[75]. Wenn er auch die sprachliche Anfechtbarkeit zugibt, so hält er seine Auffassung doch damit aufrecht, daß er auf das in den Teilnahmevorschriften enthaltene singuläre Prinzip, die Haftung für einen geringfügigen Anteil an der Rechtsgutsverletzung, verweist. Lüderssens Ergebnis ist vom Standpunkt der Teilnahmelehre natürlich nur vertretbar, wenn man die Akzessorietät zur Haupttat als für die Teilnahme nicht ausschlaggebend ansieht[76].

Ob dies für sich genommen überhaupt haltbar ist, ist höchst zweifelhaft, soll hier aber zunächst nicht weiter verfolgt werden. Schon andere Gründe könnten nämlich eine Übernahme der These Lüderssens hindern. Unabhängig von der Existenz eines solchen Prinzips muß nämlich bei jeder Lösung ausgeschlossen sein, daß überhaupt kein Raum für die Unterlassungstäterschaft bleibt. Der Ausschluß jeder Unterlassungstäterschaft hieße nämlich, das Gesetz in gleicher Weise zu ignorieren, wie der Ausschluß jeglicher Unterlassungsbeihilfe. So wie aus der gesetzlichen Regelung der Beihilfe folgt, daß das nachfolgende Unterlassen als ein Fall der Unterlassungsbeihilfe besteht, so folgt umgekehrt aus der nur fakultativen Strafmilderungsmöglichkeit des § 13 Abs. 2, daß es auch Fälle geben muß, die wie die aktive Täterschaft zu bestrafen sind. Dann ist es nur konsequent, in diesen Fällen den Garanten auch wegen Unterlassungstäterschaft schuldig zu sprechen.

All dies trifft nun allerdings allein nicht den Kern der Auffassung Lüderssens. Auch für ihn gibt es nämlich als Täter zu strafende Garanten. Er differenziert sogar innerhalb der Garantenstellungen aus Ingerenz. Diejenigen Garanten, die aufgrund ihrer Vorhandlung eine Gefahr schaffen, die für die Handlung des Dritten nahezu ausschlaggebend ist, seien Unterlassungstäter[77]. Wenn danach Lüderssens Lösung zwar in sich schlüssig zu sein scheint, so verbietet sich die Übernahme seiner Art der Grenzziehung zwischen täterschafts- und beihilfebegründenden Garantenstellungen. Zumindest bei der Begehung durch Handeln ist eine Bestrafung wegen Teilnahme ohne Täterschaft nämlich schon aufgrund der Regelung der §§ 26, 27, die die rechtswidrige Haupttat erwähnen, unmöglich. Lüderssen kommt es aber wohl gar nicht auf die Erscheinungsformen des Verbrechens an, die das Gesetz Täterschaft und Teilnahme nennt, sondern um die Differenzierung zwischen mehr oder weniger starker Verantwortlichkeit für den Erfolg[78]. So eine Differen-

---

75 *Lüderssen*, Strafgrund, S. 189 f.

76 So auch *Lüderssen*, S. 190 selbst.

77 *Lüderssen*, S. 182, 185, 187.

78 Vgl. *Lüderssen*, S. 189: Wer nur Öl in die Flammen eines infolge einer

zierung ist dann zwar auch zwischen Fällen der alleinigen Beteiligung eines Unterlassenden möglich, nur entspricht sie nicht der vom Gesetz vorgesehenen Differenzierung. Lüderssens Grenzziehung zwischen Täterschaft und Teilnahme beim Unterlassen ist also jedenfalls beim Handeln mit der heutigen gesetzlichen Regelung nicht zu vereinbaren.

Halten ließe sich deshalb seine Lösung für das Unterlassen allenfalls durch den Nachweis, daß schon Handlung und Unterlassung unterschiedlichen Zurechnungsprinzipien folgen. Dieser Nachweis ist jedoch bislang nicht geführt. Solange dies nicht der Fall ist, hieße die Anerkennung der Teilnahme ohne Täterschaft, ohne Not eine der Grundfesten der Teilnahmelehre, nämlich die Akzessorietät, zu opfern.

3. Zusammenfassung

Es besteht eine Abhängigkeit der Beteiligungs- von der Garantenproblematik. Entweder ist diese Abhängigkeit grundsätzlich starr[79], oder sie ist von der Art der Garantenstellung abhängig.

Unterlassungen gibt es sowohl in der Form der Beihilfe als auch der Täterschaft. Die zwingende Möglichkeit der Unterlassungsbeihilfe ergibt sich daraus, daß eine der aktiven Beihilfe folgende Unterlassung ebenfalls wieder nur Beihilfe sein kann[80]. Die Unterlassungstäterschaft ist schon durch den Fall des unterlassenden Alleintäters nachgewiesen[81]. Damit liegt indessen noch nicht fest, wo genau die Grenze zwischen Täterschaft und Beihilfe durch Unterlassen verläuft. Es liegt aber nahe, daß der genannte Fall der Beihilfe durch Unterlassen nicht der einzige ist und daß zur Auffindung des Grenzverlaufs an die verschiedenen Arten der Garantenstellungen anzuknüpfen ist.

B. Art der Abhängigkeit der Beteiligungs- von der Garantenproblematik

Ob nun bis auf den oben erkannten Fall die übrigen Garantenstellungen die Täterstrafe nach sich ziehen, hängt davon ab, ob die Existenz von Differenzierungskriterien nachgewiesen werden kann, die für die Unterscheidung von Täterschaft und Teilnahme beim Unterlassen maßgeblich sind.

Naturkatastrophe brennenden Hauses gießt, setzt zwar eine Ursache. Derjenige aber, der ein Feuer entfacht, ist ohne Frage ungleich stärker verantwortlich für den Brand.

79 Vgl. oben 1.

80 Siehe oben 2. a).

81 Siehe oben 2. b).

Hierbei sind unterschiedliche Kriterien und damit auch die genaue Art der Abhängigkeit in der Diskussion.

I. Unterscheidung nach unterschiedlichem sozialen Gewicht

Es könnte zwischen Pflichten unterschiedlichen sozialen Gewichts zu unterscheiden sein.

1. Darstellung

Schon Gallas hatte die genannte Möglichkeit einer Differenzierung zwischen verschiedenen Garantenstellungen angedeutet[1]. Er hatte von seinem Standpunkt aus ausnahmsweise die Annahme einer Täterschaft durch Unterlassen erwogen, ohne dies allerdings weiter zu verfolgen. Ausnahmen sollten für die Garantenstellungen gelten, die das Wohl und Wehe des Geschützten so vollständig von der Erfüllung der Schutzfunktion abhängig machen, daß das Untätigbleiben an sozialem Gewicht der Erfolgsherbeiführung durch den handelnden Täter gleichkomme[2].

Roxin verwirft im Ergebnis jede Abstufung von Garantenpositionen[3]. Seine Ausführungen sind dennoch hier von Interesse, da er bei der Untersuchung einer eventuellen sozialen Tatherrschaft eine Möglichkeit der Differenzierung zwischen verschiedenen Garantenstellungen aufzeigt[4], die für die Abgrenzung von Täterschaft und Teilnahme ergiebig sein könnte. Roxin unterscheidet ganz ähnlich wie Gallas solche Unterlassungen, bei denen die Funktionsfähigkeit des gesellschaftlichen Organismus auf bestimmten, von vornherein eingeplanten Tätigkeiten basiert, von den anderen, bei denen das Tun im gewöhnlichen Ablauf der Dinge nicht vorgesehen ist[5]. Der Unterlassende erfülle im ersten Fall eine soziale Funktionspflicht, im zweiten nur eine soziale Notpflicht[6]. Nur eine soziale Notpflicht soll offenbar auch der Polizist verletzen, der pflichtwidrig gegen ein Delikt nicht hindernd vorgeht[7].

In diesen Zusammenhang paßt auch die Ansicht von Arzt, der an die — soziale — Rollenverteilung des Unterlassenden anknüpfen will[8]. Beim Inhaber einer gewichtigen sozialen Rolle sei es unerheblich, ob

---

1 Vgl. auch schon oben A bei und in Fn. 34, 35.

2 *Gallas*, JZ 52, S. 372 r. Sp.

3 *Roxin*, Täterschaft, S. 508 f.

4 *Roxin*, S. 465 ff.

5 *Roxin*, S. 466.

6 *Roxin*, S. 467.

7 Vgl. *Roxin*, S. 465.

8 *Arzt*, JA 80, S. 558; vgl. auch schon A I 1. a).

er handele oder unterlasse; er sei ja auch im Falle des Unterlassens als Täter zu strafen.

2. Kritik

Besonders die zuletzt genannte, von Arzt bevorzugte Unterscheidung zeigt, in welcher Gefahr die Differenzierung zwischen Pflichten unterschiedlichen sozialen Gewichts schwebt. Die Gefahr ergibt sich daraus, daß auf dem Wege über die unterschiedliche soziale Gewichtung das subjektive Strafwürdigkeitsempfinden Eingang in die Tatbestandslehre findet. Um die Ausschaltung einer solchen Gefahr geht es auch Roxin. Er will vermeiden, daß Strafwürdigkeits- und Strafzumessungserwägungen zur Grundlage der Täterlehre gemacht werden[9]. Im übrigen ist grundsätzlich darauf zu verweisen, daß es primär auf die rechtliche Gewichtung, nicht auf die soziale ankommt. Beide Ebenen können sich decken, müssen es aber keineswegs. Ob sie sich decken, kann erst beurteilt werden, nachdem die rechtlichen Gesichtspunkte aufgespürt sind oder nachgewiesen ist, daß sie fehlen. Letzterenfalls mag es angängig sein, auf die soziale Gewichtung abzustellen.

II. Unterscheidung nach Ursprung und Inhalt

In der Diskussion um die Auflösung der Beteiligungsproblematik ist auch die primäre Unterscheidung nach rechtlichen Kriterien wie Ursprung und Inhalt der Garantenstellungen.

1. Darstellung

a) Schröder

Angesprochen ist damit insbesondere die Relevanz der materiellen Einteilung der Garantenstellungen. So will Schröder nur bei den Garantenstellungen, die eine besondere Beziehung zum geschützten Rechtsgut aufweisen, eine Täterschaft des unterlassenden Garanten anerkennen. Es bestehe hier kein Unterschied, ob der Unterlassende gegen Naturgewalten oder gegen deliktische Angriffe nicht eingreife[10]. Anders seien demgegenüber die Garantenstellungen zu behandeln, die sich darin erschöpfen, deliktische Angriffe von schuldhaft handelnden Personen zu verhindern, für die der Unterlassende verantwortlich ist[11]. Hierzu gehöre der Gefangenenaufseher, der den Diebstahl durch den Gefange-

---

[9] *Roxin*, Täterschaft, S. 509.

[10] *Schönke / Schröder*, 17. Aufl., vor § 47, Rdnr. 107.

[11] *Schönke / Schröder*, 17. Aful., vor § 47, Rdnr. 109.

nen nicht hindere, während § 357 eine Ausnahme von dem betreffenden Grundsatz sei. Darüber hinaus komme bei der Verantwortlichkeit für Sachen oder einen bestimmten räumlichen Herrschaftsbereich nur Beihilfe durch Unterlassen in Frage[12]. Bei der besondere Probleme bietenden Ingerenz schließlich komme eine Beihilfe dann in Betracht, wenn das Vorverhalten pflichtwidrig sei[13].

Diese Auffassung wird in nahezu unveränderter Form von Cramer vertreten[14].

b) Lüderssen

Lüderssen, dessen Ausführungen z. T. bereits Gegenstand der Erörterungen waren[15], deutet kurz an, eine Übereinstimmung der zuvor dargestellten Auffassung Schröders mit der eigenen festgestellt zu haben. Die Begründung der Unterscheidung Schröders nach besonders intensiven und weniger intensiven Schutzbeziehungen liefere seine Auffassung, wonach eine Tätergarantenstellung anzunehmen sei, wenn die Verletzungshandlung allein oder ganz ausschließlich die Konsequenz aus der Gefahr sei, für die der Unterlassende die Verantwortung trägt[16].

c) Androulakis

Auch Androulakis will wie Schröder zwischen verschiedenen Garantenstellungen unterscheiden und demgemäß sowohl Täterschaft als auch Beihilfe durch Unterlassen anerkennen. Er begnügt sich dabei allerdings mit dem von ihm schon zur Begründung der Garantenstellung herangezogenen Begriff der Nähe[17]. Androulakis meint, es biete im allgemeinen keine Schwierigkeiten, Fälle größerer Nähe von denen geringerer Nähe abzugrenzen[18]. I. d. R. sei der Unterlassende Täter; wenn allerdings ein Handelnder beteiligt sei, habe er die größere Nähe, so daß Beihilfe durch Handeln anzunehmen sei[19].

d) Schünemann

Schünemann deutet wie Androulakis eine Lösung der Beteiligungsproblematik nur an. Dennoch fällt seine Lösung bedeutend differenzierter aus. Dies liegt daran, daß Schünemann an differenziertere Erörte-

---

12 *Schönke / Schröder*, 17. Aufl., vor § 47, Rdnr. 111.

13 *Schönke / Schröder*, 17. Aufl., vor § 47, Rdnr. 112.

14 *Schönke / Schröder / Cramer*, vor § 25, Rdnrn. 84 ff.

15 Siehe oben A II 2. b).

16 *Lüderssen*, Strafgrund, S. 182, 185, 187.

17 Siehe oben 3. Teil A II 2. a) aa).

18 *Androulakis*, Studien, S. 165.

19 *Androulakis*, S. 165 Fn. 630.

rungen zur Garantenstellung selbst anknüpfen kann[20]. Demgemäß wird die Lösung der Beteiligungsfrage auf der Grundlage eines Begehung und unechte Unterlassung gleichermaßen umfassenden Grundtatbestandes vorgenommen[21]. Auch der Tatherrschaftsgedanke ermögliche bei der Begehung durch Handeln nur eine Aufteilung der Typen der „Herrschaft über den Grund des Erfolges" danach, ob sie den Erfolg unmittelbar oder nur unter Vermittlung durch die freie Tat des aktiv Handelnden ergreifen.

Daher begründe die Herrschaft über die Anfälligkeit des Opfers Täterschaft, die Herrschaft über eine gefährliche Sache nur Beihilfe[22]. Bei der Aufsichtsgarantenstellung dagegen läßt Schünemann offen, ob und wann mittelbare Täterschaft, Anstiftung durch Unterlassen oder Beihilfe durch Unterlassen anzunehmen sind[23].

e) Herzberg

Eine besondere Ausformung und Weiterentwicklung der Lehre Schröders hat Herzberg vorgelegt[24]. Er scheidet die Überwachungs- von den Beschützergaranten, grundsätzlich seien erstere Gehilfen, letztere Täter[25]. Herzberg meint zwar, daß sich die Annahme der Täterschaft des Beschützergaranten nicht zwingend beweisen lasse, es jedoch sachgerechter sei, das Unterlassen des Beschützergaranten unmittelbar auf den Erfolg zu beziehen, weil aus seiner Perspektive eben dieser interessiere[26].

Besondere Beachtung verdienen die Ausführungen Herzbergs zu möglicherweise auftauchenden Wertungswidersprüchen[27]. Ein Wertungswiderspruch entstünde, könnte der Beschützergarant der Täterstrafe dadurch entgehen, daß er zusätzlich aktive Beihilfe leiste. Herzberg zieht aus dieser Konstellation die Konsequenz, daß der Unterlassende trotz seiner aktiven Teilnahme Täter bleibe, die aktive Teilnahme also von der Unterlassungstäterschaft verdrängt werde[28].

f) Busse

Schließlich vertritt Busse eine differenzierte Beteiligungslehre[29]. Primäres Differenzierungskriterium ist auch für ihn die Art der Garanten-

---

[20] Siehe oben 3. Teil A II 2. a) bb).
[21] *Schünemann*, Grund und Grenzen, S. 377.
[22] *Schünemann*, S. 377.
[23] *Schünemann*, S. 378.
[24] *Herzberg*, Unterlassung, S. 257 ff.
[25] *Herzberg*, S. 259 f.
[26] *Herzberg*, S. 261.
[27] *Herzberg*, S. 262.
[28] *Herzberg*, S. 263.
[29] *Busse*, Täterschaft, S. 139.

stellung. Treffe den Unterlassenden die Pflicht, das Rechtsgut gegenüber jeglicher Beeinträchtigung zu schützen und somit unmittelbar für dessen Bestand einzustehen, so könne hieraus seine Verantwortlichkeit als Täter wegen der Verletzung dieser besonderen Pflichtbeziehung abgeleitet werden[30]. Anders sei dies bei der Verpflichtung zur Überwachung von Gefahrenquellen. Hier wird von Busse nämlich das zweite Differenzierungskriterium der Tatherrschaft eingeführt. Demgemäß gibt es sowohl als Täter als auch als Gehilfen zu strafende Überwachergaranten[31]. Dieses Ergebnis ist Busse zufolge Ausdruck dessen, daß sowohl beim Handeln als auch beim Unterlassen die Prinzipien der Sonderpflichtverletzung und der Tatherrschaft Gültigkeit haben[32].

2. Kritik

Die vorgenannten Auffassungen leiten ihre Ergebnisse durchweg daraus ab, daß die Garantenstellungen sich im Hinblick auf bestimmte Kriterien unterscheiden und demgemäß zwischen Täterschaft und Beihilfe zu differenzieren sei.

a) Methode

Akzeptabel sind wegen der Ableitung nur solche Lösungen, die zum einen an zutreffende Unterscheidungskriterien anknüpfen, die unterschiedlichen Strukturen der Garantenstellungen also richtig analysiert sind, und die zum anderen den Nachweis erbringen, daß die Unterscheidungskriterien rechtlich wesentlich sind und damit dem unterschiedlichen Unrechtsgehalt von Täterschaft und Beihilfe entsprechen. Ohne einen solchen Nachweis fehlt die Begründung für die unterschiedliche Bewertung.

Die Relevanz der Unterscheidungskriterien im Hinblick auf das unterschiedliche Unrecht von Täterschaft und Beihilfe bezweifelt insbesondere Roxin. Er meint, die Unterscheidung zwischen verschiedenen Garantenstellungen nach Ursprung und Inhalt gebe wie die Unterscheidung nach sozialem Gewicht lediglich Strafwürdigkeits- und Strafzumessungserwägungen wieder, gehöre aber nicht in die Täterlehre[33]. Der in der Tat erforderliche Nachweis, daß behauptete Unterscheidungskriterien rechtlich — genauer: tatbestandlich — bedeutsam sind[34], kann auf verschiedenem Wege geführt werden. Einmal ist es möglich, ein ein-

---

30 *Busse*, S. 257.

31 Vgl. zu allem auch *Busse*, S. 405 ff.

32 *Busse*, S. 405 f.

33 *Roxin*, Täterschaft, S. 509.

34 Siehe oben I 2.

heitliches Strukturprinzip von Handlung und Unterlassung darzutun und aufzuzeigen, daß die Unterscheidungskriterien der einheitlichen Struktur entsprechen. Es würde andererseits aber auch genügen, die gänzliche Andersartigkeit von Handlung und Unterlassung nachzuweisen, um dann die Gültigkeit der Unterscheidungskriterien wenigstens für die Unterlassung darzulegen.

Der eigentliche Mangel der Ausführungen von Schröder liegt eben darin, das Fehlen eines einheitlichen Strukturprinzips nur behauptet, nicht aber nachgewiesen zu haben. Ebenso ist es mit den Andeutungen Lüderssens bestellt. Daher ist auch die einheitliche Absage Roxins an alle Versuche einer Abstufung der Garantenpositionen[35] verständlich, der hier zumindest für die Unterscheidung der Garantenstellungen nach sozialem Gewicht gefolgt wurde[36].

Demgegenüber ist Androulakis, Schünemann und Herzberg ein entsprechender Vorwurf nicht zu machen. Androulakis' Lösung krankt indessen an der fehlenden Ausformung des Begriffs der Nähe[37]. Auf der Grundlage seines negativen Handlungsbegriffs, in dem für Herzberg die Gemeinsamkeit von Tun und Lassen besteht, ist es nur folgerichtig, den unterlassenden Überwachergaranten nur als Gehilfen zu bestrafen, da auch der handelnde Gehilfe die Auswirkungen der eigenen Person weder verhindert noch unschädlich macht[38]. Schünemann nimmt sogar die zuvor nachgewiesene Kommensurabilität von Handlung und Unterlassung zum Ausgangspunkt seiner Lösung. Damit sind diese Begründungen zwar in sich schlüssig. Allerdings ist schon jetzt daran zu erinnern, daß sowohl Herzbergs Lösung als auch derjenigen Schünemanns zur Begründung der Garantenstellung selbst hier nicht gefolgt wurde.

Auch Busse legt zunächst die Gültigkeit zweier sowohl für Handlung und Unterlassung gültigen Prinzipien dar[39] und entgeht so dem Vorwurf, die Unterscheidungskriterien nicht hinreichend abgesichert zu haben.

b) Wertungswidersprüche

Über diese Schlüssigkeit und Methode der Lösungen betreffenden Erkenntnisse hinaus müssen jedoch noch weitere Voraussetzungen gegeben sein. Sie lassen sich aus der Notwendigkeit der Vermeidung von Wertungswidersprüchen erschließen. Zunächst ist es erklärungsbedürf-

---

[35] *Roxin*, Täterschaft, S. 508 f.

[36] Siehe oben I 2.

[37] Siehe auch *Busse*, Täterschaft, S. 208 Fn. 1.

[38] Vgl. *Herzberg*, Unterlassung, S. 260.

[39] Vgl. auch *Busse*, Täterschaft, S. 21 ff.

tig, warum — wie Roxin sagt[40] — die Garantenstellungen minderen Ranges beim Fehlen eines handelnden Dritten plötzlich wieder zur Täterstrafe führen. Damit hängt die Frage zusammen, ob es einen Widerspruch darstellt, im Falle der Realisierung einer von einem Menschen drohenden Gefahr den Unterlassenden anders als bei der Realisierung einer Naturgefahr nur als Gehilfen zu strafen[41]. Weiter dürfte der Unterlassungstäter seiner Täterstrafe nicht durch eine zusätzliche Beihilfe entgehen[42]. Der Erörterung bedarf auch die Frage der Straflosigkeit einer versuchten Beihilfe gegenüber der Strafbarkeit der versuchten Täterschaft[43].

Das Problem, der Unterlassende dürfe seiner Täterstrafe nicht durch eine zusätzliche Beihilfe entgehen, ist streng von dem schon behandelten zu trennen, wonach die der aktiven Beihilfe folgende Unterlassung nur eine Beihilfe sein kann[44]. Der Unterschied besteht darin, daß hier die Unterlassung nicht deswegen tatbestandsmäßig ist, weil eine gefährliche Vorhandlung in Form einer Beihilfe stattgefunden hat. Die Garantenstellung beruht hier also auf einer anderen Grundlage als der Ingerenz. Schon die Notwendigkeit dieser Klarstellung zeigt, daß die Formulierung, der Unterlassungstäter dürfe seiner Täterstrafe nicht durch eine zusätzliche Beihilfe entgehen, zu vordergründig ist. Im Grunde geht es allerdings auch hier um ein Auslegungsproblem, soweit man unter diesen Begriff auch Konkurrenzprobleme faßt. Beharrt man auf dem Standpunkt, jede Handlung, sei es auch nur in Form der Beihilfe, verdränge jede Unterlassung, so ist die Annahme einer Täterschaft in der Tat kaum nachzuvollziehen. Zu erinnern ist in diesem Zusammenhang aber an den Grundsatz, daß ein strafbares Verhalten ein anderes nur dann verdrängt, wenn es dessen Unrechtsgehalt beinhaltet. Ob dies der Fall ist, beantwortet sich nun nach Auslegungsregeln. Es wäre nicht verständlich, sollte dies im Verhältnis von Handlung und Unterlassung nicht gelten. Dann besteht aber auch die Möglichkeit, daß die Unterlassung im Einzelfall einmal die Handlung verdrängt, es sei denn, man erklärt, die Unterlassung sei immer weniger strafwürdig als die — aktive — Beihilfe[45]. Diese Auffassung dürfte indessen so mit der obligatorischen Milderung nach § 27 Abs. 2 gegenüber der nur fakultativen nach § 13 Abs. 2 nicht mehr zu vereinbaren sein. Wenn man die

---

[40] *Roxin*, Täterschaft, S. 509.

[41] So *Roxin*, Täterschaft, S. 502, und *Rudolphi*, Gleichstellungsproblematik, S. 142.

[42] Dazu *Herzberg*, Unterlassung, S. 262; *Roxin*, Täterschaft, S. 499 ff.

[43] *Grünwald*, GA 59, S. 116; *Kaufmann*, Dogmatik, S. 293 f.; *Roxin*, Täterschaft, S. 498 f.

[44] Siehe oben A II 2. a).

[45] So *Grünwald*, GA 59, S. 115.

Auffassung jedoch einmal übernimmt, so verliert das Argument, der Unterlassende dürfe seiner Täterstrafe nicht dadurch entgehen, daß er zusätzlich eine Beihilfe leiste, deswegen entscheidend an Überzeugungskraft, weil die Verdrängung der Unterlassungstäterschaft durch die strafwürdigere Beihilfe dann gar kein Problem sein dürfte.

Es sollte jedenfalls deutlich geworden sein, daß das Argument aus der Konkurrenz von Unterlassungstäterschaft und aktiver Beihilfe keines ist, da gewissermaßen das Pferd von hinten aufgezäumt wird. Die Konkurrenzfrage ist nämlich als Auslegungsfrage vom Unrecht der konkurrierenden Verhaltensweisen abhängig. Wenn man also ein Prinzip findet, das erklärt, wieso die Unterlassung im Einzelfall auch einmal größeres Unrecht darstellen kann als die aktive Beihilfe, so muß die Unterlassung konsequenterweise auch die aktive Beihilfe verdrängen können, so daß diese den Unterlassungstäter nicht vor der Täterstrafe bewahrt. Deswegen hat Herzberg recht, wenn er hier von einem von der Sachlogik ohnehin geforderten Schritt spricht[46].

Ähnlich wie mit der zuvor behandelten Beweisführung ist es mit der Gegenüberstellung von strafbarer versuchter Beihilfe und strafbarer versuchter Täterschaft bestellt. Auch dieser Vergleich ist für ein eigenständiges Argument nicht tauglich. Sobald nämlich ein Prinzip dargelegt ist, das den unterschiedlichen Unrechtsgehalt verschiedener Unterlassungen aufzeigt, erklärt sich von selbst, daß hier bei der Begehung durch Handeln die versuchte Täterschaft strafbar, die versuchte Beihilfe straflos ist.

Auch zu den übrigen, oben genannten möglichen Argumenten genügen kurze Bemerkungen. Gebe es nämlich Garantenstellungen minderen Ranges, die bei gleichzeitiger Anwesenheit eines handelnden Dritten den Unterlassenden nur zum Gehilfen machten, so wäre beim Fehlen des Dritten die Unterlassungstäterschaft die notwendige Konsequenz. Sie ergibt sich einfach daraus, daß strafbares Verhalten nur Menschen zugerechnet werden kann. Sobald nur eine Person als Zurechnungsobjekt zugegen ist, ist diese Täter, da es keine Teilnahme ohne Täterschaft gibt[47]. Der Unterschied zwischen der von einem Menschen und der von der Natur drohenden Gefahr ist eben, daß im ersten Fall auch die gefährdende Person als Zurechnungsobjekt in Frage kommt. Dies ist für sich genommen noch kein Rückgriff auf Tatherrschaftsprinzipien, sondern erklärt sich einzig und allein daraus, daß Gefahren und deren Verwirklichung nicht der Natur oder Sachen, sondern nur Personen zugerechnet werden können.

---

46 *Herzberg*, Unterlassung, S. 263.

47 Siehe oben A II 2. b).

c) *Zusammenfassung*

Damit können denjenigen, die an einen unterschiedlichen Ursprung und Inhalt der Garantenstellung zur Differenzierung in Täterschaft und Teilnahme anknüpfen, keine widersprüchlichen Wertungen vorgeworfen werden. Angreifbar ist allenfalls die zugrundeliegende Wertung selbst bzw. ihre fehlende methodische Begründung[48]. Eine eingehendere Kritik der ausführlicher begründeten Auffassungen, also derjenigen Herzbergs, Schünemanns und Busses, erübrigt sich allerdings an dieser Stelle. Sie hat, soweit nötig, wegen der Abhängigkeit der Beteiligungsproblematik von der Garantenstellung dort zu erfolgen, wo das hier für richtig erkannte Prinzip der Garantenstellung zur Grundlage der eigenen Lösung der Beteiligungsproblematik gemacht wird. Zu konstatieren ist hier immerhin noch die Auffälligkeit, daß all diejenigen, die sich der Begründung von Garantenstellung und deren inhaltlicher Struktur zuwenden, zu einer Unterscheidnug in Täterschaft und Teilnahme anhand entsprechender Kriterien kommen.

III. Besonderheiten des Amtswalterunterlassens

Bevor die eigene Lösung entworfen wird, ist es notwendig, mögliche Besonderheiten des Unterlassens von Amtswaltern in den Blick zu nehmen. Hierauf sind, über kurze Andeutungen hinausgehend, nur Wagner und Horn eingegangen.

1. Wagner

a) *Darstellung*

Wagner erklärt, das Beteiligungsproblem beim unterlassenden Amtswalter sei auch ein Problem der besonderen Strafrechtslehre[49]. Aus diesem Grunde könnte eine einheitliche Bewertung aller Unterlassungen von Amtswaltern geboten sein. Eine solche einheitliche Bewertung erwägt Wagner in zweierlei Richtung. Es komme in Frage, daß Amtswalter, die individualrechtsgutsverletzendes aktives Tun Dritter nicht verhindern, stets nur Beihilfe zu der Tat des Dritten begehen[50]. Ebenso könne allerdings eine „Aufwertung" aller Unterlassungen von Amtswaltern zur Täterschaft Platz greifen[51]. Wagner schließt nun daraus, daß der unterlassende Amtswalter immer Staatszurechnungsunrecht

[48] Siehe oben a).

[49] *Wagner*, Amtsverbrechen, S. 256.

[50] *Wagner*, S. 256.

[51] *Wagner*, S. 257.

verwirklicht, die Notwendigkeit der grundsätzlich einheitlichen Beurteilung der Beteiligungsfrage[52]. Deswegen sei eine Unterscheidung etwa i. S. von Gallas danach, ob sich der Amtswalter der Betätigung von Tatherrschaft oder ihren korrigierbaren Wirkungen gegenübersehe, nicht sachgerecht. Der unterlassende Amtswalter sei daher und, weil er sämtliche Tatbestandsmerkmale in eigener Person verwirkliche, Täter[53].

Aus § 357 ergebe sich aber eine Abweichung von diesen Grundsätzen. Deshalb sei zwar der unterlassende Amtsvorgesetzte, nicht aber der unterlassende Untergebene Täter, wenn der jeweils andere eine strafbare Handlung oder Unterlassung begehe[54]. Überdies liege auch dann nur Beihilfe durch Unterlassen vor, wenn ein gleichgeordneter Amtswalter nur die Möglichkeit habe, einen anderen Amtswalter zum rettenden Eingriff zu veranlassen[55].

b) Kritik

In Übereinstimmung mit dem bisherigen Ergebnis der Untersuchung knüpft Wagner bei der Behandlung der Beteiligungsproblematik an die Kriterien an, die er für die Garantenstellung des Amtswalters für entscheidend hält. Da Wagner aber bei der Untersuchung der Garantenstellung nicht darin gefolgt werden konnte, daß das Vorhandensein von Staatszurechnungsunrecht genügt[56], kann ihm auch hier insoweit nicht zugestimmt werden, als er hieraus den Grundsatz der Täterschaft desjenigen Amtswalters herleitet, der in dem Staat zurechenbarer Weise Individualrechtsgutsverletzungen nicht hindert. Das schließt natürlich nicht aus, daß die erzielten Ergebnisse zutreffen, nur trägt deren Begründung nach der hier vertretenen Ansicht nicht.

Unabhängig davon könnte den Ausführungen zu § 357 zuzustimmen sein, die sich auch auf das Vorgesetzten-Untergebenen-Verhältnis beziehen. Damit ist zunächst inzident eine Besonderheit des Amtswalterunterlassens angesprochen, die auch für die Beteiligungsfrage von Bedeutung sein könnte. Wagner zieht aus § 357 den Umkehrschluß des Inhalts, daß der untergebene unterlassende Amtswalter im Gegensatz zum Vorgesetzten immer nur Gehilfe sein kann. Ein Umkehrschluß ist dann zwingend, wenn die umgekehrte Bedingung eine notwendige ist[57]. Zu fragen ist also, ob die Vorgesetzteneigenschaft eine notwendige Bedingung ist. Dies gilt aber nur für den engen Bereich des § 357. Richtig

---

[52] *Wagner*, S. 258.
[53] *Wagner*, S. 259.
[54] *Wagner*, S. 259 f.
[55] *Wagner*, S. 261 f.
[56] Siehe oben 3. Teil B II.
[57] Vgl. *Jescheck*, AT, S. 120.

ist also, daß der untergebene Amtswalter niemals nach § 357, also als dessen Täter, bestraft werden kann. Es geht aber darüber hinausgehend darum, ob der untergebene Amtswalter auch sonst nur Gehilfe sein kann, was sich ohne weiteres aus § 357 nicht ableiten läßt[58].

Insoweit Wagner nur auf eine Beihilfe erkennen will, wenn für den Amtswalter die Erfolgsabwendungsmöglichkeit allein in der Veranlassung eines anderen Amtswalters besteht, greift er hier auf bereits von Löwenheim für wesentlich gehaltene Kriterien[59] zurück. Diese Kriterien sind jedoch sehr dem Gesichtspunkt der Tatherrschaft verhaftet[60], dessen Gültigkeit auch für das Unterlassen aber noch nicht nachzuweisen war und auf das auch Wagner sonst nicht abstellen will. Vielmehr ist wegen der erkannten Abhängigkeit der Beteiligungs- von der Garantenproblematik die Tatherrschaft nur dann taugliches Kriterium, wenn es Ausdruck eines Handlung und Unterlassung übergreifenden Prinzips ist, das auch der Garantenstellung zugrundeliegt[61].

2. Horn

a) Darstellung

Horn meint, es dürfte sich jedenfalls Einigkeit darüber herstellen lassen, daß der unterlassende Beschützergarant als Täter zu bestrafen sei. Es müsse hier gleichgültig sein, ob die Gefahr für das bedrohte Rechtsgut von einer anderen Person oder ob sie von einem Naturereignis ausgehe[62].

Hingegen sei die Lösung der Fälle, in denen die Behörde den Fortbestand des geschützten Rechtsguts nur „mittelbar" als Überwacher einer Gefahrenquelle garantiere, nicht ganz so zweifelsfrei[63]. Horn knüpft zunächst an die heute von Cramer vertretene Auffassung an, demzufolge nicht nur eine Beihilfe, sondern auch bei der Überwachergarantie Täterschaft in Frage komme, wenn die zu beaufsichtigende Person nicht schuldhaft handele[64]. Weiter sei es auch bei der Überwachergarantie nicht gänzlich abwegig, die Behörde als Unterlassungstäter erkennen zu wollen, wenn sie die Erhebung einer Auflage zu erzwingen

---

58 Ob § 357 hinsichtlich der Regelung der Beteiligungsform eine Besonderheit darstellt, s. schon 3. Teil C III 1. b) bb), ist hier immer noch nicht zu entscheiden.

59 Siehe oben A I 1. a).

60 Siehe oben A I 1. a).

61 Siehe oben A I 1. b).

62 *Horn*, NJW 81, S. 11.

63 *Horn*, NJW 81, S. 11.

64 *Schönke / Schröder / Cramer*, vor § 25, Rdnr. 92.

versäume, deren Beseitigung mittels aktiven Tuns auch die Täterschaft nach sich ziehe[65].

b) *Kritik*

Die Ansicht Horns knüpft an die materielle Einteilung der Garantenstellungen an, wie es insbesondere von Schröder und Herzberg vorgeschlagen wird. Ob dies im Grundsatz richtig ist, wird noch zu behandeln sein. Besonderheiten des Amtswalterunterlassens sind damit noch nicht angesprochen. Festzuhalten ist allerdings der sich auf die Überwachergarantie beziehende Hinweis, der aus dem Vergleich zur aktiven Täterschaft hergeleitet wird. Hier deutet sich nämlich eine Abweichung von der grundsätzlich für maßgeblich gehaltenen materiellen Einteilung der Garantenstellungen an.

3. Zusammenfassung

Beide Autoren, die die Beteiligung von unterlassenden Amtswaltern betrachten, knüpfen — wenn auch in unterschiedlicher Form — an die Garantenstellung an. Es werden allerdings keine im Hinblick auf die Beteiligungsform der Unterlassungen von Amtswaltern grundsätzlich bedeutsamen Besonderheiten aufgezeigt. Möglich bleibt danach nach wie vor die Annahme der grundsätzlichen Täterschaft bis auf die oben genannte Ausnahme[66] als auch die Unterscheidung anhand von Kriterien, die unterschiedliche Arten von Garantenstellungen trennen und die betreffenden Unterlassungen entweder der Täterschaft oder der Teilnahme zuweisen.

Die Ausführungen Wagners im Zusammenhang mit § 357 machen allerdings darauf aufmerksam, daß das Vorgesetzten-Untergebenen-Verhältnis, in dem alle Amtswalter stehen, bei der Beantwortung der Beteiligungsform von Amtswaltern bedeutsam sein könnte.

IV. Eigene Lösung

Die eigene Lösung der Beteiligungsproblematik kann auf bereits erarbeitete Grundlagen zurückgreifen.

1. Ausgangslage

Zum einen ist die Beteiligungsproblematik von der Garantenstellung abhängig. Zum anderen wurde hier eine eigene Lösung der Begründung

---

65 *Horn*, NJW 81, S. 11.

66 Siehe oben A II 2. a).

der Garantenstellung entwickelt. Der erkannten Abhängigkeit wegen bleiben daher nur noch zwei Möglichkeiten offen. Entweder folgt die Unterscheidung in Täterschaft und Teilnahme den oben genannten zwei Wegen der Begründung der Garantenstellung, oder es besteht eine starre Abhängigkeit mit der Folge der grundsätzlichen Unterlassungstäterschaft bis auf die erkannte und mögliche weitere, dann noch zu diskutierende Ausnahmen.

Weitere Bedingungen für die Unterscheidung in Täterschaft und Teilnahme durch Unterlassen, entsprechend der hier für zutreffend gehaltenen Herleitung der Garantenstellung, ist, daß die dort genannten Kriterien der Innen- und Außengefahr dem unterschiedlichen Unrechtsgehalt von Täterschaft und Teilnahme entsprechen[67]. Sollten diese Voraussetzungen gegeben sein, so sind die sich daraus ergebenden Konsequenzen, also auch die Straflosigkeit der versuchten Beihilfe durch Unterlassen, zu ziehen[68].

2. Tauglichkeit der entwickelten Gefahrkriterien

Es gilt zu prüfen, ob die oben genannten unterschiedlichen Gefahrkriterien dem ebenfalls unterschiedlichen Unrechtsgehalt von Täterschaft und Teilnahme entsprechen und diese damit zur Lösung der Beteiligungsproblematik verwertet werden können.

Wie schon gesagt wurde, ist der Gedanke der Gefahrrealisierung für Handlung und Unterlassung gleichermaßen gültig[69]. Im weiteren geht es nun darum, ob es bei der Begehung durch Handeln ein Analogon zur Innen- und/oder Außengefahr gibt. Beide Gefahren beziehen sich auf den Bestand des jeweils betrachteten Rechtsguts, sind also insoweit gerade nicht davon abhängig, auf welche Weise die Verletzung droht. Diese Begründung genügt jedoch nicht. Jede in Täterschaft oder Teilnahme durch Unterlassen begangene Verletzung eines Rechtsguts läßt sich als Realisierung einer Außengefahr verstehen. Es handelt sich hier in beiden Fällen um die von einer Person ausgehende Außengefahr, um eine personale Außengefahr. So gesehen stellt sich die Differenzierung in Täterschaft und Teilnahme als solche zwischen verschiedenen personalen Außengefahren dar[70].

Demgegenüber fällt die Auffindung eines Analogons zur Innengefahr nicht ganz so leicht. Dies erklärt sich aber daraus, daß das geschützte

[67] Siehe oben II 2. a).

[68] Siehe oben II 2. b).

[69] Siehe oben 3. Teil C II 2.

[70] Ganz ähnlich meint *Schünemann*, die Tatherrschaft scheide nur verschiedene Typen der Herrschaft über den Grund des Erfolges, vgl. oben II 1. d).

Rechtsgut bzw. sein Träger gegenüber menschlichen Angriffen, d. h. gegenüber personalen Außengefahren, immer in besonderer, jedenfalls aber in gleicher Weise schutzlos ist. Die Innengefahr spielt deswegen und, weil diese Schutzlosigkeit vom Handelnden nicht zurechenbar geschaffen oder aufrechterhalten wurde, bei der Betrachtung der Realisierung einer durch positive Handlung geschaffenen Gefahr keine Rolle.

Damit zeigt sich, daß die Kriterien der Innen- und Außengefahr auch auf die positive Handlung übertragbar sind, wenngleich hier die Innengefahr keine entscheidende Rolle spielt.

Es bleibt nachzuweisen, daß sich die Trennung in Täterschaft und Teilnahme bei der Handlung mit Hilfe von Gefährdungsgedanken erklären läßt. Daß dies mit Hilfe von Tatherrschaftsgesichtspunkten möglich ist, hat Roxin ausführlich begründet[71]. Roxin selbst sagt nun aber zum Sinn der Beteiligungsform ausdrücklich, daß u. a. die Gefährlichkeit des Täters nur insoweit zur Grundlage der Strafbarkeit gemacht werden soll, als diese sich in der Beteiligung am konkreten Handlungsvollzug ausgewirkt hat[72]. Dies läßt sich nun auch unter Verwendung des Gedankens der personalen Außengefahr formulieren. Ist nur ein handelnder Alleintäter aktiv, so realisiert sich die gesamte Außengefahr, die der Täter als Person darstellt, im Erfolg. Dies gilt auch, wenn der Handelnde eine sich bereits verwirklichende Naturgefahr lediglich verstärkt, also z. B. Benzin in das durch Blitzschlag entstandene Feuer gießt. Ist an der Tat des Täters ein Teilnehmer beteiligt, so realisiert sich die Außengefahr erst auf dem Wege über den Täter. Es ließe sich einwenden, dies sei bei der mittelbaren Täterschaft ebenso. Bei dieser tritt jedoch der Vordermann nicht als selbständige Außengefahr in Erscheinung[73]. Speziell bei der Beihilfe, aber auch bei der Anstiftung ist es nun überwiegend die Außengefahr des Täters und nur sekundär die des Teilnehmers, die sich im Erfolg realisiert. Hierdurch ist zugleich der Zusammenhang dargetan, der zwischen dem Kriterium der Tatherrschaft und der Gefahrrealisierung besteht. Die Frage nach der Tatherrschaft sucht zu beantworten, ob sich im Erfolg die gesamte Außengefahr verwirklicht hat, die der Beteiligte potentiell in eigener Person aufweist.

Somit kann zwischen verschiedenen personalen Außengefahren in einer dem Unterschied von Täterschaft und Teilnahme entsprechenden

---

71 *Roxin* in Täterschaft.

72 *Roxin*, JZ 66, S. 295 l. Sp.

73 Abgesehen sei vom Grenzfall des Täters hinter dem Täter, gegen dessen Anerkennung sich allerdings auch aus der Gefahrbetrachtung Bedenken ergeben. Zum Täter hinter dem Täter vgl. *Roxin* in LK, § 25, Rdnrn. 69, 73, 79; auch *F. C. Schroeder*, Der Täter hinter dem Täter, S. 119 ff.

Weise unterschieden werden. Die entwickelten Gefahrkriterien sind damit sowohl auf Handeln als auf Unterlassen anwendbar.

3. Anwendung der Gefahrkriterien auf das Unterlassen

Die entwickelten Gefahrkriterien sind nunmehr auf das Unterlassen anzuwenden.

a) Herrschaft über eine Außengefahr

Da die Herrschaft über Außengefahren auch beim Handeln in Erscheinung tritt, ist mit ihr bei der Anwendung der Gefahrkriterien zu beginnen. Soweit ein handelnder Täter zugegen ist, über dessen Außengefahr der Unterlassende Herrschaft ausübt, stellt sich die Situation in der Tat zunächst wie bei der aktiven Beihilfe dar. Hier wie dort ist es nämlich die personale Außengefahr, die sich überwiegend im Erfolg verwirklicht. Insoweit hat Grünwald im Grundsatz sicher recht, wenn er den Strafwürdigkeitsvergleich von aktiver Beihilfe und Unterlassung zieht[74]. Für die hier vorgeschlagene Lösung der Beihilfe durch Unterlassen spricht, daß sich der oben erkannte Ausnahmefall der aktiven Beihilfe als gefährlicher Vorhandlung bruchlos in das System einordnen läßt — und zwar als Fall der Herrschaft über eine personale Außengefahr.

Es fragt sich, ob es auch dann bei einer Strafbarkeit wegen Beihilfe zu bleiben hat, wenn die die Außengefahr bildende Person schuldlos handelt, oder ob hier Täterschaftsregeln eingreifen[75]. Zunächst ist es schon eine Frage der Auslegung, ob der Amtswalter auch hier verpflichtet sein soll, solche Gefahren zu beherrschen. Wenn diese Frage allerdings zu bejahen ist, gilt es zu beachten, daß beim Unterlassen nicht die Möglichkeit besteht, die eigene Außengefahr an die Stelle des Vordermanns zu setzen, der die rechtswidrige Tat begeht. Es bleibt immer überwiegend die Außengefahr des Vordermannes, die sich im Erfolg realisiert. Daher ist der bei der Begehung durch Handeln geführte Streit, ob eine mittelbare Täterschaft auch mittels eines zwar tatbestandsmäßig und rechtswidrig, aber schuldlos handelnden Werkzeugs möglich ist[76], hier unerheblich. Somit liegt immer, wenn die die Außengefahr darstellende Person schuldlos handelt, nur eine Beihilfe durch Unterlassen vor.

---

[74] Zur notwendigen Einschränkung wegen der geänderten Strafrahmen II 2. b).

[75] So *Schönke / Schröder*, 17. Aufl., vor § 47, Rdnr. 109, und *Schönke / Schröder / Cramer*, vor § 25, Rdnr. 92.

[76] Vgl. dazu nur *Roxin* in LK, § 25, Rdnrn. 84 ff.

Sollte die Außengefahr nun allerdings eine sachliche sein, so ist der Unterlassende, soweit er die Herrschaft hierüber hat, wie beim Handeln Täter des betreffenden Delikts[77].

b) *Schaffung oder Aufrechterhaltung einer Innengefahr*

Die zweite Möglichkeit der Begründung einer Garantenstellung ist die Schaffung oder Aufrechterhaltung einer Innengefahr[78]. Hierfür fehlt bei der Handlung eine direkte Entsprechung[79].

Soweit hier wieder nur eine sachliche Außengefahr in Rede steht, kann mangels der Beteiligung mehrerer Personen hier nur Unterlassungstäterschaft angenommen werden. Problematischer hingegen ist die Beteiligung eines Handelnden, der dann die Außengefahr bildet, deren Verwirklichung der Garant zu verhindern verpflichtet ist. Entscheidender Unterschied zur Herrschaft über eine Außengefahr ist aber, daß hier die dem Garanten zurechenbare Innengefahr neben der personalen Außengefahr selbständige Bedeutung erlangt. Dort hat nämlich der Garant die Realisierung der Außengefahr nur nicht verhindert, während er hier zuvor zusätzlich die Gefahr geschaffen oder aufrechterhalten hat, daß sich eine Außengefahr tatsächlich realisiert. Deswegen ist dem Unterlassenden hier die Gefahrrealisierung in vollem Umfang, nämlich als Täter zuzurechnen. Dadurch ist es auch gerechtfertigt, den Unterlassenden hier auch bei der Realisierung einer personalen Außengefahr, d. h. bei der Beteiligung eines Handelnden, als Täter zu bestrafen. Teilweise hat also Schröder recht, wenn er meint, zwischen Natur- und Menschengewalt bestünde bei den Garantenstellungen zum Schutz bestimmter Rechtsgüter kein Unterschied[80]. Zu beachten ist allerdings, daß der Schutz bestimmter Rechtsgüter sich nicht genau mit der hier so genannten Fallgruppe der Schaffung oder Aufrechterhaltung einer Innengefahr deckt, da sowohl der Schutz mehrerer Rechtsgüter in Frage kommt als auch die Gefahren nicht notwendig unbestimmt sein müssen[81]. Zudem erweckt die Erwähnung der Beschützergarantie den falschen Eindruck, als könne sie die Begründung der Garantenstellung erklären.

Auf diese Weise werden im Ergebnis nun auch die Bedenken ausgeräumt, die Horn dazu veranlaßten, eine Täterstrafe trotz der Überwachung einer Gefahrenquelle in Gestalt eines Privaten zu erwägen[82].

---

77 Vgl. auch II 2. b).

78 Siehe oben 3. Teil C II 1. a) aa).

79 Siehe oben 2.

80 Siehe oben II 1. a).

81 Siehe oben 3. Teil C II 1. und schon 3. Teil A II 3. b).

82 Siehe oben III 2.

Sollte der unterlassende Amtsträger nämlich in einem Verwaltungsbereich tätig sein, der ihn zum Garanten kraft zurechenbarer Aufrechterhaltung einer Innengefahr machte, so ist es einerlei, ob die Außengefahr eine bestimmte oder unbestimmte personale oder gar eine sachliche ist. Der unterlassende Amtswalter ist in jedem Fall Täter.

c) Bedeutung des Vorgesetzten-Untergebenen-Verhältnisses und des § 357

Schließlich gilt es zu prüfen, welche Besonderheiten für die Behandlung der Beteiligungsfrage gerade von Amtswaltern durch das Vorgesetzten-Untergebenen-Verhältnis entstehen[83]. Die Beteiligungsproblematik ist also sowohl für den Vorgesetzten als auch für den Untergebenen zu erörtern.

Beginnt man mit dem Vorgesetzten, so stellt sich anfangs die Frage, ob § 357 überhaupt als Ausnahme vom hergeleiteten Grundsatz, der unterlassende Amtswalter sei im Falle der Herrschaft über eine personale Außengefahr nur Gehilfe, zu verstehen ist. Zunächst ist wesentlich, daß die Außengefahr bei § 357 nicht etwa durch den Untergebenen verkörpert wird[84]. Welches die Außen- und welches die Innengefahr ist, richtet sich vielmehr der Regel gemäß auch bei § 357 danach, in welchem Verwaltungsbereich die Amtsträger tätig sind[85]. Davon hängt es auch ab, welche rechtswidrigen Taten im Amte in Frage kommen. Sodann ist davon auszugehen, daß der Vorgesetzte in gleicher Weise wie der handelnde oder unterlassende Untergebene bestraft wird.

Die Bestrafung des unterlassenden Untergebenen richtet sich unabhängig von § 357 danach, um welche Art der Garantenstellung es sich handelt. Je nachdem kommt deshalb auch für den Vorgesetzten gem. § 357 dann Täterschaft oder Beihilfe durch Unterlassen in Frage.

§ 357 könnte allerdings für den Fall des handelnden Untergebenen eine Ausnahme darstellen. Soweit die Amtswahrnehmungspflicht hier in der Herrschaft über eine personale Außengefahr besteht, könnte der untergebene Amtswalter hier mittelbarer Täter, der Hintermann in Gestalt des unterlassenden Vorgesetzten trotz gleicher Pflicht aber nur Gehilfe sein. Damit stünde dann freilich seine Strafbarkeit insgesamt auf dem Spiel, falls die die Außengefahr verkörpernde Person als Tatmittler keine vorsätzliche rechtswidrige Haupttat beginge. Der hier konstruierte Fall[86] dürfte indessen selten praktisch werden. Sollte die

[83] Siehe oben III 1. b).

[84] Siehe oben 3. Teil C III 1. b) bb).

[85] Siehe oben 3. Teil C III 1. b) bb).

[86] Beispiel: Der Gefangenenaufseher veranlaßt den Gefangenen durch Täuschung, einen Lieferanten einzusperren. Der Gefängnisdirektor bemerkt dies, schreitet aber nicht ein.

Ausnahme jedoch eintreten, dürfte allerdings sowohl für den Vorgesetzten als auch den untergebenen Amtswalter immer schon das Vorliegen einer entsprechenden Amtswahrnehmungspflicht zu verneinen sein, wenn auch die Existenz einer inhaltsgleichen Pflicht als solcher nicht zu bestreiten sein wird[87]. Es fehlt dann zwar nicht an einer rechtswidrigen Tat, aber an einer solchen im Amte. Aufgrund ihres Amtes sind Vorgesetzter und Untergebener nur verpflichtet, die typischen, von der zu überwachenden Person ausgehenden Gefahren zu beherrschen. Ihr Amt verbietet ihnen auch, diese typische Gefahr nicht etwa durch positives Handeln zum Ausbruch zu veranlassen. Typisch ist aber nur die Gefahr, die die zu überwachende Person darstellt, wenn sie vorsätzlich und rechtswidrig handelt.

Nimmt man also den Gesetzeswortlaut des § 357 mit seiner Formulierung der rechtswidrigen Tat im Amte ernst, so stellt sich diese Regelung weder als Fall einer zusätzlichen Garantenpflicht[88] noch als vom Grundsatz abweichende Regelung der Beteiligungsfrage dar, sondern in jeder Beziehung als Ausdruck der Regel. In dieser Auslegung bestätigt § 357 also gerade, daß es für die Beantwortung der Beteiligungsform des Amtswalters nicht auf dessen Stellung innerhalb des Vorgesetzten-Untergebenen-Verhältnisses ankommt, sondern sich diese nach den erörterten Grundsätzen richtet.

Diese Regel gilt jedoch über den Bereich des § 357 selbst hinaus. Einwenden ließe sich, diese Auslegung mache § 357 überflüssig. Dieses Argument ist jedoch mit dem entgegengesetzten austauschbar, in § 357 zeige sich gerade das gültige Prinzip. Beides überzeugt allein nicht. Allerdings ist auf das Argument zu verweisen, die rechtswidrige Tat müsse gerade im Amte, also durch Verletzung der Amtswahrnehmungspflicht, begangen worden sein[89]. Die Aufsichtspflicht des Vorgesetzten erstreckt sich aber auf alle Tätigkeiten und Unterlassungen im Amte[90] ohne Rücksicht auf deren Vorsätzlichkeit. Überdies ist sie nur eine von vielen verschiedenen Amtswahrnehmungspflichten. Alle diese Fälle sind im Hinblick auf das vom Amt zu schützende Rechtsgut gleich strafwürdig. Das ist der Grund, weshalb niemand bereit sein dürfte, die Strafbarkeit gerade des in besonderer Weise verantwortlichen Vorgesetzten auf den engen Bereich des § 357 zu beschränken, zumal damit dann auch die Strafbarkeit des untergebenen Amtswalters und damit die aller

[87] Zu solchen nicht amtswahrnehmungsbezogenen Pflichten vgl. oben 2. Teil A I.

[88] Siehe oben 3. Teil C III 1. b) bb).

[89] Siehe oben 3. Teil C III 1. b) bb).

[90] Vgl. zu der Frage, inwieweit die Aufsichtspflicht eine konkretisierte Amtswahrnehmungs- und damit eine Garantenpflicht darstellt, 2. Teil C I 7., 8.

Amtswalter in Frage gestellt wäre. Soweit § 357 mangels rechtswidriger Tat des Untergebenen ausscheidet, muß daher eine Bestrafung des Vorgesetzten nach den auch für § 357 in Geltung befindlichen Grundsätzen aus den Tatbeständen möglich sein, die der Vorgesetzte aufgrund der Trägerschaft seines Amtes durch Unterlassen erfüllen kann. Dies Ergebnis läßt sich auch mit der Regelung des § 357 vereinbaren. Im Gegenteil ergibt sie sich sogar aus dessen Funktion. Die Funktion des § 357 liegt nämlich lediglich in der Klarstellung, daß auch bei einer rechtswidrigen Tat des Untergebenen nicht etwa nur Beihilfe durch Unterlassen, sondern auch Unterlassungstäterschaft in Frage kommt. Diese Auslegung beantwortet zugleich, ob für den Teilbereich des § 357 selbst eine tatbestandsmäßige, insbesondere vorsätzliche, rechtswidrige Tat des Untergebenen vorliegen muß[91]. Dies legt für sich genommen schon der Wortlaut nahe. Versteht man § 357 nun i. S. der oben beschriebenen Klarstellungsfunktion, so wird damit entscheidend die Ansicht gestützt, die rechtswidrige Tat müsse vorsätzlich und rechtswidrig sein. Für den Fall einer tatbestandslosen oder gerechtfertigten Tat käme nämlich ohnehin schon nach allgemeinen Grundsätzen keine Teilnahme in Frage. Die Klarstellung, daß trotz tatbestandsloser oder gerechtfertigter Beteiligung eines Untergebenen Täterschaft möglich ist, ist dann insoweit überflüssig. Die hier vertretene Ansicht ist insofern als vermittelnd zu bezeichnen, als auch sie eine Bestrafung überhaupt — wenn auch nicht nach § 357 — des Vorgesetzten für möglich hält, soweit der Untergebene nicht vorsätzlich handelt[92].

Zu prüfen bleibt, wie die Beteiligungsfrage für den untergebenen Amtswalter zu beantworten ist. Da § 357 hier als Ausdruck der Regel verstanden wird, ergibt sich, daß dem von Wagner aus § 357 gezogenen Umkehrschluß[93] nicht gefolgt werden kann. Wenn die Bestrafung des Vorgesetzten nämlich auch ohne den Tatbestand des § 357 so erfolgen müßte, wie sie dort vorgesehen ist, die Regelung des § 357 als solche insoweit also nicht einmal notwendig ist, so besteht kein Anlaß, aus dieser teilweisen Regelung der Prinzipien zu schließen, sie seien für Untergebene nicht in Geltung. Man kann demnach ebensowenig aus § 357 schließen, nur Vorgesetzte, nicht aber Untergebene könnten als unterlassende Amtswalter bestraft werden, wie man folgern kann, untergebene unterlassende Amtswalter seien immer als Gehilfen zu be-

---

[91] Vgl. hierzu nur *Rudolphi* in SK, § 357, Rdnr. 5.

[92] All dies muß schon der gebotenen einheitlichen Auslegung wegen auch für die übrigen Alternativen des § 357 gelten. Im Zusammenhang mit der dort angesprochenen Anstiftung, aber auch der atkiven Beihilfe wird zudem das Konkurrenzproblem mit der — teilweise — in § 357 geregelten Unterlassung des Vorgesetzten aktuell. Verwiesen sei hier auf das entsprechende Problem für den unterlassenden Untergebenen, das sogleich behandelt wird.

[93] Siehe oben II 1. a), b).

strafen. Die Beihilfestrafbarkeit könnte sich allerdings aus einer anderen Begründung ergeben.

Auszugehen ist zunächst davon, daß der untergebene Amtswalter, wenn überhaupt, Garant nur aufgrund seiner Beratungs- und Unterstützungspflicht ist[94].

Weiter ist zu fragen, ob der Untergebene zurechenbar eine Innengefahr aufrechterhält oder eine Außengefahr beherrscht. Problematisch sind die Fälle der Innengefahr und der sachlichen Außengefahr. Dies liegt daran, daß der Untergebene im Fall der aktiven Beihilfe zur Tat des Vorgesetzten als Gehilfe zu bestrafen zu sein scheint[95]. Es leuchtet daher nicht ohne weiteres ein, den unterlassenden Untergebenen als Täter aufgrund der Aufrechterhaltung einer Innengefahr oder der Herrschaft über eine sachliche Außengefahr zu bestrafen — vorausgesetzt, es besteht eine Erfolgsabwendungsmöglichkeit. Sicher ist zunächst, daß man den Untergebenen nicht aufgrund der Vorhandlung seiner aktiven Beihilfe zum Unterlassungstäter aufgrund Ingerenz erklären kann[96]. Er ist jedenfalls grundsätzlich Garant aufgrund seines Amtes, seiner Amtswahrnehmungspflicht. Es konkurrieren hier also die Täterschaft durch Unterlassen mit der aktiven und passiven Beihilfe. Die Unterlassungstäterschaft verdrängt die übrigen Beteiligungsformen[97], so daß der Untergebene im Fall seiner aktiven Beihilfe jedenfalls nicht weniger bestraft wird als ohne diese, so daß kein Widerspruch entsteht[98]. Untergebene Amtswalter können durch ihr Unterlassen also sowohl Gehilfen als auch Täter sein.

Eine Abweichung von den sonst in Geltung befindlichen Regeln könnte sich nun nur noch für den Untergebenen wie auch für den gleichgeordneten Amtswalter dann ergeben, wenn er nur mit Hilfe eines anderen Amtswalters, z. B. des Vorgesetzten, das Rechtsgut vor der drohenden Gefahr zu schützen imstande ist[99]. Zwar besteht ein gewisser Zusammenhang zwischen der Art und Weise der Erfolgsverhinderungs-

---

[94] Siehe oben 2. Teil C I 4.

[95] Beispiel: Der Untergebene hilft dem Vorgesetzten bei der Erteilung einer rechtswidrigen Genehmigung, unterläßt später die mögliche Rücknahme.

[96] Siehe oben A II 2. a). Zur Bedeutung der Ingerenz, bezogen auf ein der Behörde als solcher zuzurechnendes Vorverhalten, 3. Teil A II 3. b).

[97] Siehe oben II 2. b).

[98] Dies gilt, wie schon angedeutet (vgl. Fn. 92), nun auch für den Vorgesetzten, der aktive Beihilfe zur Tat des Untergebenen als Täter leistet. Hier wird das Problem allerdings schon von vornherein dann entschärft, wenn man die aktive Beihilfe des Vorgesetzten schon unter § 357 fallen läßt, vgl. hierzu nur *Rudolphi* in SK, § 357, Rdnr. 10, da dann den Vorgesetzten ohnehin die auch den Untergebenen treffende Täterschaft erwarte.

[99] So *Wagner*, für den gleichgeordneten Amtswalter, siehe oben III 1. a); vgl. auch das Beispiel von *Wagner*, Amtsverbrechen, S. 262.

möglichkeit und der Tatherrschaft[100]. Auch besteht eine gewisse Beziehung zwischen dem Kriterium der Tatherrschaft und der hier für wesentlich gehaltenen Gefahrrealisierung[101]. Indes würde unter der Einführung dieses weiteren Kriteriums die aufgezeigte Lösung an Klarheit und Praktikabilität leiden. Nun ist dies allein kein ausreichendes Argument. Zunächst ist es jedoch nur aufgrund des Einsatzes mehrerer Bindeglieder möglich, überhaupt eine Beziehung zum fraglichen weiteren Kriterium herzustellen. Entscheidend kommt aber hinzu, daß die Stellung gerade des Untergebenen schon genügend bei der Frage in Rechnung zu stellen ist, ob er überhaupt aufgrund seiner Beratungs- und Unterstützungspflicht garantenpflichtig werden kann. Soweit dies zu bejahen ist, richtet sich daher die Beantwortung der Beteiligungsfrage nach den auch sonst gültigen Grundsätzen.

Die Besonderheit des Vorgesetzten-Untergebenen-Verhältnisses, in dem sich jeder Amtswalter befindet, ändert also letztlich nichts an der Lösung der Beteiligungsproblematik. Im Gegenteil — und insofern behält Kaufmann für unterlassende Amtswalter recht[102] — ist das Unterlassen in gewisser Weise primär auf das Rechtsgut zu beziehen. Die Beteiligungsfrage hängt davon ab, aufgrund der Zurechnung welcher Gefahr Untergebener oder Vorgesetzter für das Rechtsgut garantieren, nicht aber von ihrer Stellung in der Behördenhierarchie.

d) Ergebnis

Das Ergebnis der Anwendung der Gefahrkriterien auf das Unterlassen ist demnach die Differenzierung anhand der Kriterien, die schon für die beiden unterschiedlichen Wege der Begründung der Garantenstellungen von Bedeutung waren. Auf welchem Wege die jeweils in Rede stehende Garantenstellung eines Amtswalters begründet wird, wurde bereits allgemein und auch für einzelne Verwaltungsbereiche erörtert[103].

Bei den Garantenstellungen aufgrund der Schaffung oder Aufrechterhaltung einer Innengefahr ist der Unterlassende stets Täter. Hierzu zählen u. a. Polizisten, soweit sie Individualrechtsgutsverletzungen nicht hindern[104].

Hingegen kommt es bei den Garantenstellungen aufgrund der Herrschaft über eine Außengefahr darauf an, ob es sich um eine personale oder um eine sachliche Außengefahr handelt. Soweit eine personale

---

100 Siehe oben A I 1. a).

101 Siehe oben 2.

102 Siehe oben A I 3.

103 Siehe oben 3. Teil C.

104 Siehe oben 3. Teil C III 1. c); insoweit ist also der Auffassung von *Wagner*, Amtsverbrechen, S. 258, im Ergebnis zuzustimmen.

Außengefahr in Rede steht, liegt Beihilfe des Unterlassenden vor, sonst ebenfalls Täterschaft.

Für die Beteiligungsfrage ist die Position des Amtswalters als Vorgesetzter oder Untergebener bei beiden Arten von Garantenstellungen prinzipiell unerheblich.

Die vorgetragene Lösung der Beteiligungsproblematik folgt damit gewissermaßen im Ergebnis teils denjenigen, die das Kriterium der Pflichtverletzung, teils denjenigen, die das Kriterium der Tatherrschaft für entscheidend halten[105]. Beide Kriterien lassen sich jedoch durch den übergreifenden Gedanken der zurechenbaren Gefahrrealisierung harmonisieren.

Die Tatherrschaft ist das Mittel zur Unterscheidung zwischen Fällen der zurechenbaren Realisierung von Außengefahren, die handelnde Personen bilden. Das bedeutet nun nicht, daß der Tatherrschaftsgedanke selbst auf das Unterlassen anzuwenden wäre. Vielmehr ist der Nachweis erbracht, daß im Bereiche des Unterlassens die Unterscheidung zwischen verschiedenen Außengefahren dem im Bereich des Handelns bestehenden unterschiedlichen Unrechtsgehalt von Täterschaft und Teilnahme entspricht.

Der Hinweis auf die Maßgeblichkeit der Pflichtverletzung enthält die Aussage, die Garantenstellungen ließen sich nicht im Hinblick auf Täterschaft und Teilnahme unterscheiden[106], die Beteiligung eines Handelnden sei also unerheblich. Dies trifft nur für einen Teilbereich zu. Bei den Garantenstellungen aufgrund der Schaffung oder Aufrechterhaltung einer Innengefahr kommt es in der Tat nicht darauf an, ob die sich realisierende Außengefahr personal oder sachlich ist. Das bedeutet, daß hier trotz der Beteiligung eines Handelnden Täterschaft durch Unterlassen vorliegt.

---

105 Hier liegt auch die Übereinstimmung zum Ergebnis von *Busse*, Täterschaft, S. 405 ff., der auch beide Prinzipien zur Lösung der Beteiligungsproblematik heranzieht. Anders, als es hier geschehen ist, setzt er nicht so sehr bei der Garantenproblematik, sondern direkter bei der Beteiligungsproblematik an.

106 Siehe oben A II 1.

Literaturverzeichnis

Achterberg, Norbert: Allgemeines Verwaltungsrecht, Heidelberg 1982 (zit.: VwR).

Amelung, Knut: Rechtsgüterschutz und Schutz der Gesellschaft, Frankfurt 1972 (zit.: Rechtsgüterschutz).

Androulakis, Nikolaos: Rechtsproblematische Studien über die unechten Unterlassungsdelikte, München 1962 (zit.: Unterlassungsdelikte).

Arndt: Anmerkung zum Urteil des BGH vom 21. 5. 1959 — III ZR 7/58 —, DVBl. 59, S. 624.

Arndt, Horst: Der disziplinarrechtliche Grundtatbestand, DÖV 68, S. 39 ff.

Arzt, Gunther: Notwehr, Selbsthilfe, Bürgerwehr, Festschrift für Friedrich Schaffstein zum 70. Geburtstag, Göttingen 1975, S. 77 ff.

— Zur Garantenstellung beim unechten Unterlassungsdelikt, JA 80, S. 553 ff., 647 ff., 712 ff.

Bärwinkel, Richard: Zur Struktur der Garantieverhältnisse bei den unechten Unterlassungsdelikten, Berlin 1968 (zit.: Garantieverhältnisse).

v. Bar, Christian: Entwicklung und rechtsstaatliche Bedeutung der Verkehrs(sicherungs)pflichten, JZ 79, S. 332 ff.

— Vertragliche Schadensersatzpflichten ohne Vertrag? JuS 82, S. 637 ff.

Battis, Ulrich: Bundesbeamtengesetz, München 1980 (zit.: Battis).

Bauch, Botho: Das Recht der Beamten, Herne, Berlin, 5. Aufl., 1966 (zit.: Bauch).

Baumann, Jürgen: Strafrecht, Allgemeiner Teil, 8. Aufl., Bielefeld 1977 (zit.: AT).

Baur, Fritz: Der polizeiliche Schutz privater Rechte, JZ 62, S. 73 ff.

Becker, Erich: Verwaltungsaufgaben in Verwaltung, Hrsg. Marstein Marx, Berlin 1965, S. 187 ff. (zit.: Verwaltungsaufgaben).

Bickel, Christian: Die Strafbarkeit der unbefugten Gewässerverunreinigung nach § 38 WHG, ZfW 79, S. 139 ff.

Binding, Karl: Die Normen und ihre Übertretung, Erster Band, 2. Aufl., Leipzig 1890, Zweiter Band, erste Hälfte, 2. Aufl., Leipzig 1914 (zit.: Normen).

— Lehrbuch des Gemeinen Deutschen Strafrechts, Besonderer Teil, Erster Band, 2. Aufl., Leipzig 1902 (zit.: Binding BT 1).

Birnbaum: Über das Erforderniß einer Rechtsverletzung zum Begriffe des Verbrechens, Arch. Chrim. R. 1834, S. 149 ff.

Blei, Hermann: Anmerkung zu BGH MDR 76, S. 56, JA 76, S. 101 ff.

— Strafrecht, Allgemeiner Teil, 17. Aufl., München 1977.

— Garantenpflichtbegründung beim unechten Unterlassen, Festschrift für Hellmuth Mayer zum 70. Geburtstag, Berlin 1966, S. 119 ff.

Blomeyer, Arwed: Allgemeines Schuldrecht, 4. Aufl., Berlin, Frankfurt 1969.

Bockelmann, Paul: Blendung und Ermüdung als Fahrlässigkeitsprobleme, Verkehrsstrafrechtliche Aufsätze, S. 194 ff., Hamburg 1967.

— Strafrecht, Allgemeiner Teil, München 1979 (zit.: AT).

Böckenförde, Ernst-Wolfgang, *Grawert*, Rolf: Sonderverordnungen zur Regelung besonderer Gewaltverhältnisse, AÖR 95 (1970), S. 1 ff.

Böhm, Alexander: Die Rechtspflicht zum Handeln bei den unechten Unterlassungsdelikten, Frankfurt 1957 (zit.: Rechtspflicht).

— Methodische Probleme der Gleichstellung des Unterlassens mit der Begehung, JuS 61, S. 177 ff.

Bruns, Hans-Jürgen: Die Befreiung des Strafrechts vom zivilistischen Denken, Berlin 1938.

Bull, Hans Peter: Die Statsaufgaben nach dem Grundgesetz, 2. Aufl., Kronberg/Ts. 1977 (zit.: Staatsaufgaben).

Busch, Richard: Zur gesetzlichen Begründung der Strafbarkeit unechten Unterlassens, Festschrift für Hellmuth v. Weber, Bonn 1963, S. 192 ff.

Busse, Klaus-Henning: Täterschaft und Teilnahme bei Unterlassungsdelikten, Göttingen 1974 (zit.: Täterschaft).

Canaris, Claus-Wilhelm: Ansprüche wegen „positiver Vertragsverletzung“ und „Schutzwirkung für Dritte“ bei nichtigen Verträgen, JZ 65, S. 475 ff.

— Systemdenken und Systembegriff in der Jurisprudenz, Berlin 1969.

Claussen, Hans Rudolf, *Janzen*, Werner: Bundesdisziplinarordnung, 4. Aufl., Köln, Berlin, Bonn, München 1981 (zit.: Bundesdisziplinarordnung).

Dahm, Georg: Bemerkungen zum Unterlassungsproblem, ZStW 59, S. 133 ff.

Dedes, Christos: Die Arten der Unterlassungsdelikte, GA 77, S. 230 ff.

Doldi, Günther: Die Rechtspflichten bei den Unterlassungsdelikten, Kiel 1950 (zit.: Rechtspflichten).

Drews, Bill, *Wacke*, Gerhard, *Vogel*, Klaus, *Martens*, Wolfgang: Gefahrenabwehr, Erster Band, 8. Aufl., Köln, Berlin, Bonn, München 1975 (zit.: Gefahrenabwehr, Bd. 1).

Drost: Der Aufbau der Unterlassungsdelikte, GS 109, S. 1 ff.

Düwel, Peter: Das Amtsgeheimnis, Berlin 1965 (zit.: Amtsgeheimnis).

Ebert, Kurt: Das gesamte öffentliche Dienstrecht, 2. Aufl., Berlin 1972, einschl. 20. Erg.Lief. Jan. 82.

Engisch, Karl: Die Einheit der Rechtsordnung, Heidelberg 1935 (zit.: Einheit).

Enneccerus, Ludwig, *Nipperdey*, Hans Carl: Allgemeiner Teil des Bürgerlichen Rechts, 1. Halbband, 15. Aufl., Tübingen 1959 (zit.: AT 1).

Erichsen, Hans-Uwe: Besonderes Gewaltverhältnis und Sonderverordnung, Festschrift für Hans J. Wolff zum 75. Geburtstag, München 1973, S. 219 ff.

Erichsen, Hans-Uwe, *Martens*, Wolfgang (Hrsg.): Allgemeines Verwaltungsrecht, 5. Aufl., Berlin, New York 1981 (zit.: Erichsen / Martens, VwR).

Esser, Albert: Die Bedeutung des Schuldteilnahmebegriffs im Strafrechtssystem, GA 58, S. 321 ff.

Feuerbach, Paul Johann Anselm: Revision der Grundsätze und Grundbegriffe des peinlichen Rechts, Nachdruck Frankfurt 1966, Theil 2, Chemnitz 1800 (zit.: Feuerbach, Revision II).

Fikentscher, Wolfgang: Schuldrecht, 6. Aufl., Berlin, New York 1976 (zit.: Schuldrecht).

Flume, Werner: Allgemeiner Teil des Bürgerlichen Rechts, zweiter Band, Das Rechtsgeschäft, 3. Aufl., Heidelberg, New York 1979 (zit.: Flume, Rechtsgeschäft).

Forsthoff, Ernst: Lehrbuch des Verwaltungsrechts, Band I, Allgemeiner Teil, 10. Aufl., München 1973 (zit.: Forsthoff, VwR).

Frotscher, Werner: Der Schutz der Allgemeinheit und der individuellen Rechte im Polizei- und Ordnungsrecht, DVBl. 76, S. 699 ff.

Gallas, Wilhelm: Anmerkung zu BGH JZ 52, S. 370 ff., JZ 52, S. 371 ff.

— Zum gegenwärtigen Stand der Lehre vom Verbrechen, ZStW 67, S. 1 ff.

— Strafbares Unterlassen im Fall einer Selbsttötung, JZ 60, S. 649 ff., S. 686 ff.

Gallwas, Hans-Ulrich: Faktische Beeinträchtigungen im Bereich der Grundrechte, Berlin 1970 (zit.: Faktische Beeinträchtigungen).

Geilen, Gerd: Garantenpflichten aus ehelicher und eheähnlicher Gemeinschaft, FamRZ 61, S. 147 ff.

— Stillschweigen des Angehörigen beim Mordkomplott, FamRZ 64, S. 385 ff.

Geisler, Christiane: Strafbarkeit im Umweltrecht, NJW 82, S. 11 ff.

Gerhardt, Walter: Die Haftungsfreizeichnung innerhalb des gesetzlichen Schutzverhältnisses, JZ 70, S. 535 ff.

Gesamtkommentar Öffentliches Dienstrecht (Hrsg.: W. Fürst), Bd. I: W. Fürst, H. J. Finger, O. Mühl, F. Niedermaier, Beamtenrecht des Bundes und der Länder, Bd. II: H. D. Weiß, Disziplinarrecht des Bundes und der Länder, Bd. IV: G. Arndt, S. Baumgärtel, C. Fieberg, Recht der Angestellten und Arbeiter im öffentlichen Dienst, Berlin, 1973 ff. (zit.: GKÖD).

Gimbernat-Ordeig, Enrique: Gedanken zum Täterbegriff und zur Teilnahmelehre, ZStW 80 (1968), S. 915 ff.

Göhler, Erich: Zur strafrechtlichen Verantwortlichkeit des Betriebsinhabers für die in seinem Betrieb begangenen Zuwiderhandlungen, Festschrift für Eduard Dreher, Berlin 1977, S. 611 ff.

Gössel, Karl Heinz: Über die Bedeutung des Irrtums im Strafrecht, Berlin 1974 (zit.: Bedeutung).

Götz, Volkmar: Der rechtswidrige verwaltungsrechtliche Vertrag, DÖV 73, S. 298 ff.

— Allgemeines Polizei- und Ordnungsrecht, 7. Aufl., Göttingen 1982 (zit.: Götz, Polizei- und Ordnungsrecht).

Granderath, Reinhard: Die Rechtspflicht zur Erfolgsabwendung aus einem vorangegangenen gefährdenden Tun bei den unechten Unterlassungsdelikten, Freiburg 1961 (zit.: Rechtspflicht).

Grünhart, Max: Anselm v. Feuerbach und das Problem der strafrechtlichen Zuordnung, Hamburg 1922 (zit.: Feuerbach).

Grünwald, Gerald: Das unechte Unterlassungsdelikt, Göttingen 1956 (zit.: Unterlassungsdelikt).

— Zur gesetzlichen Regelung der unechten Unterlassungsdelikte, ZStW 70 (1958), S. 412 ff.

— Die Beteiligung durch Unterlassen, GA 59, S. 110 ff.

Häberle, Peter: Zu Hans-Ulrich Gallwas, Faktische Beeinträchtigungen im Bereich der Grundrechte, Berlin 1970, DÖV 72, S. 324 f.

Haffke, Bernhard: Unterlassung der Unterlassung? ZStW 87 (1975), S. 44 ff.

Hansen, Hans-Jürgen: Fachliche Weisung und materielles Gesetz, Hamburg 1971 (zit.: Fachliche Weisung).

Hardwig, Werner: Über den Begriff der Täterschaft, JZ 65, S. 667 ff.

Hardwig, Werner, *Buschendorf*, Ernst: Nochmals: Betrachtungen zur Teilnahmelehre, JZ 67, S. 86 ff.

Henkel, Heinrich: Recht und Individualität, Berlin 1958.

— Das Methodenproblem bei den unechten Unterlassungsdelikten, MSchKrim 61, S. 178 ff.

Herrmann, Joachim: Die Rolle des Strafrechts beim Umweltschutz in der Bundesrepublik Deutschland, ZStW 79, S. 281 ff.

Herzberg, Rolf Dietrich: Die Unterlassung im Strafrecht und das Garantenprinzip, Berlin 1972 (zit.: Unterlassung).

v. Hippel, Robert: Deutsches Strafrecht, Erster Band, Allgemeine Grundlagen, Berlin 1925 (zit.: Strafrecht I), Zweiter Band, Das Verbrechen, Berlin 1930 (zit.: Strafrecht II).

Horn, Eckhard: Verbotsirrtum und Vorwerfbarkeit, Berlin 1969 (zit.: Verbotsirrtum).

— Actio libera in causa — eine notwendige, eine zulässige Rechtsfigur? GA 69, S. 289 ff.

— Anmerkung zu BayObLG v. 18. 8. 1978, JR 79, S. 291 ff.

— Strafbares Fehlverhalten von Genehmigungs- und Aufsichtsbehörden? NJW 81, S. 1 ff.

Isensee, Josef: Beamtenstreik, Bonn-Bad Godesberg 1971 (zit.: Beamtenstreik).

Jellinek, Georg: Gesetz und Verordnung, Freiburg i. Br. 1887.

— Allgemeine Staatslehre, 3. Aufl., Neudruck Darmstadt 1960 (zit.: Allgemeine Staatslehre).

Jellinek, Walter: Verwaltungsrecht, 3. Aufl., Berlin 1931 (zit.: W. Jellinek, VwR).

Jescheck, Hans-Heinrich: Lehrbuch des Strafrechts, Allgemeiner Teil, 3. Aufl., Berlin 1978 (zit.: AT).

Kaufmann, Armin: Lebendiges und Totes in Bindings Normentheorie, Göttingen 1954 (zit.: Normentheorie).

— Die Dogmatik der Unterlassungsdelikte, Göttingen 1959 (zit.: Dogmatik).

— Methodische Probleme der Gleichstellung des Unterlassens mit der Begehung, JuS 61, S. 173 ff.

Kaufmann, Arthur: Das Schuldprinzip, Heidelberg 1961 (zit.: Schuldprinzip).

— Subsidiaritätsprinzip und Strafrecht, Heinrich Henkel-Festschrift zum 70. Geburtstag, S. 89 ff., Berlin, New York 1974.

Kern, Eduard: Grade der Rechtswidrigkeit, ZStW 64 (1952), S. 255 ff.

Kielwein: Unterlassung und Teilnahme, GA 55, S. 225 ff.

Kissin, Siegfried: Die Rechtspflicht zum Handeln bei den Unterlassungsdelikten, Breslau-Neukirch 1933 (zit.: Rechtspflicht).

Klein, Hans H.: Zum Begriff der öffentlichen Aufgabe, DÖV 65, S. 755 ff.

Knack, Hans Joachim (Hrsg.): Verwaltungsverfahrensgesetz, 2. Aufl., Köln, Berlin, Bonn, München 1982.

Köttgen, Arnold: Das anvertraute öffentliche Amt, Festgabe für Rudolf Smend, S. 119 ff., Tübingen 1962.

Kohler, Josef: Studien aus dem Strafrecht, Bd. I, Mannheim 1890 (zit.: Studien).

Kopp, Ferdinand O.: Verwaltungsverfahrensgesetz, 2. Aufl., München 1980.

— Verwaltungsgerichtsordnung, 5. Aufl., München 1981.

Krebs, Walter: Grundrechtlicher Gesetzesvorbehalt und Pressesubventionierung, DVBl. 77, S. 632 ff.

Krey, Volker: Strafrecht, Besonderer Teil, 4. Aufl., Stuttgart, Berlin, Köln, Mainz 1978 (zit.: BT).

Krüger, Herbert: Allgemeine Staatslehre, 2. Aufl., Stuttgart, Berlin, Köln, Mainz 1966 (zit.: Allgemeine Staatslehre).

Kühl, Christian: Grundfälle zu Vorbereitung, Versuch, Vollendung und Beendigung, JuS 80, S. 811 ff.

Laband, Paul: Das Staatsrecht des Deutschen Reiches, Bd. II, 5. Aufl., Tübingen 1911.

Lackner, Karl: Strafgesetzbuch, 14. Aufl., München 1981 (zit.: Lackner).

Langer, Winrich: Das Sonderverbrechen, Berlin 1972 (zit.: Sonderverbrechen).

— Vorsatztheorie und strafgesetzliche Irrtumsregelung, GA 76, S. 193 ff.

Laubinger, Hans-Werner: Die Treuepflicht des Beamten im Wandel der Zeiten, Festschrift für Carl Hermann Ule zum 70. Geburtstag, Köln, Bonn, Berlin, München 1977, S. 89 ff.

Leipziger Kommentar: 9. Aufl., hrsg. von Baldus, Paul Heinz, Willms, Günther, Erster Band, Einleitung, §§ 1—79, Berlin, New York 1974 (zit.: Bearbeiter in LK, 9. Aufl.).

Leipziger Kommentar: Strafgesetzbuch, 10. Aufl., Berlin, New York 1977—1982 (zit.: Bearbeiter in LK).

Lenckner, Theodor: Zum Problem des Vermögensschadens (§§ 253, 263 StGB) beim Verlust nichtiger Forderungen, JZ 67, S. 105 ff.

Löwenheim, Ulrich: Anstiftung durch Unterlassen, Frankfurt 1962 (zit.: Anstiftung).

Lüderssen, Klaus: Zum Strafgrund der Teilnahme, Baden-Baden 1967 (zit.: Strafgrund).

Maiwald, Manfred: Grundlagenproblem der Unterlassungsdelikte, JuS 81, S. 473 ff.

Martens, Wolfgang: Öffentlich als Rechtsbegriff, Berlin, Zürich 1969 (zit.: Rechtsbegriff).

— Grundrechte im Leistungsstaat, VVDStRL 30 (1972), S. 7 ff.

— Der Schutz des einzelnen im Polizei- und Ordnungsrecht, DÖV 76, S. 457 ff.

Maurach, Reinhart: Deutsches Strafrecht, Allgemeiner Teil, 4. Aufl., Karlsruhe 1971.

Maurach, Reinhart, *Zipf*, Heinz: Strafrecht, Allgemeiner Teil, Teilband 1, 5. Aufl., Heidelberg, Karlsruhe 1977 (zit.: AT 1).

Maurach, Reinhart, *Gössel*, Karl Heinz, *Zipf*, Heinz: Strafrecht, Allgemeiner Teil, Teilband 2, 5. Aufl., Heidelberg, Karlsruhe 1978 (zit.: AT 2).

Maurer, Hartmut: Das Verwaltungsverfahrensgesetz des Bundes, JuS 76, S. 485 ff.

— Allgemeines Verwaltungsrecht, 2. Aufl., München 1982 (zit.: VwR).

Mayer, Hellmuth: Strafrecht, Allgemeiner Teil,, Stuttgart, Köln 1953 (zit.: Mayer AT, 1953).

— Strafrecht, Allgemeiner Teil, Stuttgart, Berlin, Köln, Mainz 1967 (zit.: Mayer AT, 1967).

Mayer, Max Ernst: Rechtsnormen und Kulturnormen, Darmstadt 1965, unveränderter Nachdruck der Ausgabe Breslau 1903 (= Strafrechtliche Abhandlungen, Heft 50) (zit.: Kulturnormen).

— Der Allgemeine Teil des Deutschen Strafrechts, Heidelberg 1915.

Medicus, Dieter: Bürgerliches Recht, 10. Aufl., Köln, Berlin, Bonn, München 1981 (zit.: Bürgerliches Recht).

Meister, Hans-Georg: Zur Abgrenzung der Beteiligung am Selbstmord vom strafbaren Tötungsdelikt, GA 53, S. 166 ff.

Menzel, Eberhard: Die strukturelle Desorganisation des öffentlichen Dienstes in der Bundesrepublik, DÖV 69, S. 513 ff.

Merk, Wilhelm: Deutsches Verwaltungsrecht, Erster Band, Berlin 1962 (zit.: VwR I).

Meyer, Dieter: Abgrenzung der Vorbereitung vom Versuch einer Straftat — BGHSt 26, 201, JuS 77, S. 19 ff.

Meyer, Hans, *Borgs-Maciejewski*, Hermann: Verwaltungsverfahrensgesetz, 2. Aufl., Frankfurt a. Main 1982 (zit.: Meyer / Borgs).

Mezger, Edmund: Strafrecht, ein Lehrbuch, München und Leipzig 1931 (zit.: Lb).

Mittelbach: Anmerkung zu RG JW 39, S. 534, JW 39, S. 544 f.

Möhrenschläger, Manfred: Diskussionsbeitrag, ZfW 80, S. 214 ff.

Müller, Ulrich: Die Haftung des Stellvertreters bei culpa in contrahendo und positiver Forderungsverletzung, NJW 69, S. 2169 ff.

v. Münch, Ingo (Hrsg.): Besonderes Verwaltungsrecht, 6. Aufl., Berlin, New York 1982 (zit.: Bearbeiter in v. Münch).

— (Hrsg.): Grundgesetzkommentar, Band 1, 2. Aufl., München 1981 (zit.: Bearbeiter in Grundgesetzkommentar).

Münzberg, Wolfgang: Verhalten und Erfolg als Grundlagen der Rechtswidrigkeit der Haftung, Frankfurt 1966 (zit.: Verhalten und Erfolg).

v. Mutius, Albert: Grundrechte als „Teilhaberechte" — zu den verfassungsrechtlichen Aspekten des „numerus clausus", VerwArch 64 (1973), S. 183 ff.

Nagler: Die Problematik der Begehung durch Unterlassung, GS 111 (1938), S. 1 ff.

Naucke, Wolfgang: Anmerkung zu BGHSt 27, 10, JR 77, S. 291 ff.

Niese, Werner: Streik und Strafrecht, Tübingen 1954.

Nowakowski, Friedrich: Der Streik öffentlicher Bediensteter in strafrechtlicher Sicht, Recht der Arbeit (Wien), 67, S. 75 ff.

Oehler, Dietrich: Handeln auf Befehl, JuS 63, S. 301 ff.

Ossenbühl, Fritz: Verwaltungsvorschriften und Grundgesetz, Bad Homburg v. d. H., Berlin, Zürich 1968 (zit.: Verwaltungsvorschriften).

— Der polizeiliche Ermessens- und Beurteilungsspielraum, DÖV 76, S. 463 ff.

— Staatshaftungsrecht, 2. Aufl., München 1978 (zit.: Staatshaftungsrecht).

Ostendorf, Heribert: Die strafrechtliche Rechtmäßigkeit rechtswidrigen hoheitlichen Handelns, JZ 81, S. 165 ff.

Otto, Hansjörg: Das Recht der Angestellten und Arbeiter im öffentlichen Dienst, Berlin 1973.

Otto, Harro: Personales Unrecht, Schuld und Strafe, ZStW 87 (1975), S. 539 ff.

— Anmerkung zu BGH NJW 76, S. 58, NJW 76, S. 578 f.

Peters, Hans: Öffentliche und staatliche Aufgabe, Festschrift für H. C. Nipperdey zum 70. Geburtstag, Bd. II, München, Berlin 1965, S. 877 ff.

Pfleiderer, Klaus: Die Garantenstellung aus vorangegangenem Tun, Berlin 1968 (zit.: Garantenstellung).

Plog, Ernst, *Wiedow*, Alexander, *Beck*, Gerhard: Kommentar zum Bundesbeamtengesetz, 2. Aufl., 1973, einschl. 124. Erg.Lief. 1982 (zit.: Plog / Wiedow / Beck).

Porr, Günter: Die Pflichten des Beamten unter der Verfassungsordnung des Grundgesetzes, Göttingen 1968 (zit.: Pflichten).

Radbruch, Gustav: Der Handlungsbegriff in seiner Bedeutung für das Strafrechtssystem, Berlin 1904.

Rehbinder, Manfred: Status-Kontrakt-Rolle, Festschrift für Ernst E. Hirsch, S. 141 ff.

Reuß, Hermann: Der Anwalt als Disziplinarverteidiger, Sinn und Zweck des Disziplinarrechts, JR 59, S. 129 ff.

Risken, Arno: Grenzen amtlicher und dienstlicher Weisungen im öffentlichen Dienst, Berlin 1969 (zit.: Grenzen).

Rogall, Klaus: Das Gesetz zur Bekämpfung der Umweltkriminalität, JZ — GD 80, S. 101 ff.

Roxin, Claus: Zur Dogmatik der Teilnahmelehre, JZ 66, S. 293 ff.

— Sinn und Grenzen staatlicher Strafe, JuS 66, S. 377 ff.

— Zum Schutzzweck der Norm bei fahrlässigen Delikten, Festschrift für Wilhelm Gallas, Berlin 1973, S. 241 ff.

— Täterschaft und Tatherrschaft, 3. Aufl., Berlin, New York 1975 (zit.: Täterschaft).

— Offene Tatbestände und Rechtspflichtmerkmale, 2. Aufl., Berlin 1970 (zit.: Offene Tatbestände).

— Kriminalpolitik und Strafrechtssystem, Berlin 1970 (zit.: Kriminalpolitik).

— Ein neues Bild des Strafrechtssystems, ZStW 83 (1971), S. 369 ff.

— Strafrechtliche Grundlagenprobleme, Berlin, New York 1973.

— Tatentschluß und Anfang der Ausführung beim Versuch, JuS 79, S. 1 ff.

Rudolphi, Hans-Joachim: Die Gleichstellungsproblematik der unechten Unterlassungsdelikte und der Gedanke der Ingerenz, Göttingen 1966 (zit.: Gleichstellungsproblematik).

— Unrechtsbewußtsein, Verbotsirrtum und Vermeidbarkeit des Verbotsirrtums, Göttingen 1969 (zit.: Unrechtsbewußtsein).

— Vorhersehbarkeit und Schutzzweck der Norm in der strafrechtlichen Fahrlässigkeitslehre, JuS 69, S. 549 ff.

— Die verschiedenen Aspekte des Rechtsgutsbegriffs, Festschrift für Richard Honig, Göttingen 1970, S. 149 ff.

— Die Bedeutung des Gewissensentscheides für das Strafrecht, Festschrift für Hans Welzel zum 70. Geburtstag, Berlin, New York 1974, S. 605 ff.

— Schutzgut und Rechtfertigungsprobleme der Gewässerverunreinigung i. S. des § 324 StGB, ZfW 82, S. 197 ff.

— Probleme der strafrechtlichen Verantwortlichkeit von Amtsträgern für Gewässerverunreinigungen, Festschrift für Hans Dünnebier zum 75. Geburtstag, Berlin, New York 1982, S. 561 ff.

Rupp, Hans Heinrich: Grundfragen der heutigen Verwaltungsrechtslehre, Tübingen 1965 (zit.: Grundfragen).

— Die „Verwaltungsvorschriften" im grundgesetzlichen Normensystem, JuS 75, S. 609 ff.

— Vom Wandel der Grundrechte, AöR 101 (1976), S. 161 ff.

Salzwedel, Jürgen: Diskussionsbeitrag, ZfW 80, S. 211 ff.

Sander, Horst P.: Umweltstraf- und Ordnungswidrigkeitenrecht, Berlin 1981.

Sauer, Wilhelm: Kausalität und Rechtswidrigkeit der Unterlassung, Festgabe für Frank, S. 202 ff.

Sax, Walter: Grundsätze der Strafrechtspflege in: Bettermann / Nipperdey / Scheuner, Die Grundrechte, Dritter Band, 2. Halbband, Berlin 1959, S. 909 ff.

Schaffstein, Friedrich: Die unechten Unterlassungsdelikte im System des neuen Strafrechts, Festschrift für W. Gleispach, Berlin, Leipzig 1936, S. 70 ff.

— Das Verbrechen als Pflichtverletzung, Berlin 1935 (zit.: Verbrechen).

Scheerbarth, Walter, *Höffken*, Heinz: Beamtenrecht, 4. Aufl., Siegburg 1982.

Schmidhäuser, Eberhard: Von den zwei Rechtsordnungen im staatlichen Gemeinwesen, Berlin 1964 (zit.: zwei Rechtsordnungen).

— Der Unrechtstatbestand, Festschrift für Karl Engisch zum 70. Geburtstag, Frankfurt a. Main 1969, S. 433 ff.

— Strafrecht, Allgemeiner Teil, 2. Aufl., Tübingen 1975 (zit.: AT).

— Strafrecht, Allgemeiner Teil, Studienbuch, Tübingen 1982 (zit.: Studienbuch).

Schmidt, Eberhard: Der Arzt im Strafrecht, Leipzig 1939 (zit.: Arzt).

Schmidt, Walter: Gesetzesvollziehung durch Rechtssetzung, Bad Homburg v. d. H., Berlin, Zürich 1969 (zit.: Gesetzesvollziehung).

Schnapp, Friedrich E.: Amtsrecht und Beamtenrecht, Berlin 1971 (zit.: Amtsrecht).

Schnorr, Gerhard: Handeln auf Befehl, JuS 63, S. 293 ff.

Schöne, Wolfgang: Unterlassene Erfolgsabwendung und Strafgesetz, Köln, Berlin, Bonn, München 1974 (zit.: Unterlassene Erfolgsabwendung).

Schönke, Adolf, *Schröder*, Horst: Strafgesetzbuch, 17. Aufl., München 1974 (zit.: Schönke / Schröder, 17. Aufl.).

— — Strafgesetzbuch, 21. Aufl., München 1982 (zit.: Schönke / Schröder / Bearbeiter).

Schroeder, Friedrich-Christian: Der Täter hinter dem Täter, Berlin 1965.

Schünemann, Bernd: Grund und Grenzen der unechten Unterlassungsdelikte, Göttingen 1971 (zit.: Grund und Grenzen).

— Moderne Tendenzen in der Dogmatik der Fahrlässigkeits- und Gefährdungsdelikte, JA 75, S. 435 ff.

— Unternehmenskriminalität und Strafrecht, Köln, Berlin, Bonn, München 1979.

Schwerdtner, Peter: Der Ersatz des Verlusts des Schadensfreiheitsrabatts in der Haftpflichtversicherung, NJW 71, S. 1673 ff.

Stein, Ekkehart: Die Grenzen des dienstlichen Weisungsrechts, Tübingen 1965 (zit.: Grenzen).

Steiner, Rolf: Die Begehung schlichter Tätigkeitsdelikte durch Unterlassen, MDR 71, S. 260 ff.

Stoll, Hans: Kausalzusammenhang und Normzweck im Deliktsrecht, Tübingen 1968.

Stratenwerth, Günter: Verantwortung und Gehorsam, Tübingen 1958 (zit.: Verantwortung).

— Strafrecht, Allgemeiner Teil I, 3. Aufl., Köln, Berlin, Bonn, München 1981 (zit.: AT).

Stree, Walter: Garantenstellung kraft Übernahme, Festschrift für Hellmuth Mayer zum 70. Geburtstag, Berlin 1966, S. 145 ff.

Struensee, Eberhard: Die Konkurrenz bei Unterlassungsdelikten, Bonn 1971.

Systematischer Kommentar zum Strafgesetzbuch: Band I, Allgemeiner Teil, 3. Aufl., Frankfurt a. Main 1982, Band II, Besonderer Teil, 2. Aufl., Frankfurt a. Main 1982 (zit.: Bearbeiter in SK).

Thiele, Wolfgang: Leistungsstörung und Schutzpflichtverletzung, JZ 67, S. 649 ff.

Thieme, Werner: Der öffentliche Dienst in der Verfassungsordnung des Grundgesetzes (Art. 33 GG), Göttingen 1961 (zit.: Öffentlicher Dienst).

Tiedemann, Klaus: Die Neuordnung des Umweltstrafrechts, Berlin, New York 1980 (zit.: Neuordnung).

Traeger, Ludwig: Das Problem der Unterlassungsdelikte im Straf- und Zivilrecht, Festgabe für Ludwig Enneccerus, Marburg 1913.

Triffterer, Otto: Umweltstrafrecht, Baden-Baden 1980 (zit.: Umweltstrafrecht).

Ule, Carl Hermann: Beamtenrecht, Köln, Berlin, Bonn, München 1970 (zit.: Beamtenrecht).

Vogt, Alfons: Das Pflichtenproblem der kommissiven Unterlassung, ZStW 63 (1950/51), S. 380 ff.

Wacke, Gerhard: Das Recht der Angestellten und Arbeiter im Öffentlichen Dienst, 5. Aufl., Herne, Berlin 1964.

Wagner, Heinz: Amtsverbrechen, Berlin 1975.

Wallerath, Maximilian: Allgemeines Verwaltungsrecht, Siegburg 1979 (zit.: VwR).

Wegner, Arthur: Strafrecht, Allgemeiner Teil, Göttingen 1951.

Weiß, Hans-Dietrich: Das Dienstvergehen der Beamten, Berlin 1971 (zit.: Dienstvergehen).

Welp, Jürgen: Vorangegangenes Tun als Grundlage einer Handlungsäquivalenz der Unterlassung, Berlin 1968.

Welzel, Hans: Das Deutsche Strafrecht, 11. Aufl., Berlin 1969 (zit.: Lb).

Wernicke, Konrad: Zur Strafbarkeit der Amtsträger von Wasseraufsichtsbehörden bei Unterlassungen, ZfW 80, S. 261 ff.

Wiese: zu Battis, Bundesbeamtengesetz, München 1980, DVBl. 81, S. 273.

Wiese, Walter: Der Staatsdienst in der Bundesrepublik Deutschland, Neuwied, Berlin 1972.

Winter, Gerd: Vollzugsdefizit im Wasserrecht, Beiträge zur Umweltgestaltung, Heft A 42, Berlin 1975.

Wolff, Ernst Amadeus: Kausalität von Tun und Unterlassen, Heidelberg 1965 (zit.: Kausalität).

Wolff, Hans J.: Organschaft und juristische Person, zweiter Band, Theorie der Vertretung, Berlin 1934.

— Der Unterschied zwischen öffentlichem und privatem Recht, AöR 76 (1950/51), S. 205 ff.

Wolff, Hans J., *Bachof,* Otto: Verwaltungsrecht I, 4. Aufl., München 1974 (zit.: Wolff / Bachof, VwR I).

— — Verwaltungsrecht II, 4. Aufl., München 1976 (zit.: Wolff / Bachof, VwR II).

FSC
www.fsc.org
MIX
Papier | Fördert gute Waldnutzung
FSC® C083411

Kolibri 360 GmbH
Ferdinand-Jühlke-Straße 7
99095 Erfurt, Deutschland
produktsicherheit@kolibri360.de

Druck:
CPI Druckdienstleistungen GmbH
im Auftrag der
Kolibri 360 GmbH
Ferdinand-Jühlke-Str. 7
99095 Erfurt